イラスト&ストーリーで忘れない

TOEIC®テスト ボキャブラリー プラチナ5000

ジャパンタイムズ & 日本アイアール　編
濵﨑潤之輔　監修

TOEIC is a registered trademark of Educational Testing Service (ETS).
This publication is not endorsed or approved by ETS.

The Japan Times

付属ディスク (CD-ROM) について

付属のディスクには、MP3形式のデジタル音声ファイルが収録されています。コンピューターやデジタルオーディオ機器で再生してください。CDプレーヤーでは再生できませんので、ご注意ください。

パソコンに音声ファイルをコピーして聞く (iTunes※の場合)

※iTunesはアップルのサイトから無料でダウンロードすることができます。

http://www.apple.com/jp/itunes/download/

1. パソコンのCD/DVDドライブにCD-ROMをセットし、iTunesを起動させます。

2. iTunesのメニューバーの「編集」メニューから「設定」を選択 (Macintoshの場合は、メニューバーの「iTunes」メニューから「環境設定」を選択) し、表示されたウインドウの「詳細」タブをクリックします。「ライブラリへの追加時にファイルを [iTunes Media] フォルダにコピーする」にチェックを入れ、「OK」を押してウインドウを閉じます (iPodなどに音声ファイルを転送したい場合は、必ずこの設定をしてください)。

3. 「ファイル」メニューの「新規」→「プレイリスト」を選択して、空のプレイリストを作成します (リストには適当な名前をつけておきます)。

4. CD-ROMを開き、音声ファイルまたは音声ファイルが入ったフォルダごと空のプレイリストにドラッグすると、プレイリストが作成されます。リスト上で聞きたい項目を選択し、再生ボタンを押すか聞きたい項目をダブルクリックすると、音声が再生されます。

iPodなどの携帯デジタルプレーヤーへのファイル転送については、お使いの機器またはiTunesの使用説明書を参照してください。

2013年9月現在の情報です。

はじめに

日ごろ企業や大学で多くの学習者の方々を指導させていただく立場の人間として、「この一冊さえしっかり学習すれば、TOEICテストの語彙対策として万全と言える一冊があればいいのに」という気持ちを、僕は以前からずっと持っていました。言うまでもなく、語彙力はリスニング、リーディングを問わず、TOEICテストでより高いスコアをとるために欠かすことのできない大切な力です。

本書『イラスト&ストーリーで忘れない TOEICテスト ボキャブラリー プラチナ5000』を制作するにあたっては、『TOEICテスト 新公式問題集』シリーズをはじめ、日本・韓国で刊行されている数十冊の優れたTOEICテスト関連書籍を元に約45万語のデータベースを構築し、その分析の結果、TOEICテスト頻出の5000を超える語句を精選しました。

本書は、本全体が1つのストーリーになっており、場面ごとに、TOEICテストで頻出する簡潔なフレーズがイラストとともにまとめられています。読者の皆さんは、イラストを頼りに、場面を思い浮かべながらフレーズを覚えるようにしてみてください。文脈の中で覚えることで記憶の定着につながりますし、視覚的な理解は、特に会話やトークの場面を瞬間的にイメージしなければならないリスニングセクションの学習に大いに効力を発揮することと思います。

語彙学習では音声を使うことも非常に重要です。付属のCD-ROMには、すべてのフレーズとジャンル別ボキャブラリーの見出し語を、〈英語→日本語→英語〉〈英語のみ〉〈日本語→英語〉の3パターンで収録しました。ご自身の学習スタイルに最もフィットするものを選択し、音読練習時の参考として、あるいはリピーティングやシャドーイングを行う際のお手本としてお役立てください。

本書があなたのTOEICテスト学習における、大切な一冊になることを心より願っています。
がんばっていきましょう。

濱﨑潤之輔

CONTENTS

MP3について ……………………………………………………………… 002
はじめに …………………………………………………………………… 003
本書の構成と使いかた …………………………………………………… 008
登場する主なキャラクター ……………………………………………… 010

Chapter 01　就職・転職 …………………………………………… 011
001 人手不足 ／ 002 求人 ／ 003 会社情報 ／ 004 履歴書 ／ 005 面接 ／
006 選考
出題パターンチェック

Chapter 02　引っ越し・日常生活 ………………………………… 029
007 不動産 ／ 008 引っ越し ／ 009 スーパー ／ 010 図書館 ／ 011 銀行
出題パターンチェック

Chapter 03　入社 …………………………………………………… 047
012 立地環境 ／ 013 初日 ／ 014 新人研修
出題パターンチェック

Chapter 04　日常業務 ……………………………………………… 057
015 朝の支度 ／ 016 通勤 ／ 017 出社 ／ 018 オフィス ／ 019 書類 ／ 020
日常業務 ／ 021 パソコン ／ 022 掲示板 ／ 023 情報の管理 ／ 024 会議 ／
025 休憩 ／ 026 規則 ／ 027 避難訓練 ／ 028 退社 ／ 029 改装
出題パターンチェック

Chapter 05　オフィス備品 ………………………………………… 095
030 備品 ／ 031 注文 ／ 032 郵送・配送 ／ 033 コピー ／ 034 クレーム ／
035 クレーム対応 ／ 036 保証書
出題パターンチェック

Chapter 06　ワークショップ ……………………………………… 113
037 受付 ／ 038 ワークショップ ／ 039 ディスカッション
出題パターンチェック

Chapter 07　メール・電話・打合せ ……………………………………………… 121
040 メール ／ 041 電話 ／ 042 アポ ／ 043 訪問・対面 ／ 044 経理
出題パターンチェック

Chapter 08　病気 ……………………………………………………………… 133
045 残業 ／ 046 ミス ／ 047 病気 ／ 048 病院・薬局
出題パターンチェック

Chapter 09　休日1 …………………………………………………………… 147
049 掃除 ／ 050 洗濯 ／ 051 天気予報 ／ 052 ガーデニング ／ 053 料理 ／ 054 休暇 ／ 055 テレビ ／ 056 健康 ／ 057 ジム入会 ／ 058 ジム ／ 059 料理コンテスト ／ 060 レンタカー ／ 061 家電のチラシ ／ 062 家電量販店 ／ 063 公園 ／ 064 結婚 ／ 065 市役所 ／ 066 ニュース・新聞 ／ 067 車の手入れ
出題パターンチェック

Chapter 10　情報収集 ………………………………………………………… 199
068 情報収集 ／ 069 展示会 ／ 070 パネルディスカッション ／ 071 情報交換 ／ 072 書店
出題パターンチェック

Chapter 11　経営 ……………………………………………………………… 213
073 商品開発 ／ 074 営業 ／ 075 会計 ／ 076 経営危機 ／ 077 労働紛争 ／ 078 重役会議 ／ 079 プロジェクトチーム ／ 080 プロジェクトの発表
出題パターンチェック

Chapter 12　ボランティア …………………………………………………… 233
081 ボランティア ／ 082 チャリティー ／ 083 環境・エネルギー ／ 084 動物
出題パターンチェック

Chapter 13　企画・マーケティング ………………………………………… 243
085 コンペ ／ 086 アンケート ／ 087 分析 ／ 088 マーケティング1 ／ 089 マーケティング2 ／ 090 ブレスト ／ 091 苦労 ／ 092 ランチミーティング ／ 093 ひらめく ／ 094 企画書 ／ 095 経歴
出題パターンチェック

Chapter 14　プレゼン ………………………………………………………… 267

096 プレゼンの準備 ／ 097 プレゼン1 ／ 098 プレゼン2 ／ 099 プレゼン3 ／ 100 勝利
出題パターンチェック

Chapter 15　交渉・契約 ……………………………………………………… 279
101 予算・見積もり ／ 102 契約
出題パターンチェック

Chapter 16　出張・移動 ……………………………………………………… 285
103 出張準備 ／ 104 搭乗 ／ 105 機内 ／ 106 入国 ／ 107 車 ／ 108 事故 ／ 109 渋滞 ／ 110 工事 ／ 111 ビルの建設
出題パターンチェック

Chapter 17　ホテル …………………………………………………………… 311
112 ホテルに泊まる ／ 113 レストラン ／ 114 トラブル
出題パターンチェック

Chapter 18　広告制作 ………………………………………………………… 321
115 撮影 ／ 116 スタジオ ／ 117 書籍編集 ／ 118 デザイン ／ 119 ウェブ
出題パターンチェック

Chapter 19　製造・流通 ……………………………………………………… 333
120 工場 ／ 121 工場見学 ／ 122 品質検査 ／ 123 ごみの処理 ／ 124 倉庫 ／ 125 出荷
出題パターンチェック

Chapter 20　販売 ……………………………………………………………… 349
126 店 ／ 127 接客・会計 ／ 128 価格
出題パターンチェック

Chapter 21　広報 ……………………………………………………………… 357
129 プレスリリース ／ 130 評判 ／ 131 映画館 ／ 132 裁判 ／ 133 反応
出題パターンチェック

Chapter 22　休日2 …………………………………………………………… 369
134 美術館 ／ 135 芸術鑑賞 ／ 136 ショッピング ／ 137 ブティック ／ 138

ファンサービス ／ 139 観光 ／ 140 農場 ／ 141 なくしもの
出題パターンチェック

Chapter 23　成功・パーティー……………………………………………393
142 販売成績 ／ 143 株価上昇 ／ 144 事業拡大 ／ 145 海外進出 ／ 146 成功 ／ 147 ボーナス ／ 148 パーティー準備 ／ 149 パーティー ／ 150 授賞式
出題パターンチェック

Chapter 24　昇進・退職……………………………………………………413
151 評価 ／ 152 昇進・異動 ／ 153 辞表 ／ 154 後任 ／ 155 送別会 ／ 156 独立・新事業 ／ 157 手紙
出題パターンチェック

ジャンル別ボキャブラリー
学問、大学…020 ／ 資格、手当・休暇、部署…026 ／ 家の周り…032 ／ 室内、洗面所・浴室…036 ／ 施設、建物・商店…042 ／ 会社の形態、役職…052 ／ かばんの中身、乗り物…062 ／ オフィス、設備・インフラ…068 ／ パソコン…076 ／ 事務用品…098 ／ 医療、病気・けが…140 ／ 身体…142 ／ 気象・天候…154 ／ 植物…158 ／ キッチン、味・食感…162 ／ 食材…176 ／ 人・性格…190 ／ 車・バイク・自転車…196 ／ 政治、本…208 ／ 経営、経理、株…224 ／ 空港…290 ／ 街・道路…298 ／ 街・道路、建築…308 ／ ホテル、料理…316 ／ 科学技術、物質、流通…346 ／ 服・ファッション、服飾、宝石…378 ／ 遊び・スポーツ…384 ／ 自然、地形、海・港…388 ／ 職業…426 ／ 職業、業種…428 ／ 数・量・形…432 ／ 方角・位置…434

Index………………………………………………………………………437

編集協力：前川朋子
英文校閲：Jude Polzin
イラスト：矢戸優人
カバー・本文デザイン：萩原哲也（創樹）
DTP組版：創樹
ナレーター：Josh Keller（米）／Emma Howard（英）／田中亜矢子
音源収録：ELEC録音スタジオ
音源収録時間：約800分

本書の構成と使いかた

　本書はTOEICテストでスコアアップを目指すための単語集です。収録語彙数は、派生語・関連語、「ジャンル別ボキャブラリー」収録語を合わせて約5170項目。初級者から上級者まで、あらゆる学習者の方々にお使いいただけます。

[本文ページ]

❶ 場面・イラスト

本書ではTOEICテストによく登場する場面を選び、24章構成のストーリーの形に配列しています。それぞれの場面には、簡単な説明とイラストが描かれていますので、状況をイメージしながら下のフレーズを覚えましょう。イラストを見て英語を思い浮かべるトレーニングはPart 1の対策にもなります。

❷ プラチナフレーズ

45万語のデータベース分析からはじき出されたTOEICテストの頻出語句で構成されたフレーズです。単語を1語1語単独ではなく簡潔なフレーズで覚えることで、TOEICテストでよく出題される言い回し（=コロケーション）が無理なく身につき、Part 5の語法問題に対応する力も養われます。カラーシートを使えば、頻出語句を覚えているか確認することもできます。

❸ 会話表現

それぞれの場面に即した会話表現が収録されています。これらの言い回しを覚えることでPart 2、Part 3の対策になります。

❹ CD-ROM

付属のCD-ROMには、すべてのプラチナフレーズと会話表現が〈英語→日本語→英語〉〈英語のみ〉〈日本語→英語〉の3つのモードで収録されています。ご自身の学習スタイルに合ったモードをお使いいただければと思いますが、〈英語→日本語→英語〉は暗記用、〈英語のみ〉はシャドーイング（リピーティング）用、〈日本語→英語〉は確認用としてお使いいただくことをお勧めします。（CD-ROMのご使用方法はp.2をご参照ください。）

本書で使われている記号	（　）…訳語の補足説明／省略可能であることを表します。 ［　］…語法の注記／言い換え可能であることを表します。 〈　〉…他動詞の目的語、自動詞・形容詞の主語にあたる訳語であることを表します。

❺ 語彙情報
右ページには、プラチナフレーズおよび会話文に含まれる語句についての情報が整理されています。

1 見出し項目
『TOEICテスト公式問題集』や日韓の定評あるTOEIC問題集を元に約45万語のデータベースを作成し、慎重な分析を経て、およそ2500の重要語句を厳選しました。黒い文字の見出し項目は高レベルの語句なので、初中級学習者の方は後回しにしてもよいでしょう。

2 発 音
発音記号は基本的に米音を採用していますが、注意すべき英音がある場合は「|」のあとに併記しています。付属のCD-ROMに収録されている音声も活用し、正しい発音を身につけましょう。

3 訳 語
TOEICテストで頻出の訳語、注意すべき訳語に絞って掲載しています。必要に応じて類義語、反意語の情報も掲載しましたので、併せて覚えることで効率的に語彙力を高めることができます。訳語はカラーシートで隠すことができます。

4 語 注
語注欄には見出し項目に関する解説や用例、派生語・関連語の情報が掲載されています。TOEICで狙われやすい構文や用例が散りばめられているので、スコアアップに直結です。

[出題パターンチェック]
各章末に、その章の場面で学習した語句が、実際のTOEICでどのような文脈で出題されるかをご紹介したコーナーです。よく登場する文脈を頭に入れておけば、余裕をもって試験に臨むことができるでしょう。監修者の知見に基づく極めて実践的な情報です。

[ジャンル別ボキャブラリー]
TOEICに出題される可能性の高い語句(主に名詞句)をジャンル別にまとめたのが「ジャンル別ボキャブラリー」です。関連の深い場面のあとに配置されているので、まとめて覚えるようにすると効率的です。このページの見出し語もすべて、3つのモードでCD-ROMに収録されています。

動…このアイコンは見出し項目の品詞を表しています。
動…このアイコンは派生語・関連語の品詞を表しています。
　動…動詞、名…名詞、代…代名詞、形…形容詞、副…副詞、前…前置詞、接…接続詞、熟…熟語、
　関…関連語、会…会話表現、≒…類義語、⇔…反意語、例…用例

登場する主なキャラクター

まず、本書に登場する主なキャラクターをご紹介しましょう。
舞台はニューヨークのとある広告代理店です。

Ken（ケン）
フェニックス広告代理店の新入社員。真面目な性格で責任感が強く、語学とパソコンが得意。趣味は料理、ガーデニング。美術のことはあまり詳しくない。

Robert（ロバート）
食品メーカー・ポーラーベア社の副社長。傾きかけたポーラベア社を救うため、社員たちと力を合わせて一大プロジェクトに乗り出す決意をする。

Peter（ピーター）
フェニックス広告代理店の営業企画部長。会社創立時からの社員で、社長からも信頼されている。穏やかな笑顔の裏で、大きな野望を秘めているといううわさ。

Kevin（ケビン）
大手映画製作会社の社長。フェニックス広告代理店と付き合いがある。現在はフランスの映画女優を主役に迎えた話題の映画を制作中。

George（ジョージ）
フェニックス広告代理店のライバル会社、ペガサス広告代理店の有能な社員。高慢で偉そうな態度をとるが、どこかドジで憎めない性格。趣味は車。料理は苦手な様子。

チーフ
フェニックス広告代理店の営業企画部チーフ。みんなに頼りにされている部内のお兄さん的存在。趣味は車。長年付き合っている恋人がいる。

Linda（リンダ）
若者の間で人気のフランスの女優。わがままで自分勝手な性格だが、ファンを大事にする一面もある。特技は楽器で英語も堪能。何故かトラブルに巻き込まれやすい。

同僚たち
フェニックス広告代理店の営業企画部員たち。会社の中心を担う少数精鋭チームで、非常に仲がよく、助け合いながら仕事をしている。

Chapter 01

就職・転職

001 人手不足

ここはとある広告代理店のオフィス。締め切りに追われた社員たちは大わらわ。どうやら人手が足りないようです。

プラチナフレーズ

MP3 ▶ 002

プロジェクトのスタッフ	staff for the project
大忙しの日々	hectic days
大量の仕事がある	have a heavy workload
仕事で手いっぱいだ	be tied up with work
急ぎの用件を処理する	handle an urgent matter
月末までに	no later than the end of the month
予定より遅れている	be behind schedule
働き手の不足	lack of workers
労働力不足	labor shortage
限られた人的資源	limited human resources
部内の人手が足りない	be understaffed in the department

業務が拡大してきたから、新しい人を雇わなくちゃ。

We should hire a new person now that our business is expanding.

Chapter 01 就職・転職

0001 staff [stǽf]
名 スタッフ、職員、社員　動 ～に(職員を)配置する
☞ staffは不可算名詞

0002 hectic [héktɪk]
形 大忙しの、慌ただしい (≒busy)

0003 workload [wə́ːrklòud]
名 (一定期間に行う)仕事量

0004 be tied up with
熟 ～で忙しい (≒be swamped with)

0005 urgent [ə́ːrdʒənt]
形 急ぎの、緊急の
名 urgency(緊急)　副 urgently(緊急に)

0006 matter [mǽtər]
名 ①事柄、問題　②(印刷された)もの　動 重要である

0007 no later than
熟 遅くとも～までに
☞ no later than ≒ byと覚えておくとよい

0008 behind schedule
熟 予定より遅れて (⇔ahead of schedule)
関 on schedule(予定通りに)

0009 lack [lǽk]
名 不足、欠乏　動 ～を欠いている、持っていない
☞ 動詞のlackも非常に重要

0010 labor [léɪbər]
名 ①労働(力)　②労働者

0011 shortage [ʃɔ́ːrtɪdʒ]
名 不足
形 short(不足した)

0012 limited [límətɪd]
形 限られた (⇔unlimited)

0013 human resource
名 人的資源、人材
☞ 例 human resources department(人事部)

0014 understaffed [ʌ̀ndərstǽft]
形 人手不足の (≒short-staffed)

0015 department [dɪpáːrtmənt]
名 ①部、課、(デパートの)売り場　②(アメリカ政府の)省
形 departmental(各部の)

0016 now that ～
会 今や～だから、～である以上

002 求人

僕はケン。今、キャリアアップのために転職活動中なんだ。これまでの経験を活かせる仕事はないかなぁ。…ん？ こ、これはっ!?

プラチナフレーズ

MP3 ▶ 003

就職希望者	a job **applicant**
求職活動を始める	start **job hunting**
新聞で就職口を探す	look for **job openings** in the newspaper
ネットの求人サイトを訪れる	visit a **classified ad** site on the Internet
欠員を補充する	fill **vacant positions**
新しく社員を募集する	**recruit** new members
スタッフを雇う	**employ** some workers
仕事の応募要件	the **requirements** for the job
望まれる資格	**desired qualifications**
最低3年の経験	a **minimum** of three years of **experience**
フェニックス広告代理店に応募する	**apply for** a job at Phoenix Ad
正社員の職に就く	get a **full-time** job

 会話

フェニックス広告代理店で働きたいな。　　I would like to work at Phoenix Ad.

0017 applicant
[ǽplɪkənt]
- 名 応募者、志願者
- 動 apply（申し込む）

0018 job hunting
- 名 求職活動、仕事探し

0019 job opening
- 名 就職口、仕事の口、空きポスト

0020 classified ad
- 名 求人広告（≒want ad）
- 関 classify（〜を分類する） 関 classification（分類）

0021 vacant
[véɪkənt]
- 形 欠員の、空いている（⇔occupied）
- 名 vacancy（欠員、空室）

0022 position
[pəzíʃən]
- 名 ①職 ②地位、身分　動 〜を置く、〜の位置を定める

0023 recruit
[rɪkrúːt]
- 動 〜を募集する、採用する　名 新人、新入社員
- 名 recruitment（採用、新人募集）

0024 employ
[ɪmplɔ́ɪ]
- 動 〜を雇う（≒hire）
- ☞ 名詞形employment（雇用）は不可算名詞

0025 requirement
[rɪkwáɪərmənt]
- 名 ①必要条件、要求されるもの　②必要なもの
- ☞ preferred（望ましい）は応募時に持っていなくても大丈夫な条件

0026 desire
[dɪzáɪər]
- 動 〜を（強く）望む　名 要望、願望
- 形 desirable（望ましい）

0027 qualification
[kwὰːləfɪkéɪʃən]
- 名 適性、資格、技能
- 動 qualify（資格を得る、適任である） 形 qualified（資格のある、適任の）

0028 minimum
[mínɪməm]
- 名 最低限（⇔maximum）　形 最低限の（⇔maximum）

0029 experience
[ɪkspíəriəns]
- 名 経験　動 〜を経験する
- 形 experienced（経験豊かな） 関 inexperienced（経験の浅い）

0030 apply for
- 熟 〜に申し込む、志願する
- ☞ apply to（〜に適用する、塗布する）という表現も覚えておこう

0031 full-time
[fúltáɪm]
- 形 常勤の（⇔part-time）
- 関 permanent（終身雇用の）

0032 would like to do
- 熟 〜したい
- ☞ want to doの丁寧な表現

003 会社情報

プラチナフレーズ

企業理念	the corporate philosophy
最高経営責任者	the chief executive officer
ニューヨークの本部	headquarters in New York
2005年に設立された	founded in 2005
素晴らしい福利厚生制度	excellent benefits package
年金制度	pension system
健康保険と転居手当がある	provide health insurance and moving allowances
職務	the responsibilities of the position
運転免許が必要だ	require a driver's license
申込用紙に記入する	fill out an application form

給与は経験と能力に応じます。　Salary will be commensurate with experience and ability.

0033	**corporate** [kɔ́ːrpərət]	形 企業の、会社の、法人の 名 corporation(株式会社、法人)
0034	**philosophy** [fəlάːsəfi]	名 考え方、理念、哲学
0035	**chief executive officer**	名 最高経営責任者 ☞ CEOと略された形でも出題される
0036	**headquarters** [hédkwɔ̀ːrtərz]	名 本部、本社(≒head office) 関 branch(支社)
0037	**found** [fáund]	動 ～を設立する、創設する ☞ findの過去形・過去分詞と混同しないように 関 founder(創設者)
0038	**benefit** [bénəfit]	名 ①給付金、手当 ②利益 動 ～のためになる ☞ benefit from(～から恩恵を受ける)は必須表現 形 beneficial(有益な)
0039	**package** [pǽkidʒ]	名 ①(商品などの)セット、パッケージ ②包み、郵便小包 動 ～を包装する、詰める 動 pack(～を詰める) 名 packaging(包装、梱包容器)
0040	**pension** [pénʃən]	名 年金
0041	**provide** [prəváid]	動 ～を供給する 名 provision(供給、食糧) 関 provider(プロバイダー)
0042	**insurance** [inʃúərəns]	名 ①保険 ②保険金 動 insure(～に保険をかける)
0043	**allowance** [əláuəns]	名 ①手当 ②許容(量) ☞ allow A to doは(Aが～することを許す、認める)
0044	**responsibility** [rispɑ̀nsəbíləti]	名 責任、責務 ☞ 例 be responsible for(～の責任を負う) 形 responsible(責任がある)
0045	**require** [rikwáiər]	動 ①～を必要とする ②～を要求する 名 requirement(必要なもの、必要条件) 形 required(必須の、不可欠の)
0046	**license** [láisns]	名 免許(証)、許可 動 ～に免許(許可)を与える 形 licensed(免許を受けた、許可された)
0047	**application form**	名 申込用紙
0048	**commensurate** [kəménsərət]	形 相応の、ふさわしい ☞ 例 be commensurate with(～と釣り合った)

Chapter 01 就職・転職

004 履歴書

ケンはフェニックス広告代理店の求人情報に興味津々。さっそく履歴書を送ることにしました。

プラチナフレーズ

履歴書とカバーレターを送る	send a résumé and cover letter
素晴らしい就業チャンス	great career opportunity
個人のプロフィール	a personal profile
大学を卒業する	graduate from university
大学の成績証明書を同封する	enclose a college transcript
経営の学位	a degree in business
素晴らしい学業成績	a great academic record
数か国語を使いこなす能力	command of several languages
前職	my previous job
実務経験	practical experience
身元保証書	a letter of reference
推薦状	a letter of recommendation

必要があれば、さらに情報をご提供いたします。	If necessary, I would be glad to provide any further information.

0049 résumé
[rézəmèɪ]
名 ①履歴書 ②レジュメ、要約（≒summary）
関 personal history（経歴、履歴）

0050 cover letter
名 （書類を送付するとき添える）カバーレター、添え状

0051 career
[kəríər]
名 ①経歴、履歴 ②職業
☞ アクセントに注意

0052 opportunity
[ὰpərtjúːnəti]
名 機会、好機（≒chance, occasion）

0053 profile
[próʊfaɪl]
名 ①プロフィール、人物紹介 ②注目度
動 人物評を書く、〜を特集する（≒feature）

0054 graduate
[grǽdʒuèɪt]
動 卒業する 名 卒業生 形 大学院の
☞ 例 graduating student（卒業予定者） 名 graduation（卒業）

0055 transcript
[trǽnskrɪpt]
名 ①成績証明書 ②台本

0056 degree
[dɪgríː]
名 ①学位 ②（角度・温度などの）度

0057 academic
[ækədémɪk]
形 ①学業の、学問的な、学究的な ②学校の、大学の
名 academy（専門学校、高等教育機関）

0058 command
[kəmǽnd]
名 ①（言語などを）使う能力
②（コンピュータに与える）コマンド、命令

0059 several
[sévərəl]
形 いくつかの、数人の
☞ 2つ以上何かがある場合から、severalを使うことができる

0060 previous
[príːviəs]
形 以前の、前の
副 previously（以前に）

0061 practical
[prǽktɪkl]
形 実用的な、実務の（⇔impractical）
副 practically（実務上）

0062 reference
[réfərəns]
名 ①身元保証書、紹介状、照会先 ②参照、参考
動 refer（言及する、参照する）

0063 recommendation
[rèkəməndéɪʃən]
名 ①推薦 ②勧め、忠告
動 recommend（〜を推薦する）

0064 if necessary
熟 もし必要であれば

ジャンル別ボキャブラリー

学問

science	[sáɪəns]	科学	関 scientist（科学者）　marine scienceのように複合語としても使う
mathematics	[mæ̀θəmǽtɪks]	数学	学問名には-iesのように-sで終わるものがあるが、すべて単数形
physics	[fízɪks]	物理学	
engineering	[èndʒəníərɪŋ]	工学	
dynamics	[daɪnǽmɪks]	力学	
civil engineering		土木工学	
electronics	[ɪlèktrá:nɪks]	電子工学	
biology	[baɪá:lədʒi]	生物学	形 biological（生物学の） 関 biologist（生物学者）
genetics	[dʒənétɪks]	遺伝学	関 genetic（遺伝の）
ecology	[ɪká:lədʒi]	生態学	形 ecological（環境によい）
astronomy	[əstrá:nəmi]	天文学	関 astronomer（天文学者）
economics	[èkəná́mɪks]	経済学	関 economist（経済学者）
psychology	[saɪká:lədʒi]	心理学	関 psychologist（心理学者）
sociology	[sòʊsiá:lədʒi]	社会学	
history	[hístəri]	歴史学	形 historical、historic（歴史の） 関 historian（歴史学者）
archaeology	[à:rkiá:lədʒi]	考古学	形 archaeological（考古学の） 関 archaeologist（考古学者）
linguistics	[lɪŋgwístɪks]	言語学	
literature	[lítərətʃər]	文学	形 literary（文学の） 関 literal（文字通りの）
aviation	[èɪviéɪʃən]	航空学	
business administration		経営管理学	

大学

scholar	[skáːlər]	学者、研究者	形 scholarly（学術的な）
university	[jùːnəvə́ːrsəti]	大学	類 college
conservatory	[kənsə́ːrvətɔ̀ːri]	音楽学校	
institute	[ínstət(j)ùːt]	研究所	関 institution（機関）
dormitory	[dɔ́ːrmətɔ̀ːri]	寮	
undergraduate	[ʌ̀ndərɡrǽdʒuət]	学部生	
graduate	[ɡrǽdʒuət]	大学院生	
tutorial	[t(j)uːtɔ́ːriəl]	（大学の）個別指導	
tutor	[t(j)úːtər]	家庭教師	
tuition	[t(j)u(ː)íʃən]	授業料	
thesis	[θíːsɪs]	論文	
time slot		時間割	
semester	[səméstər]	学期、セメスター	
scholarship	[skɑ́lərʃɪp]	奨学金	
cafeteria	[kæ̀fətíəriə]	カフェテリア、学食	
canteen	[kæntíːn]	学生食堂、社員食堂	「水筒」という意味もある
career counselor		キャリアカウンセラー	
curriculum	[kəríkjələm]	カリキュラム	
faculty	[fǽkəlti]	学部	関 faculty's office（職員室）
campus	[kǽmpəs]	キャンパス	
professor	[prəfésər]	教授	
dean	[díːn]	学部長	

005 面接

面接で、以前の職場での経験を一生懸命に語るケン。面接官ピーターたちの反応はいいようですが…。はてさて!?

プラチナフレーズ

面接を行う	conduct an interview
素晴らしいコンピュータのスキルがある	have excellent computer skills
マーケティングの経験がある	have a background in marketing
デザインの専門知識を身につける	acquire expertise in design
業績のあらましを述べる	outline his accomplishments
自分の長所を説明する	explain his strengths
人懐っこい性格	a friendly personality
行動的な人物	a dynamic person
積極的な姿勢をとる	have a positive attitude
自分の意見をはっきり述べる	express his opinion clearly

会話

お手数ですが、ご検討のほどよろしくお願いいたします。	Thank you for your time and consideration.

0065 conduct [kəndʌ́kt]
動 〈実験・調査など〉を行う
☞ conduct a survey/a study/research(調査[研究]を行う)は頻出

0066 interview [íntərvjùː]
名 面接、会見　動 (〜と)面接[会見]する
関 interviewer(面接官)　関 interviewee(面接を受ける人)

0067 excellent [éksələnt]
形 非常にすぐれた、優秀な (≒superb、fabulous)
名 excellence(優秀さ)

0068 skill [skíl]
名 技能、技術
形 skilled(熟練した)　形 skillful(熟練した)

0069 background [bǽkgràund]
名 ①経歴　②(出来事などの)背景

0070 acquire [əkwáiər]
動 ①〈知識など〉を身につける　②〜を取得する
名 acquisition(取得、企業買収)　関 acquaintance(知人、知識)

0071 expertise [èkspərtíːz]
名 専門技術、専門知識

0072 outline [áutlàin]
動 〜の概要を説明する　名 概略

0073 accomplishment [əkʌ́mplɪʃmənt]
名 業績、功績、成果
動 accomplish(〜を成し遂げる)　形 accomplished(既成の、熟達した)

0074 strength [stréŋkθ]
名 ①強み、長所 (⇔weakness)　②力、強さ
形 strong(強い)　副 strongly(強く)　動 strengthen(〜を強化する)

0075 personality [pəˌrsənǽləti]
名 性格、個性 (≒character)
形 personal(個人的な、私的な)

0076 dynamic [daɪnǽmɪk]
形 行動的な、活動的な、ダイナミックな

0077 positive [pɑ́zətɪv]
形 積極的な、肯定的な (⇔negative)
副 positively(積極的に、肯定的に)

0078 attitude [ǽtətjùːd]
名 姿勢、態度、考え方

0079 opinion [əpínjən]
名 意見、考え
☞ input((情報・アドバイス・アイデア・意見などの)提供)も似た意味

0080 consideration [kənsìdəréɪʃən]
名 考慮、よく考えること
動 consider(よく考える)

Chapter 01　就職・転職

006 選考

どうやら、ケンはフェニックス広告代理店にとって理想の人材だったようです。採用通知をもらって、ケンは大喜び！

プラチナフレーズ

MP3 ▶ 008

経験を考慮に入れる	take experience into account
すべての履歴書を検討する	review all the résumés
人事部	the personnel department
印象的な履歴書	an impressive résumé
デザインの作品集	a portfolio of designs
筆記試験でいい点を取る	get a high score on a written test
前途有望で熱心な候補者	a promising and enthusiastic candidate
仕事への適性	aptitude for the job
基準を満たす	meet the criteria
新しいスタッフを雇う	hire a new staff member
採用通知	an acceptance letter
不採用にする	reject his application

会話

その分野の経験があることを考慮すると、ケンが一番いいだろう。

Given that he has experience in the field, Ken would be the best choice.

0081
take A into account
熟 Aを考慮に入れる

0082
review [rɪvjúː]
動 ①〜を再検討する、見直す ②〜を批評する 名 批評
関 reviewer(批評する人)

0083
personnel [pə̀ːrsənél]
名 ①人事 ②職員、社員(≒staff)
☞ アクセントに注意

0084
impressive [ɪmprésɪv]
形 印象的な、感動的な
副 impressively(印象的に) 名 impression(印象、感動)

0085
portfolio [pɔːrtfóʊliòʊ]
名 ①作品集 ②有価証券

0086
score [skɔ́ːr]
名 ①得点(≒point) ②楽譜 動 〈得点〉を取る

0087
promising [prɑ́ːməsɪŋ]
形 前途有望な、見込のある
動 promise(〜を約束する) 関 promised(約束した、公約の)

0088
enthusiastic [ɪnθùːziǽstɪk]
形 熱心な、やる気のある
名 enthusiasm(熱中) 関 enthusiast(熱狂者) 副 enthusiastically(熱心に)

0089
candidate [kǽndədət]
名 候補者

0090
aptitude [ǽptətjùːd]
名 適性、才能

0091
meet [míːt]
動 ①〈要求など〉を満たす、〜に応じる ②(〜に)会う

0092
criterion [kraɪtíəriən]
名 基準
☞ 複数形はcriteria

0093
hire [háɪər]
動 〜を雇う(≒employ)

0094
acceptance [əkséptəns]
名 採用、受け入れ、受諾
動 accept(〜を受け入れる、容認する)

0095
reject [rɪdʒékt]
動 〜を不採用とする、拒否する(≒deny ⇔accept)
名 rejection(拒否)

0096
given that 〜
会 〜(であること)を考慮に入れると

Chapter 01 就職・転職

ジャンル別ボキャブラリー

資格

lawyer	[lɔ́ɪər]	弁護士	類 attorney
tax accountant		税理士	
accountant	[əkáʊntnt]	会計士	
master	[mǽstər]	修士	関 master's degree（修士号）
bachelor	[bǽtʃələr]	学士	関 bachelor's degree（学士号）

手当・休暇

overtime pay	残業手当	
family allowance	家族手当	
housing allowance	住宅手当	
transportation allowance	交通費、通勤手当	
travel allowance	出張手当	
paid vacation	有給休暇	
health-care benefit	医療費給付	
sick leave	病欠	関 call in sick（病欠の電話をする）
maternity leave	出産休暇、産休	
childcare leave	育児休暇	

部署

accounting department	経理部	類 billing department、finance department
payroll department	給与部	
building department	建築部	

development department	開発部	
engineering department	技術部	
legal department	法務部	
general affairs department	総務部	
personnel department	人事部	human resources department (HR department) とも言う
public relations department	広報部	
sales department	営業部	
purchasing department	購買部	
marketing department	マーケティング部	
research department	研究部	
customer service department	顧客サービス部	
information system department	情報システム部	

出題パターンチェック

就職・転職に関連する場面です。

【Part 2】
- 「応募者の面接を担当してもらえませんか」→「その日は会社にいません」

> A: Would you mind interviewing some job applicants next Monday?
> B: I'll be out of the office until next Wednesday.
> A: 来週の月曜日に何人かの就職応募者の面接をしていただけますか。
> B: 今度の水曜日までオフィスを不在にする予定です。

- 「新しい仕事をいつから始めますか」→「来月からです」
- 「営業担当者をもう一人雇えませんか」→「そうできるといいですね」
- 「新しい仕事では、出張回数は多いですか」→「かなり多くなりそうです」
- 「新しく採用された彼は語学に堪能なのですね」→「4か国語を話すことができるそうです」

【Part 3】
- 夏期インターンシップ・プログラムを行っている会社での会話。参加する実習生対象のアクティビティに関する相談を同僚同士が行っている

【Part 4】
- 入社予定の新人への留守番電話へのメッセージ。入社時に必要な提出書類が足りないため、最初の出社日に人事部まで書類を届けるよう伝えている

【Part 7】
- 業務アシスタント(パート勤務)の募集広告

> 求人広告には、勤務時間、曜日、いつから働くかなどの情報が記載されています。また仕事に必要な条件、もしくは持っていると好ましいものとして、経験、学歴、コミュニケーション能力、特定のソフトウェアを使いこなせること、照会先(前に勤めていた会社など)からの推薦状などが挙げられます。不採用のときは上記のいずれかが欠けている、もしくは締め切りを守らずに応募したというケースが多いです。

- 新入社員に対するあいさつと、配属先と歓迎会の開催を伝えるメール
- A社の部長への信用照会の手紙と、A社を退職してB社に転職しようとしている人への採用通知

ワンポイントアドバイス

TOEICに登場するビジネスシーンでは、応募者が以前いた会社にreferenceチェック(身元照会)を行い、そこでの働きぶりを確認するという場面が登場することがあるので覚えておきましょう。

Chapter 02
引っ越し・日常生活

007 不動産

無事に転職が決まったケンは、会社の近くの街に引っ越すことにしました。さっそく不動産屋さんで物件探しです。

プラチナフレーズ

MP3 ▶ 010

地元の不動産屋さん	the local real estate agent
近所にアパートを借りる	rent an apartment in the vicinity
安全で便利な地域	safe and convenient neighborhood
多くの人が住む地域	an area inhabited by many people
手ごろな物件	affordable property
個別のダイニング	a separate dining room
建物の管理人	the superintendent of the building
アパートの住人	tenants of the apartment
手付金を払う	make a down payment
家の間取り	a floor plan of the house
閑静な住宅地	a quiet residential area

会話

| 何よりもまず、場所を考慮しないといけない。 | I should consider above all the location. |

0097 real estate
名 不動産、不動産業

0098 rent
[rént]
動 〜を賃借りする　名 使用料、賃貸料
形 rental（賃貸の）

0099 vicinity
[vɪsínəti]
名 近所、近辺

0100 convenient
[kənvíːnjənt]
形 便利な、都合のよい（⇔inconvenient）
名 convenience（便利、好都合）　副 conveniently（便利に、好都合に）

0101 neighborhood
[néɪbərhùd]
名 ①近所、近辺、区域　②近所の人々
関 neighbor（近所の人）　関 neighboring（近所の、隣接した）

0102 inhabit
[ɪnhǽbət]
動 〜に住んでいる、居住する

0103 affordable
[əfɔ́ːrdəbl]
形 〈値段が〉手ごろな、購入しやすい
動 afford（買う余裕がある）　名 affordability（手ごろ感）

0104 property
[práːpərti]
名 ①物件、不動産　②資産、所有物

0105 separate
[形 sépərət　動 sépərèɪt]
形 分かれた、別々の　動 〜を分ける、離す
副 separately（別々に）　名 separation（分けること、分離）

0106 superintendent
[sùːpərɪnténdənt]
名 ①管理人、監督者（≒janitor）　②最高責任者、社長、校長

0107 tenant
[ténənt]
名 間借り人、借家人（⇔landlord）
関 subtenant（また借り人）

0108 down payment
名 手付金、頭金

0109 plan
[plǽn]
名 ①見取り図、図面、設計図　②計画、案　動 〜の計画を立てる
関 planner（プランナー、立案者）　floor planはlayoutとも言う

0110 residential
[rèzədénʃəl]
形 住宅向きの、住宅の
名 residence（住宅、居住地）　関 resident（居住者、住民）

0111 area
[éəriə]
名 ①地域（≒region、district、zone）　②場所、エリア　③（活動などの）分野
☞ 文脈によってはprofession（専門的職業）に言い換えることが可能

0112 above all
熟 何よりもまず、とりわけ

ジャンル別ボキャブラリー

家の周り

downstairs	[dáʊnstéərz]	1階、階下		
upstairs	[ʌ́pstéərz]	2階、上階		
roof	[rúːf]	屋根		
wall	[wɔ́ːl]	壁		
atrium	[éɪtriəm]	吹き抜け		
doorstep	[dɔ́ːrstèp]	戸口の上がり段		
mailbox	[méɪlbɑ̀ːks]	郵便受け		
rear entrance		裏口		
doorway	[dɔ́ːrwèɪ]	戸口		
fence	[féns]	フェンス		
garden	[gɑ́ːrdn]	庭		
patio	[pǽtiòʊ]	中庭、パティオ	関 courtyard (中庭)	
backyard	[bǽkjɑ́ːrd]	裏庭		
mower	[móʊər]	芝刈り機	lawn mowerとも言う	
watering can		じょうろ		
broom	[brúːm]	ほうき		
terrace	[térəs]	テラス	関 balcony (バルコニー)	
garage	[gərɑ́ːʒ]	ガレージ		
barn	[bɑ́ːrn]	車庫、物置	関 shed (小屋、物置)	
railing	[réɪlɪŋ]	手すり		
basement	[béɪsmənt]	地下室		
cellar	[sélər]	地下貯蔵室		

008 引っ越し

いよいよ新居へお引っ越し♪ 重い荷物だってがんばって運ぶんだ！ これから始まる新生活のために!!

プラチナフレーズ

 MP3 ▶ 012

引っ越し専門業者に頼む	hire a professional mover
新居に引っ越す	move to a new house
トラックから荷物を降ろす	unload the baggage from the truck
重い段ボール箱を運ぶ	carry heavy cardboard boxes
たくさんの木箱	dozens of crates
慎重に家具を動かす	move the furniture with care
テレビを設置する	install a TV set
包みを開ける	unpack a parcel
無傷で届く	arrive intact
床に積み重ねられている	be stacked on the floor

会話

それはとても壊れやすいので、慎重に取り扱ってください。	It's really fragile, so please handle it carefully.

0113
professional
[prəféʃənl]

形 ①専門職の ②プロの、本格的な　名 プロ (⇔amateur)
関 profession (専門職)　関 professionalism (専門家気質)

0114
mover
[múːvər]

名 引っ越し業者
動 move (引っ越す)　例 moving company (引っ越し業者)

0115
move
[múːv]

動 ①引っ越す ②～を移動させる、動かす
名 motion (運動)　名 movement (動き、移動、(政治・社会的)運動)

0116
unload
[ʌnlóud]

動 (〈車・船など〉から)〈荷〉を降ろす (⇔load)

0117
baggage
[bǽɡɪdʒ]

名 荷物、手荷物 (≒luggage)
☞ baggage/luggageは不可算名詞であることを押さえておこう

0118
cardboard box

名 段ボール箱

0119
dozens of

熟 ①たくさんの～ ②数十の～

0120
crate
[kréɪt]

名 (木・プラスチックの)箱

0121
furniture
[fə́ːrnɪtʃər]

名 家具 (≒furnishing)
☞ 集合的に「家具類」を表し、複数形にならない　関 furnish (～を供給する)

0122
with care

熟 注意して、気をつけて (≒carefully)
☞ 例 handle with care (取扱注意)

0123
install
[ɪnstɔ́ːl]

動 ①～を設置する、取り付ける ②〈ソフトウェアなど〉をインストールする
名 installation (設置、取り付け)　関 installment (分割払い込み金)

0124
unpack
[ʌnpǽk]

動 荷を解く、中の物を取り出す (⇔pack)

0125
intact
[ɪntǽkt]

形 無傷の (≒undamaged)

0126
stack
[stǽk]

動 ～を積み重ねる　名 積み重ね、多量

0127
floor
[flɔ́ːr]

名 ①床 (⇔ceiling) ②(建物の)階 (≒story)

0128
fragile
[frǽdʒəl | frǽdʒaɪl]

形 壊れやすい
名 fragility (壊れやすさ)

ジャンル別ボキャブラリー

室内

bedroom	[bédrù:m]	寝室	
closet	[klá:zət]	クローゼット	
wardrobe	[wɔ́:rdròub]	洋服ダンス	
mat	[mǽt]	マット	
rug	[rʌ́g]	ラグマット	関 carpet（カーペット） 関 carpeting（敷物類）
stool	[stú:l]	スツール	
mattress	[mǽtrəs]	マットレス	
blanket	[blǽŋkət]	毛布	
lamp	[lǽmp]	ランプ、照明器具	
dining room		ダイニングルーム	
sitting room		居間	
knob	[nɑ́:b]	ノブ	
interior	[ɪntíəriər]	室内	反 exterior
drape	[dréɪp]	カーテン	「布などで覆う」という意味もある
stereo (system)		ステレオ	
air conditioner		エアコン	
remote control		リモコン	
mug	[mʌ́g]	マグカップ、ジョッキ	
toy	[tɔ́ɪ]	おもちゃ	
vase	[véɪs]	花瓶	
photo frame		写真の額	
table	[téɪbl]	テーブル	
dining table		食卓	

tablecloth	[téɪblklɔ̀(:)θ]	テーブルクロス	
linen	[línən]	リンネル類	テーブルクロス、シーツなど
wallpaper	[wɔ́:lpèɪpər]	壁紙	

洗面所・浴室

bathroom	[bǽθrù:m]	浴室	
bathtub	[bǽθtʌ̀b]	浴槽	
shower	[ʃáʊər]	シャワー	
razor	[réɪzər]	かみそり	
blade	[bléɪd]	刃	
towel	[táʊəl]	タオル	
soap	[sóʊp]	せっけん	
hair dryer		ドライヤー	
washing machine		洗濯機	

009 スーパー

新生活を始めたケン。今日は近所のスーパーで買い物です。豊富な品揃えに気分は上々♪

プラチナフレーズ

MP3 ▶ 014

ワンストップ食料品店へ行く	go to the one-stop food store
品揃えが豊富だ	have a wide selection of items
毎日24時間開いている	open around the clock every day
買い物客でいっぱいだ	be crowded with shoppers
ショッピングカートを押す	push a shopping cart
6番通路にある	be on aisle six
冷凍食品	frozen food
食料品をカゴに入れる	put groceries into the basket
レジで食料の代金を払う	pay for food at the cashier
消費税を含む	include consumption tax

会話

「何か買ってくる?」
「実を言うと野菜が欲しいの」

"Can I get you anything?"
"Actually, I want some vegetables."

0129 one-stop
[wʌ́nstɑ́ːp]
形 ワンストップの、一か所ですべてが済む

0130 selection
[səlékʃən]
名 ①品揃え ②選ばれたもの ③選ぶこと、選抜、抜擢
動 select(〜を選ぶ、選び出す)　形 selective(入念に選択する、選り抜きの)

0131 item
[áɪtəm]
名 商品、品目、項目
動 itemize(項目別にする、箇条書きにする)　形 itemized(項目別の)

0132 around the clock
熟 24時間体制で、無休で
☞ round-the-clockとも言う

0133 shopper
[ʃɑ́ːpər]
名 買い物客、顧客
動 shop(買い物をする)　名 shopping(買い物)

0134 push
[púʃ]
動 ①〜を押す、押して動かす(⇔pull) ②〈商品など〉を無理に勧める
☞ 例 push a wheelchair(車いすを押す)

0135 cart
[kɑ́ːrt]
名 カート、手押し車
☞ shopping cartとも言う

0136 aisle
[áɪl]
名 (乗り物・店などの)通路
☞ 発音に注意

0137 frozen
[fróʊzn]
形 冷凍した、凍った
動 freeze(〜を凍らせる、凍る)

0138 grocery
[gróʊsəri]
名 食料品、食料雑貨
☞ 乾物、かん詰め、日用雑貨など

0139 pay
[péɪ]
動 (〜を)支払う　名 給料、賃金、報酬(≒wage、salary、fee)
☞ 例 pay for(〜の代金を払う)　名 payment(支払い)

0140 cashier
[kæʃɪ́ər]
名 ①レジ係 ②(会社の)会計係
☞ 「レジカウンター」はcheckout counter、「レジ(の機械)」はcash registerと言う

0141 include
[ɪnklúːd]
動 〜を含む(≒contain ⇔exclude)
名 inclusion(包含)　形 inclusive(すべてを含んだ、包括的な)

0142 consumption
[kənsʌ́mpʃən]
名 消費、消費量(⇔production)
動 consume(〜を消費する)　関 consumer(消費者)

0143 tax
[tǽks]
名 税金

0144 actually
[ǽktʃuəli]
副 実のところ、本当に(≒in fact、really)
形 actual(実際の)

Chapter 02　引っ越し・日常生活

010 図書館

> 今日は図書館へやって来ました。お気に入りの作家の新作は入ってるかな〜っと、むむ、この本も気になるゾ…。

プラチナフレーズ

MP3▶015

図書館で本を借りる	borrow some books at the library
貸出受付	circulation desk
有能な図書館職員	a skilled librarian
1週間以内にCDを返却する	return CDs within a week
多くの図書館利用者	a lot of library patrons
大声で話すのを慎む	refrain from speaking loudly
有名な小説家	a well-known novelist
その作者のベストセラー	the author's bestseller
有名な女優の自伝	the autobiography of a famous actress
月刊の定期刊行物	monthly periodicals
視聴覚資料	audio-visual materials
雑誌のアーカイブ	an archive of magazines

会話

他の方の邪魔にならないよう、会話はなるべくお控えください。

In order not to disturb other people, conversation should be kept to a minimum.

0145 **borrow** [bá:roʊ]	動 ～を(無料で)借りる (⇔lend) ☞ check out((図書館などから)～を借りる、借り出す)も似た意味
0146 **library** [láɪbrèri]	名 図書館、図書室
0147 **circulation** [sə̀:rkjəléɪʃən]	名 ①(図書館の)貸し出し ②流通、(新聞などの)発行部数 動 circulate(流通する)
0148 **librarian** [laɪbréəriən]	名 図書館職員、司書
0149 **return** [rɪtə́:rn]	動 ①～を返却する、返す、戻す ②戻る、帰る 名 返却、戻ること
0150 **patron** [péɪtrən]	名 ①(ホテル・図書館などの)利用者、ひいき客(≒client) ②後援者(≒supporter) 名 patronage(ひいき、後援) 動 patronize(～をひいきにする、後援する)
0151 **refrain from doing**	熟 ～することを控える
0152 **well-known** [wélnóʊn]	形 有名な、よく知られている (≒famous、notable、prominent、reputed)
0153 **novelist** [nɑ́:vəlɪst]	名 小説家 関 novel(小説)
0154 **author** [ɔ́:θər]	名 ①作者、著者、作家 ②立案者
0155 **bestseller** [béstsélər]	名 ベストセラー 関 best-selling(ベストセラーの)
0156 **autobiography** [ɔ̀:toʊbaɪɑ́:grəfi]	名 自伝、自叙伝 関 biography(伝記)
0157 **periodical** [pìəriɑ́:dɪkl]	名 定期刊行物、雑誌 形 periodic(定期的な、周期的な) 副 periodically(定期的に、周期的に)
0158 **audio-visual** [ɔ́:dioʊvíʒuəl]	形 視聴覚の
0159 **archive** [ɑ́:rkaɪv]	名 アーカイブ、保存記録 動 アーカイブに保存する
0160 **disturb** [dɪstə́:rb]	動 ～の邪魔をする 名 disturbance(邪魔)

Chapter 02 引っ越し・日常生活

ジャンル別ボキャブラリー

施設

station	[stéɪʃən]	駅	
aquarium	[əkwéəriəm]	水族館	
zoo	[zúː]	動物園	
botanical garden		植物園	
amusement park		遊園地	
stadium	[stéɪdiəm]	スタジアム	
photo studio		写真スタジオ	
theater	[θíːətər]	劇場、映画館	類 playhouse 関 theatrical(演劇の) 映画館はmovie theaterとも言う
art museum		美術館	関 gallery(ギャラリー)
city hall		市役所	
fire station		消防署	類 fire department
police station		交番、警察署	関 police officer(警察官)
cathedral	[kəθíːdrəl]	大聖堂	
Chamber of Commerce		商工会議所	
community center		公民館	
arena	[əríːnə]	競技場、アリーナ	sports arenaとも言う
post office		郵便局	
bank	[bǽŋk]	銀行	「土手」という意味もある 名 banking(銀行業)
nursery	[nə́ːrsəri]	幼稚園、保育園	関 day nursery(託児所)

建物・商店

housing complex		団地、集合住宅	
condominium	[kà:ndəmíniəm]	分譲マンション	
skyscraper	[skáɪskrèɪpər]	超高層ビル	関 high-rise building（高層ビル）
apartment	[əpá:rtmənt]	アパート	
studio (apartment)		ワンルームアパート	
inn	[ín]	宿屋	関 lodging（宿泊施設）
plaza	[plǽzə]	広場、ショッピングセンター	
department store		デパート	
supermarket	[sú:pərmà:rkət]	スーパーマーケット	
convenience store		コンビニ	
gas station		ガソリンスタンド	
bakery	[béɪkəri]	パン屋	cakeはbekeryで売られている
snack bar		軽食堂	
hair salon		美容院	salonは「（美容・服飾の）店」
grooming salon		ペットの美容院	
mall	[mɔ́:l]	ショッピング・モール	
nightclub	[náɪtklʌ̀b]	ナイトクラブ	
hospital	[há:spɪtl]	病院	関 hospitalization（入院）
health center		医療センター	関 nursery home（老人ホーム）
pharmacy	[fá:rməsi]	薬局	関 pharmaceutical（薬剤の）

011　銀行

給与の振り込み、公共料金やローンの支払い…。銀行も、なくてはならない私たちの生活の一部です。

プラチナフレーズ

MP3 ▶ 017

預金口座を開く	open a savings account
ATMでお金を預け入れる	deposit some money at the ATM
お金をおろす	withdraw some money
公共料金の支払いをする	pay utility bills
口座から自動的に引き落とされる	be deducted automatically from your account
未払い残高	an outstanding balance
月々のローンの支払い	monthly mortgage payment
ローンを完済する	pay off his loan
低い金利	low interest rate
お金を貯める	save money

会話

できるだけ早く支払いをしてください。　　Please pay the bill as soon as possible.

0161
savings [séɪvɪŋz]
名 (銀行・郵便局に預けた) 預金(額)

0162
account [əkáʊnt]
名 ①(預金)口座、預金 ②(コンピュータの)アカウント
関 accounting(会計学、経理) 関 accountant(会計士)

0163
deposit [dɪpázət]
動 〈金〉を預け入れる、預金する
名 ①預金 ②保証金、手付金

0164
withdraw [wɪðdrɔ́ː]
動 ①〈預金〉を引き出す ②〜を撤回する、回収する
名 withdrawal((預金の)引き出し、撤回)

0165
utility [juːtíləti]
名 (電気・ガスなどの)公共設備
☞ 例 utility company(公益事業会社) 関 infrastructure(インフラ)

0166
deduct [dɪdʌ́kt]
動 〜を引き落とす、差し引く、控除する
名 deduction(差し引き(額)、控除(額)) 形 deductible(控除できる)

0167
automatically [ɔːtəmǽtɪkəli]
副 自動的に
形 automatic(自動の)

0168
outstanding [àʊtstǽndɪŋ]
形 ①未払いの、残高の ②傑出した (≒distinguished)

0169
balance [bǽləns]
名 ①差引残高、未払い額 ②均等、つり合い 動 〜のバランスをとる
☞ アクセントに注意 例 balance due(不足額)

0170
mortgage [mɔ́ːrɡɪdʒ]
名 ①住宅ローン ②抵当(権)
☞ 発音に注意

0171
pay off
熟 ①〈借金など〉を完済する ②利益を生む、効果をもたらす

0172
loan [lóʊn]
名 貸付、ローン 動 〜を貸す

0173
interest [ínt(ə)rəst]
名 ①利子、利息 ②興味、関心
形 interested(興味のある) 形 interesting(面白い) 副 interestingly(面白く)

0174
rate [réɪt]
名 ①割合 ②料金、値段 動 〜を評価する
名 rating(評価、視聴率)

0175
save [séɪv]
動 ①〈金など〉を貯める、蓄える ②〜を救う
③〜を節約する

0176
as soon as possible
熟 できるだけ早く

出題パターンチェック

引っ越し・日常生活に関連する場面です。TOEICでは異動に関する話題が多いからか、それに伴う引っ越し関連の話題がよく登場します。また、異動を伴わなくても「今住んでいるところが会社から遠い」などの理由で引っ越しを希望するケースも少なくありません。

【Part 1】
- 何枚かの皿が水切りかごの中に積み重ねられている

> Some dishes have been in a pile in a drying rack.

- 男性が流しでグラスの中身を捨てている
- 女性が食べ物をひとかじりしている

【Part 2】
- 「あれは誰のシャツですか」→「Georgeのものだと思います」
- 「いつこの町に越してこられたのですか」→「3年ほど前です」
- 「午後は雨が降りそうですか」→「はい、そう聞いています」
- 「コーヒーをもっといかがですか」→「ええ、いただきます」
- 「シンクが詰まっているので配管工を手配しておきました」→「それだったら大丈夫ですね」

> TOEICには、ビル やアパート、実験室などのシンク、配管のトラブルに関する話題もよく登場します。そして配管工を手配しても、忙しいのか、なかなかすぐには来てくれないというケースが多いです。修理を終えるまで部屋や建物が使えない場合もあり、数日間他の部屋で仕事や作業をせざるを得ないこともあります。

【Part 3】
- 引っ越し先を探す顧客のための物件を探している仲介業者から、賃貸アパートの家主に対する問い合わせ

【Part 4】
- 引っ越し業者による期間限定割引の宣伝。今申し込むと20パーセント引きになるだけでなく、翌日中に見積もりも出してくれる

> 設問と正解の例
> What type of business is being advertised? (どんな業種の広告ですか)
> → A professional mover (引っ越し業者)
>
> How can customers get a discount? (顧客はどうすれば割引を受けられますか)
> → By using a coupon (クーポンを使う)
>
> When does the discount expire? (割引の有効期限はいつ切れますか)
> → In three weeks (3週間後)

Chapter 03

入社

012 立地環境

> フェニックス広告代理店は、交通の便のいい繁華街にあります。隣りは喫茶店なので、疲れたときにはちょっと一息♪

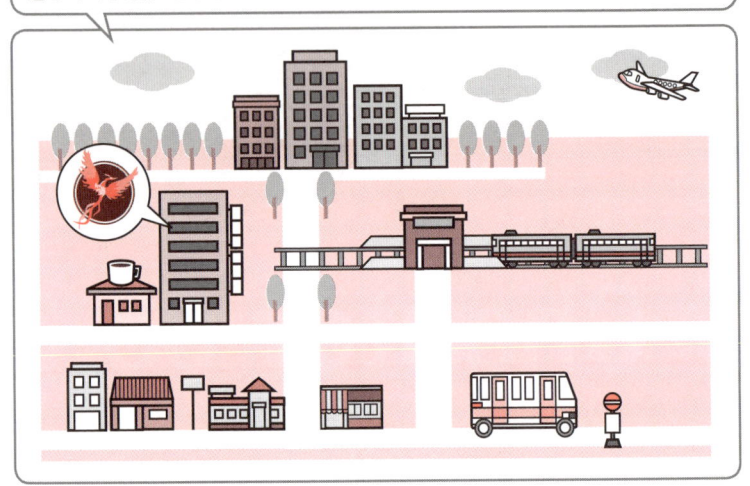

プラチナフレーズ　MP3▶018

繁華街に位置している	be located in the downtown area
便利な立地	convenient location
空港から遠い	far from the airport
駅からとても近い	in close proximity to the station
公共交通機関が利用しやすい	easy access to public transportation
ビジネス街	the business district
複数のオフィスが入っている	house several offices
人通りの多い通り	a busy street
週末は人けがない	be deserted on weekends
歩いて行ける距離に	within walking distance
喫茶店に隣接している	be adjacent to a coffee shop
バス停まで歩いて数分	a couple of minutes' walk to the bus stop

会話

「一番近い郵便局はどこですか」
「角を曲がったところです」

"Where is the nearest post office?"
"Just around the corner."

0177 locate
[lóʊkeɪt]
動 ①〜を置く、設置する (≒situate)　②〜の場所を突き止める
☞ Located in 〜のように、分詞構文で登場することが多い

0178 downtown
[dáʊntáʊn]
形 中心街の、繁華街の　副 中心街に、繁華街に
名 中心街、繁華街

0179 location
[loʊkéɪʃən]
名 位置、場所

0180 far from
熟 ①〜には程遠い　②〜から離れて

0181 close
[klóʊs]
形 ①(時間・距離が)近い　②(関係が)親密な
副 closely(密接に、厳密に)

0182 proximity
[prɑːksíməti]
名 近いこと、近接 (≒nearness)

0183 access
[ǽkses]
名 ①接近(方法)　②(コンピュータへの)アクセス　動 〜にアクセスする
形 accessible(接近できる)　副 accessibly(近づきやすく)

0184 transportation
[trænspərtéɪʃən]
名 交通機関、輸送
動 transport(〜を輸送する)

0185 district
[dístrɪkt]
名 ①街、地区、地域　②地方 (≒region)

0186 house
[動 háʊz 名 háʊs]
動 〜を収容する、所蔵する　名 家、家屋
☞ store(〜を保管する)と一緒に覚えておこう

0187 busy
[bízi]
形 ①人通りの多い、にぎやかな (⇔quiet、deserted)
②忙しい、多忙な (≒hectic ⇔free)　③(電話が)話し中で

0188 deserted
[dezə́rtɪd]
形 人通りのない (⇔busy)
☞ desert(砂漠)も覚えておこう

0189 within walking distance
熟 歩いて行ける距離で
☞ a 10-minute walk from(〜から歩いて10分)という表現も覚えておこう

0190 adjacent
[ədʒéɪsnt]
形 隣接した、近隣の (≒close)

0191 a couple of
熟 ①2、3の〜、いくつかの〜 (≒a few)　②2つの〜、2人の〜

0192 just around the corner
熟 ①すぐ角を曲がったところに　②もう間もなく

013 初日

> ついに今日は出勤初日！ 同僚たちに自己紹介するケン。緊張でカチコチです。

プラチナフレーズ

MP3 ▶ 019

同僚に新入社員を紹介する	introduce a newcomer to the coworkers
彼らの部署に所属する	belong to their division
自由に質問をする	feel free to ask questions
スタッフを5つのチームに分ける	divide the staff into five teams
同僚たち	fellow workers
チームの貴重な新戦力	a valuable addition to the team
組織を活性化する	invigorate the organization
彼らの期待に応える	live up to their expectations
会社の管理職員に会う	meet the company's administrative staff
社長の言葉を心に留める	keep the president's words in mind

会話

あなたが私たちのチームに入ってくれてうれしいです。

I am delighted that you have joined our team.

0193 newcomer
[njúːkÀmər]
名 新人、新入社員
☞ (new) recruitとも言う

0194 coworker
[kóʊwàːrkər]
名 同僚 (≒colleague)

0195 belong to
熟 〜に属する

0196 division
[dɪvíʒən]
名 部、局、課

0197 feel free to do
熟 自由に〜してよい、遠慮なく〜する

0198 question
[kwéstʃən]
名 質問
関 questionable(疑問の余地のある)

0199 divide
[dɪváɪd]
動 〜を分ける

0200 fellow
[féloʊ]
名 仲間、同志

0201 valuable
[væljuəbl]
形 貴重な (≒invaluable)

0202 addition
[ədíʃən]
名 ①加入したもの、人 ②追加
動 add(加わる、〜を加える)

0203 invigorate
[ɪnvígərèɪt]
動 〜を活性化する

0204 live up to
熟 〈評判・期待など〉に応える、〈基準など〉を満たす

0205 expectation
[èkspektéɪʃən]
名 期待、予期
動 expect(〜を期待する、予期する)

0206 administrative
[ədmínəstrèɪtɪv]
形 ①管理の ②行政の
名 administration(管理) 動 administer(〜を管理する) 関 administrator(管理者)

0207 keep A in mind
熟 Aを心に留めておく、覚えている
(≒bear A in mind、memorize)

0208 delight
[dɪláɪt]
動 〜を喜ばせる
関 delightful(うれしい、楽しい、愉快な)

Chapter 03 入社

ジャンル別ボキャブラリー

会社の形態

giant (company)		大企業	
small and medium-sized company		中小企業	companyの代わりにenterpriseを使うこともある
parent company		親会社	
subcontractor	[sʌbkáːntræktər]	下請企業	
multinational company		多国籍企業	
conglomerate	[kəngláːmərət]	複合企業	
consortium	[kənsɔ́ːrʃiəm]	合併企業、コンソーシアム	
overseas branch		海外支社	
franchise	[frǽntʃaɪz]	フランチャイズ	
maker	[méɪkər]	メーカー	類 manufacturer
wholesaler	[hóʊlsèɪlər]	卸売業者	
retailer	[ríːtèɪlər]	小売業者	
vendor	[véndər]	販売会社	関 purveyor（御用達業者）
dealership	[díːlərʃɪp]	販売特約店	

役職

president	[prézədənt]	社長	
vice president		副社長	略はV.P.、VP
director	[dəréktər]	管理職者、重役、取締役	
auditor	[ɔ́ːdətər]	監査役	

ジャンル別ボキャブラリー

MP3 ▶ 020

external auditor		外部監査役	
administrator	[ədmínəstrèɪtər]	管理者、役員	名 administration（管理） 形 administrative（管理の）
comptroller	[kəntróʊlər]	会計監査役	
manager	[mǽnɪdʒər]	部長	
section chief		課長	
assistant manager		係長	
secretary	[sékrətèri]	秘書	
administrative assistant		重役補佐、管理スタッフ	
adviser	[ədváɪzər]	顧問	
executive	[ɪgzékjətɪv]	役員、幹部	
general manager		本部長	
treasurer	[tréʒərər]	会計係、財務部長	
account executive		（広告代理店などの）顧客担当責任者	
chief	[tʃíːf]	上司	

ワンポイントアドバイス

vice presidentは通常「副社長」と訳される場合が多いですが、部長や課長、統括責任者など、国や組織によっては役員職ではなく、通常の管理職に相当する職級に使われる場合もあります。

014 新人研修

> わが社には新入社員のための研修制度があります。この研修を受ければわが社での仕事の基礎が身につくというわけです。

プラチナフレーズ　MP3▶021

試用期間	a trial period
新入スタッフを育成する	train new staff
新入社員を教育する	educate new employees
個別の新人研修	an individual training session
訓練用マニュアル	a training manual
見習いとして働く	work as an intern
コピーライターの見習い	an apprentice copywriter
OJT制度を提供する	provide on-the-job training
業務について学ぶ	learn about his duties
基礎的な知識を身につける	acquire basic knowledge
3週間の集中セミナー	a three-week intensive seminar

会話

仕事を始める前に、訓練を受けてもらうことになっています。

You are supposed to undergo training before you start working.

0209 trial
[tráɪəl]
形 試験的な　名 試験、試し
☞ 例 on a trial basis(試験的に、実験的に)　動 try(試す)

0210 period
[píəriəd]
名 期間、時期
形 periodic(al)(定期的な)

0211 train
[tréɪn]
動 〜を教育する、訓練する　名 電車
名 training(訓練)　関 trainer(トレーナー)　関 retrain(〜を再訓練する)

0212 educate
[édʒəkèɪt]
動 〜を教育する、〜に教える
名 education(教育)　形 educational(教育の)　関 educator(教育者)

0213 employee
[emplɔ́ɪíː]
名 従業員(⇔employer)
☞ アクセントに注意

0214 individual
[ìndəvídʒuəl]
形 個々の　名 個人、人
副 individually(個々に)

0215 session
[séʃən]
名 会、セッション
☞ 新人研修はnew employee orientationとも言う

0216 manual
[mǽnjuəl]
名 マニュアル、説明書　形 手の
副 manually(手で、手動で)

0217 intern
[íntəːrn]
名 見習い、インターン
関 internship(インターンシップ)

0218 apprentice
[əpréntɪs]
名 見習い、徒弟
☞ novice(初心者)とセットで押さえておこう

0219 on-the-job
[ɑːnðədʒɑ́ːb]
形 実際に仕事をしながら習得する、実習の
関 hands-on(実地の)

0220 duty
[djúːti]
名 ①職務、義務　②関税、税

0221 basic
[béɪsɪk]
形 基礎的な、基本の　名 基礎
副 basically(基本的に)　名 base(基盤、基礎)　関 basis(基礎、基準)

0222 knowledge
[nɑ́lɪdʒ | nɔ́lɪdʒ]
名 知識、知っていること
動 know(〜を知っている)　形 knowledgeable(精通している)

0223 intensive
[ɪnténsɪv]
形 集中的な

0224 be supposed to do
熟 〜することになっている、〜するはずである

Chapter 03　入社

出題パターンチェック

入社に関連する場面です。TOEICではPart 7などに、社員のスキルアップを支援する企業が登場することがあります。語学学校やプレゼンの技術を高める講座、テクニカル・ライティングのコースなど、会社負担で学べることは多岐にわたります。

【Part 2】
- 「Matsuiさんはいつから新しい仕事を始めますか」→「来月からです」
- 「歓迎会は何時まで行われたのですか」→「そんなに遅くまではやっていませんでした」
- 「副社長のオフィスはどこにありますか」→「ホールの突き当りです」

【Part 4】
- 新入社員に対するガイダンスと、社内見学ツアーに関する説明

> 設問と正解の例
>
> What is the purpose of the talk?（この話の目的は何ですか）
> → To list some planned function（予定されている催し物を列挙するため）
>
> What is included in each folder?（各自のフォルダーには何が入っていますか）
> → An employee identification card（社員証）
>
> When will the listeners hand in the questionnaire?
> （聞き手はいつアンケートを提出しますか）
> → On arrival at the laboratory（研究所に着くとすぐ）

【Part 5】
- Otis Inc.の研修生は、会社の施設や手順を学ぶための説明会に参加することになっている
- 新入社員で給付金の申し込みを希望する者は、所定の用紙に記入し、説明会に持参する必要がある

【Part 6】
- 新しく部署に加わるメンバーが使うパソコンのセットアップを指示するメール

【Part 7】
- メンタリング・プログラムの大切さを伝える記事と、プログラムに参加した新入社員が感想を述べているメール。参加した新入社員はいたく感銘を受け、将来は自分がメンターになりたいと述べている
- 他社で業績を上げた技師を迎え入れる際の挨拶と、簡単な指示が書かれているメール
- 正社員としての正式な採用を伝えると同時に、新入社員対象の説明会が行われることを伝える案内の手紙

Chapter 04

日常業務

015 朝の支度

> 僕は立派な社会人。朝食だってちゃんととるのさ♪ …まずい！ ゆっくりしてたらこんな時間だ。急がなきゃ！

プラチナフレーズ

目覚まし時計で目が覚める	be woken up by the alarm clock
突然鳴り出す	go off suddenly
熱いコーヒーをすする	sip hot coffee
軽く食べる	grab a bite to eat
歯を磨く	brush his teeth
きちんとしたスーツを着ている	wear a neat suit
ネクタイを締める	tighten his necktie
革の書類かばん	his leather briefcase
財布をかばんに入れる	put his wallet into the bag
急いで家を出る	leave home in a hurry
階段を下りる	descend the staircase

会話

今朝はあやうく寝坊するところだった。　　I nearly overslept this morning.

0225 alarm
[əlá:rm]

名 ①目覚まし時計 ②警報器、警報装置
形 alarming(驚くべき)

0226 go off

熟 ①〈警報・目覚まし時計が〉鳴る ②立ち去る、退場する

0227 sip
[síp]

動 ~をすする、少しずつ飲む
☞ Part 1でsippingがshipとの音の引っかけで登場する

0228 grab
[grǽb]

動 ①〈食事など〉を素早くとる ②~をひっつかむ
③〈タクシーなど〉をつかまえる

0229 bite
[báit]

名 ①軽食、食べ物 ②ひとかじり

0230 brush
[bráʃ]

動 ~を磨く 名 ブラシ

0231 wear
[wéər]

動 ~を着ている
☞ 状態を表す。「身につける」動作を表すのはput on

0232 neat
[ní:t]

形 きちんとした (≒tidy)

0233 suit
[sú:t]

名 スーツ 動 ①~に適する、合う ②~に似合う
形 suitable(~に適した) 名 suitability(適切なこと)

0234 tighten
[táitn]

動 ①~をしっかり締める ②〈制限・規則・法〉をきつくする(⇔loosen)
形 tight(きつい、〈予定などが〉詰まった) 副 tightly(堅く、きつく)

0235 briefcase
[brí:fkèis]

名 書類かばん

0236 wallet
[wɑ́:lət]

名 財布、札入れ
関 purse(小銭入れ)

0237 in a hurry

熟 急いで、慌てて (≒hurriedly)

0238 descend
[disénd]

動 ~を下りる、降りる (≒go down ⇔ascend)

0239 staircase
[stéərkèis]

名 階段 (≒stairs、stairway)

0240 nearly
[níərli]

副 ほとんど、危うく (≒almost)

Chapter 04 日常業務

016 通勤

> 時は金なり。通勤時間だって無駄にはできません。ケンは新聞を読むことにしています。

プラチナフレーズ

MP3 ▶ 023

会社に通勤する	commute to work
通勤者でいっぱいの駅	a station crowded with commuters
改札を通る	go through the ticket gate
電車の運賃	the train fare
階段を上る	go up the stairs
時刻表を確認する	check the timetable
新聞売り場で新聞を買う	get a newspaper at the newsstand
プラットホームで列になって待つ	wait in line at the platform
ラッシュアワー時に	during peak rush hour
地下鉄利用者	subway riders

会話

このエスカレーターは午前6時から午後10時まで運転しています。

This escalator is in operation from 6:00 A.M. to 10:00 P.M.

0241 commute
[kəmjúːt]
動 通勤する　**名** 通勤(時間)

0242 crowded
[kráʊdɪd]
形 込み合った、満員の
動 crowd(群がる)

0243 commuter
[kəmjúːtər]
名 通勤者

0244 go through
熟 ①〜を通る、通り抜ける　②〈手順など〉を経る
③〜をよく調べる

0245 ticket gate
名 改札口

0246 fare
[féər]
名 (交通機関の)料金、運賃
関 airfare(航空運賃)

0247 stair
[stéər]
名 [stairsで]階段(≒staircase)

0248 timetable
[táɪmtèɪbl]
名 ①時刻表　②予定表(≒schedule、timeline)

0249 newsstand
[njúːzstænd]
名 (駅・路上などの)新聞雑誌売り場

0250 in line
熟 列になって(≒in a line/row)
☞ in line for(〈昇進・地位など〉の候補で)も覚えておこう

0251 platform
[plǽtfɔːrm]
名 ①(駅の)プラットホーム　②台、縁台

0252 peak
[píːk]
形 最大の、ピークの　**名** ①頂点、ピーク　②山頂、峰

0253 rush hour
名 ラッシュアワー、混雑時間

0254 subway
[sʌ́bwèɪ]
名 地下鉄(≒underground、tube)

0255 rider
[ráɪdər]
名 ①(電車やバスの)利用者、乗客　②(馬やオートバイの)乗り手
動 ride(〜に乗る)

0256 in operation
熟 運転中で、営業中で

Chapter 04

日常業務

ジャンル別ボキャブラリー

かばんの中身

photo identification		写真つき身分証	
badge	[bǽdʒ]	IDカード、バッジ	
pass	[pǽs]	定期券	
ticket	[tíkət]	切符	
glasses	[glǽsɪz]	眼鏡	
sunglasses	[sʌ́nglæ̀sɪz]	サングラス	
bracelet	[bréɪslət]	ブレスレット	
glove	[glʌ́v]	手袋	
timepiece	[táɪmpìːs]	時計	
cosmetics	[kɑːzmétɪks]	化粧品	
sunscreen	[sʌ́nskrìːn]	日焼け止め	sunblockとも言う
lipstick	[lípstìk]	口紅	
lotion	[lóʊʃən]	化粧水、ローション	
ring	[ríŋ]	指輪	
currency	[kə́ːrənsi]	通貨、貨幣	
headphones	[hédfòʊnz]	ヘッドフォン	

乗り物

railroad	[réɪlròʊd]	鉄道	
limited express		特急列車	
bus	[bʌ́s]	バス	

taxi	[tǽksi]	タクシー	類 cab
truck	[trʌ́k]	トラック	
trailer	[tréɪlər]	トレーラー	
sedan	[sɪdǽn]	セダン	
minivan	[mínivæn]	ミニバン	
convertible	[kənvə́ːrtəbl]	オープンカー	
ambulance	[ǽmbjələns]	救急車	
shuttle	[ʃʌ́tl]	シャトル	
limousine bus		リムジンバス	
van	[vǽn]	トラック	
liner	[láɪnər]	定期船、定期便	
tanker	[tǽŋkər]	タンカー	
boat	[bóʊt]	船	
ferry	[féri]	フェリー	

ワンポイントアドバイス

TOEICテストではしばしば、車輪が付いていて、道路やレール上を走行するものをひとくくりにしてvehicleと表現します。地上の輸送手段である車やバス、トラックなどがそれに当たります。

017 出社

「おはようございます！」どうやらケンは無事に間に合ったようです。さあ、一日の始まりです！

プラチナフレーズ

出社する	show up at the office
守衛に社員証を見せる	show his employee identification card to the guard
出退勤時間をタイムカードに押す	punch in and out
定刻に着く	arrive on time
会社に間に合う	make it to the office
到着するとすぐ	as soon as he arrives
上司にあいさつする	say hello to his boss
席につく	take a seat
同僚とおしゃべりをする	chat with colleagues
頻繁に仕事に遅れる	be frequently late for work
彼の欠点の一つ	one of his shortcomings
郵便物に目を通す	look through the mail

会話

さあ、仕事に取りかかろう。　Let's get to work.

0257	**show up**	熟 現れる、来る (≒appear)
0258	**identification** [aɪdèntəfɪkéɪʃən]	名 ①身分証明になるもの ②識別 動 identify (～の身元を確認する、特定する)　名 identity (本人であること)
0259	**guard** [gáːrd]	名 守衛、ガードマン　動 ～を守る
0260	**punch** [pʌ́ntʃ]	動 〈カード〉に穴をあける、パンチする ☞ punch inは出社時間、punch outは退社時間を記録すること
0261	**on time**	熟 定刻に、時間通りに (≒punctually) 関 in time (時間内に、間に合って)　関 behind time (定刻より遅れて)
0262	**make it**	熟 ①間に合う　②〈会議などに〉出席する
0263	**as soon as**	熟 ～するとすぐに
0264	**boss** [bɔ́s]	名 上司 (⇔subordinate)
0265	**seat** [síːt]	名 席、座席　動 ～を座らせる、着席させる ☞ be seated (着席する) の形でも頻出
0266	**chat** [tʃǽt]	動 おしゃべりする、雑談する　名 おしゃべり、チャット
0267	**colleague** [káliːg]	名 同僚 (≒coworker)
0268	**be late for**	熟 ～に遅れる、遅刻する
0269	**shortcoming** [ʃɔ́ːrtkÀmɪŋ]	名 欠点 (≒fault)
0270	**look through**	熟 ～に目を通す
0271	**mail** [méɪl]	名 ①郵便物、メール　②郵便 (制度) 動 ～を郵送する、メールで送る
0272	**get to**	熟 ①～に取りかかる、～を始める　②～に到着する (≒reach) ☞ 「仕事に取りかかる」はget into workとも言う

Chapter 04

日常業務

018 オフィス

> 社員たちにとってオフィスの環境はとても大切です。さまざまなところに社員たちへの配慮がなされています。

プラチナフレーズ

MP3 ▶ 026

照明器具	lighting fixtures
蛍光灯	fluorescent lighting
天井からつるされている	be suspended from the ceiling
明るい部屋	a bright room
広々とした仕事環境	spacious office environment
仕事スペース	office cubicles
ブラインドを下ろす	pull down the blind
換気のために少し窓を開ける	open the window slightly for ventilation
書類が風で飛ぶ	have some papers blown away by the wind
鉢植えの植物に水をやる	water a potted plant
ごみ箱にティッシュを捨てる	throw away tissues in the trash can

会話

「この部屋暑くない?」
「窓を開けたほうがいいかもね」

"Isn't this room hot?"
"Maybe we can open the windows."

0273
lighting [láɪtɪŋ]
名 照明、照明器具
動 light (〜を明るくする)

0274
fixture [fíkstʃər]
名 [fixturesで] 設備、作りつけ備品

0275
fluorescent [flʊərésnt]
形 蛍光性の、蛍光を発する

0276
suspend [səspénd]
動 ①〜をつるす、ぶらさげる ②〜を中止する、一時停止する
名 suspension (つすること、(一時的な)停止)

0277
ceiling [síːlɪŋ]
名 天井 (⇔floor)

0278
bright [bráɪt]
形 ①明るい、輝いている (⇔dark) ②鮮明な (⇔dull)
副 brightly (明るく、輝いて)

0279
spacious [spéɪʃəs]
形 広々とした、広い (⇔cramped)
名 space (空間) 副 spaciously (広々と)

0280
cubicle [kjúːbɪkl]
名 仕切られた小部屋、仕事場、デスク
関 workstation (仕事机)

0281
blind [bláɪnd]
名 ブラインド

0282
slightly [sláɪtli]
副 少し、わずかに
形 slight (少しの、わずかな)

0283
ventilation [vèntəléɪʃən]
名 換気、風通し

0284
blow [blóʊ]
動 ①(風が)〜を吹き動かす ②(風が)吹く、風を送る

0285
pot [pάːt]
動 〜を鉢植えに入れる 名 なべ、ポット、鉢

0286
tissue [tíʃuː]
名 ①ティッシュペーパー ②細胞

0287
trash can
名 ごみ箱、くず入れ (≒trash bin)

0288
maybe [méɪbi]
副 もしかしたら (〜かもしれない)

Chapter 04 日常業務

ジャンル別ボキャブラリー

オフィス

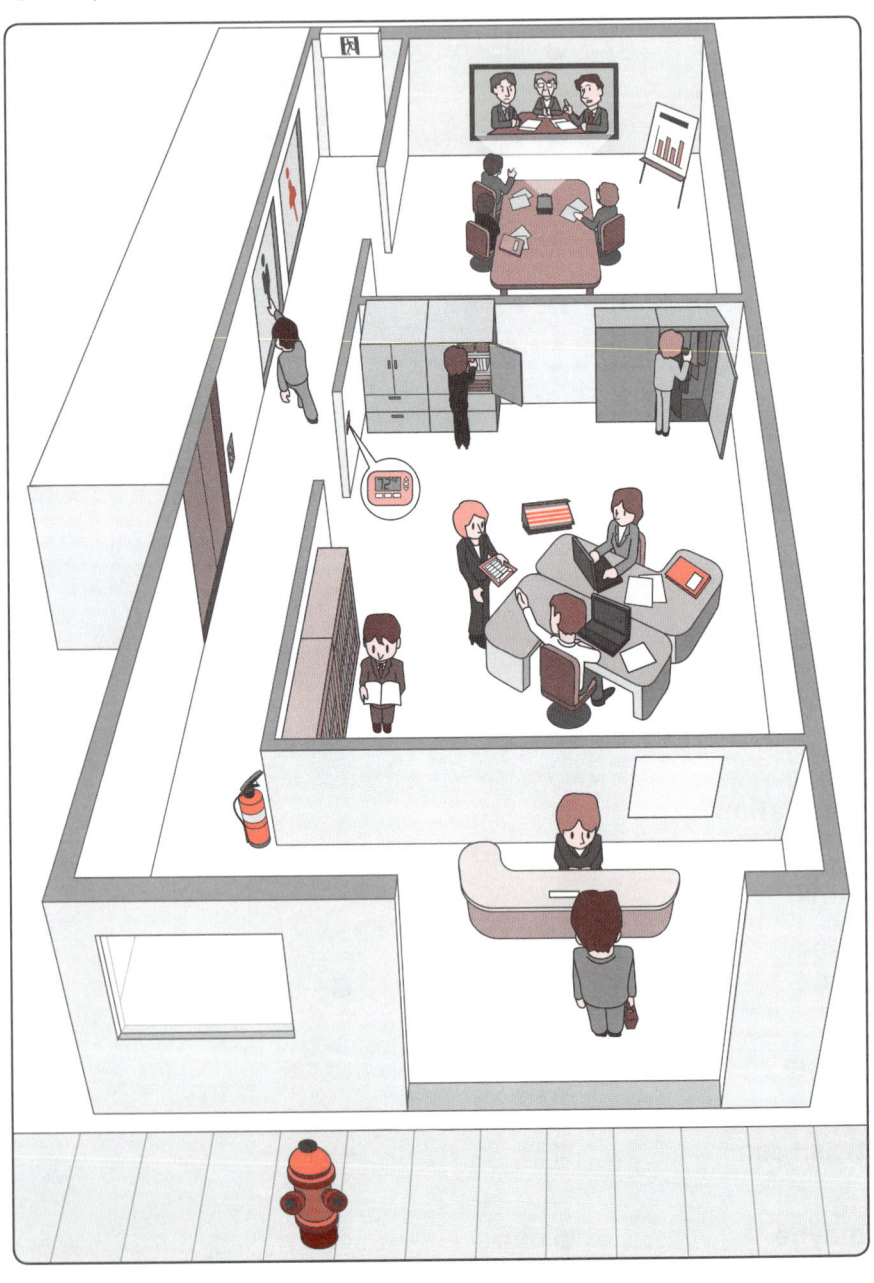

ジャンル別ボキャブラリー

MP3 ▶ 027

office	[á:fəs]	オフィス	
file cabinet		書類棚	
bookshelf	[búkʃèlf]	本棚	複数形はbookshelves
locker	[lá:kər]	ロッカー	
counter	[káuntər]	カウンター	
hallway	[hɔ́:lwèɪ]	廊下	類 corridor、passageway
restroom	[réstrù:m]	トイレ	
elevator	[éləvèɪtər]	エレベーター	関 escalator (エスカレーター)
conference room		会議室	meeting roomとも言う
overhead projector		オーバーヘッドプロジェクター	
teleconference	[téləkà:nfərəns]	テレビ会議	「テレビ会議を行う」という動詞の意味もある
flip chart		フリップチャート	
circular	[sə́:rkjələr]	回覧物	

設備・インフラ

emergency exit		非常口	
fire extinguisher		消火器	
fire alarm		火災報知器	
hydrant	[háɪdrənt]	消火栓、給水栓	
thermostat	[θə́:rməstæt]	温度自動調節器	
heater	[hí:tər]	暖房機	
generator	[dʒénərèɪtər]	発電機	
gauge	[géɪdʒ]	計測器、メーター	
gas vent		ガス通気口	

Chapter 04 日常業務

019 書類

> 書類作りはオフィスワークの基本。間違いがないように慎重にチェックします。

プラチナフレーズ

MP3 ▶ 028

ピーターに書類を提出する	turn in the document to Peter
テーブルに書類を広げる	spread the papers on the table
データをまとめる	compile the data
原稿を書く	make a draft
書類に署名する	sign a document
報告書に目を通す	go over a report
報告書を修正する	revise a report
書類のコピー	a duplicate copy of the paper
作業の進捗状況を確認する	check the progress of the work
毎日のルーチンワーク	daily routine work
少し退屈する	be bored a bit

会話

「この書類を今やるべきですか、それとも明日終えましょうか」「どちらでも君の好きなほうで」

"Should I work on the paper now, or can I finish it tomorrow?" "Whichever you prefer."

0289 turn in
熟 ～を提出する (≒submit、hand in、send in、file)
☞ hand inは手渡し、send inは郵送による提出。turn inは両方で使える

0290 document
[名 dáːkjəmənt 動 dάkjəmènt]
名 書類、文書 (≒paper)　動 ～を記録する
名 documentary (ドキュメンタリー)　名 documentation (文書の活用)

0291 spread
[spréd]
動 ①～を広げる　②広がる　名 広まり、(病気の)まん延

0292 paper
[péipər]
名 ①書類 (≒document)　②新聞 (≒newspaper)　③紙

0293 compile
[kəmpáil]
動 ①～をまとめる、編集する　②～を集める (≒collect)
名 compilation (編集、編さん)

0294 data
[déitə]
名 データ、資料
関 database (データベース)

0295 draft
[dráeft]
名 原稿、草稿、下書き　動 ～を起草する

0296 sign
[sáin]
動 ①～に署名する、サインする　②〈契約〉を結ぶ　名 標識、看板
☞ 有名人にもらうサインはautograph　名 signature (サイン)

0297 go over
熟 ①～に目を通す、確認する、見直す (≒look over)
②～を超える、上回る　③受け入れられる、うまくいく

0298 revise
[riváiz]
動 ～を修正する、改訂する
名 revision (見直し、改訂)

0299 duplicate
[形 djúːplikət 動 djúːplikèit]
形 複製の、コピーの　名 複製、コピー、写し　動 ～を複製する
名 duplication (写し、コピー)　関 triplicate (3通の、3通作成する)

0300 progress
[名 práːgres 動 prəgrés]
名 ①進捗、進行　②進歩、発達 (≒development)　動 進む
形 progressive (進歩的な、前進的な)

0301 daily
[déili]
形 毎日の　名 日刊新聞　副 毎日
関 weekly (週の)　関 monthly (月の)　関 yearly (年の)

0302 routine
[ruːtíːn]
形 日常の、決まりきった　名 日課、日常的な作業
副 routinely (いつものように、規定通りに)

0303 bored
[bɔ́ːrd]
形 退屈した
名 boredom (退屈)　関 boring (退屈な)

0304 Whichever you prefer.
会 どちらでも君の好きなほうで。

020 日常業務

> オフィスで仕事をする社員たち。教えてもらったり、お願いしたり、謝ったり…。仕事は一人ではできません。

プラチナフレーズ

MP3 ▶ 029

就業中である	be on duty
上司と相談する	consult with his boss
ピーターの助言に従う	follow Peter's advice
ケンに作業についてアドバイスする	advise Ken about the work
指導者に頼る	rely on a mentor
ミスについて謝る	apologize for a mistake
調査結果を報告する	report the results of a study
部長の承認を得る	get the manager's approval
スタッフのやる気を起こさせる	motivate the staff
レポートのことで彼を手伝う	give him a hand with the report
彼女に協力を要請する	ask her for assistance

会話

「少々お時間をよろしいですか」
「ええ、何でしょう」

"Can you spare some time?"
"Sure. How can I help you?"

0305
on duty
熟 勤務時間中で、当番で (⇔off duty)

0306
consult [kənsʌ́lt]
動 ①相談する ②〜に意見を求める ③〜を調べる
名 consultation（相談） 名 consulting（コンサルタント業）

0307
advice [ədváis]
名 助言、アドバイス
☞ 不可算名詞なのでa piece of advice（1つのアドバイス）のように表す

0308
advise [ədváiz]
動 〜をアドバイスする、助言する
形 advisory（忠告の）

0309
rely on
熟 〜を頼る (≒depend on, count on)

0310
mentor [méntɔːr]
名 助言者、指導者
名 mentoring（新入社員教育） 関 mentee（指導を受ける人）

0311
apologize [əpɑ́lədʒàiz]
動 謝る
☞ 例apologize to（〜に謝る） 名 apology（謝罪）

0312
report [rɪpɔ́ːrt]
動 〜を報告する 名 ①報告書 ②報道
☞ 例report to work（仕事に行く） 関 reporter（報告者、レポーター）

0313
result [rɪzʌ́lt]
名 結果 (≒consequence ⇔cause) 動 〜という結果になる
☞ result in（〜という結果になる）、result from（〜から生じる）の形でも頻出

0314
study [stʌ́di]
名 研究、調査 動 ①〜を研究する ②〜を勉強する

0315
approval [əprúːvl]
名 承認、認可
動 approve（〜を承認する、認可する）

0316
motivate [móʊtəvèɪt]
動 〜にやる気を起こさせる、動機を与える
名 motivation（動機づけ） 形 motivated（やる気のある）

0317
give A a hand
熟 Aを手伝う、助ける (≒help)

0318
ask A for B
熟 AにBを求める、要請する

0319
assistance [əsístəns]
名 協力、援助 (≒help)
☞ 不可算名詞 動 assist（〜を助ける） 関 assistant（助手、アシスタント）

0320
spare [spéər]
動〈時間などを〉さく 形 ①空いた、手すきの ②予備の

Chapter 04 日常業務

021 パソコン

インストール、コピーアンドペースト、バックアップ…。
今や、パソコンなしにビジネスパーソンの仕事は成り立ちません。

プラチナフレーズ

MP3 ▶ 030

パスワードを入力する	enter his password
デスクトップのアイコンをクリックする	click the icon on the desktop
データをコピーアンドペーストする	copy and paste data
図を取り込む	capture some charts
メモリーカードを挿入する	insert a memory card
バックアップファイルをつくる	make backup files
初期設定	the default setting
コンピュータをカスタマイズする	customize his computer
多くのフォーマットと互換性がある	be compatible with many formats
システムをアップグレードする	upgrade the system
バグを解決する	work out bugs
コンピュータリテラシーを身につける	acquire computer literacy

会話

「どのくらいでパソコンを設定できますか」
「1時間もかかりません」

"How soon can you set up the PC?"
"In less than one hour."

0321 **enter** [éntər]	動 ①〜を入力する、記入する ②〜に入る ③入学する、登録する 名 entry（参加申し込み） 名 entrance（入口）
0322 **password** [pǽswə̀:rd]	名 パスワード
0323 **click** [klík]	動 〜をクリックする 名 クリック
0324 **icon** [áikɑ:n]	名 ①（コンピュータの）アイコン ②偶像視される人、憧れの俳優（女優）
0325 **paste** [péist]	動 （コンピュータで）〜をペーストする、貼りつける 名 （食品の）ペースト
0326 **capture** [kǽptʃər]	動 〈画像〉を取り込む、〈映像〉をとらえる
0327 **insert** [ɪnsə́:rt]	動 〜を差し込む 関 reinsert（〜を再挿入する）
0328 **backup** [bǽkʌ̀p]	名 ①（コンピュータの）バックアップ ②予備、控え
0329 **default** [dɪfɔ́:lt]	形 （コンピュータで）デフォルトの、初期値の 関 initialize（〜を初期化する）
0330 **customize** [kʌ́stəmàɪz]	動 〜をカスタマイズする、注文に応じて作る 関 personalize（名入れする、自分独自のものにする） 関 tailor（〜を仕立てる）
0331 **compatible** [kəmpǽtəbl]	形 〈コンピュータなどが〉互換性のある（⇔incompatible） 名 compatibility（互換性）
0332 **format** [fɔ́:rmæt]	名 ①（コンピュータの）フォーマット ②形式、体裁 動 〜の形式を整える
0333 **upgrade** [ʌ́pgrèɪd]	動 ①〜をアップグレードする ②〜の性能を高める、〜を向上させる 名 性能の向上、アップグレード
0334 **bug** [bʌ́g]	名 ①（コンピュータの）バグ ②昆虫
0335 **literacy** [lítərəsi]	名 リテラシー、知識、能力
0336 **How soon 〜?**	会 どのくらいで〜しますか。

Chapter 04

日常業務

パソコン

desktop	[désktɑ̀ːp]	デスクトップ	
keyboard	[kíːbɔ̀ːrd]	キーボード	
cable	[kéɪbl]	ケーブル	
mouse	[máʊs]	マウス	
mouse pad		マウスパッド	
laptop	[lǽptɑ̀ːp]	ノートパソコン	
memory stick		メモリースティック	
computer accessories		コンピュータ関連用品	accessoryには「装身具」だけでなく、「付属品」の意味もある
dot	[dɑ́ːt]	ドット (.)	
speaker	[spíːkər]	スピーカー	
battery	[bǽtəri]	バッテリー	
scanner	[skǽnər]	スキャナー	
cord	[kɔ́ːrd]	コード	
peripheral	[pərífərəl]	周辺機器	
disk	[dísk]	ディスク	
AC adapter		ACアダプター	関 converter (変換器)
fiber optic		光ファイバー	
domain	[doʊméɪn]	ドメイン	
portal site		ポータルサイト	
server	[sə́ːrvər]	サーバー	
software	[sɔ́(ː)ftwèər]	ソフトウェア	例 software program (ソフトウェア・プログラム)
hardware	[hɑ́ːrdwèər]	ハードウェア	

ジャンル別ボキャブラリー

MP3 ▶ 031

modem	[móʊdem]	モデム	
mainframe	[méɪnfrèɪm]	大型汎用コンピュータ、メインフレーム	
jack	[dʒǽk]	プラグの差込口	関 outlet（コンセント）
operating system		オペレーティングシステム	
spreadsheet	[sprédʃìːt]	表計算ソフト	

ワンポイントアドバイス

TOEICテストのPart 1にはworkstationという単語がたびたび登場します。パソコンなどが置いてある個人用の机のことで、the desk where an office worker works（社員が仕事をする机）のことです。

022 掲示板

新入社員紹介、行事の告知…。掲示板は今日もにぎやか。さまざまな情報にきちんと目を通しましょう。

プラチナフレーズ

ロビーの掲示板	bulletin board in the lobby
壁に取り付けられている	be mounted on the wall
通知を貼る	post a notice
従業員に次回の会議について知らせる	notify employees of the upcoming meeting
会議についての詳細	details about the meeting
さらなる情報	further information
イベントの最新情報を提供する	provide an update on the event
従業員に新しいスタッフについて伝える	inform employees about new staff
リマインダーを送る	send a reminder
回覧状に目を通す	look through a memorandum

会話

「イベントに参加しない?」
「できたらいいけど、忙しいんだ」

"Would you like to join us for the event?"
"I wish I could, but I'm busy."

0337
bulletin board
名 掲示板

0338
lobby [láːbi]
名 ロビー

0339
mount [máʊnt]
動 ～に取り付ける、すえ付ける

0340
post [póʊst]
動〈掲示など〉を貼る　名 ①地位、職　②郵便

0341
notice [nóʊtəs]
名 ①通知、知らせ　②掲示　動 ～に気づく
形 noticeable（目立つ）　副 noticeably（目立って）

0342
notify [nóʊtəfàɪ]
動 に知らせる、通知する
☞ 受動態は〈人+be notified that/of〉の形となる

0343
upcoming [ʌ́pkʌ̀mɪŋ]
形 やがて起こる、来たるべき、近く公開の（≒forthcoming）

0344
detail [díːteɪl]
名 詳細（な情報）　動 ～を詳しく述べる
熟 in detail（詳しく）　形 detailed（詳細な）

0345
further [fə́ːrðər]
形 さらなる、それ以上の（≒additional）　副 ①さらに　②もっと遠くへ
関 furthermore（さらに、その上）

0346
information [ìnfərméɪʃən]
名 ①情報　②案内
形 informative（有益な）　形 informational（情報を提供する）

0347
update [名 ʌ́pdèɪt 動 ʌpdéɪt]
名 更新、最新の情報
動 ①～を更新する　②〈人〉に最新の情報を与える

0348
event [ɪvént]
名 イベント、行事、出来事
☞ 例 in the event of/that ～（万一～の場合には）　副 eventually（結局は）

0349
inform [ɪnfɔ́ːrm]
動 ～に知らせる
☞〈inform A of B〉（AにBを知らせる）

0350
reminder [rɪmáɪndər]
名 思い出させるもの、注意、メモ
動 remind（～を思い出させる）

0351
memorandum [mèmərǽndəm]
名（社内の）回覧、連絡メモ
☞ memoは少しくだけた表現

0352
Would you like to do?
会 ～しませんか。～したいですか。

023 情報の管理

「あれ？ あの資料は？」書類がたまってくると、目当てのものを探すのが大変。きちんと整理しておくことが大切です。

プラチナフレーズ

MP3 ▶ 033

書類をファイルする	file some documents
書類をホチキスで留める	staple some documents together
アルファベット順にリストを分ける	sort the list in alphabetical order
データベースにデータを入力する	enter data into a database
名刺をデータファイルにする	convert business cards into a data file
重要な記録を保管する	store important records
個人情報を保護する	protect personal data
顧客情報のプライバシー	privacy of the customers' information
書類を鍵をかけてキャビネットにしまう	lock the papers in the cabinet
古い書類を廃棄する	dispose of old papers
機密書類をシュレッダーにかける	shred the confidential document
極秘とされる	be kept strictly confidential

会話

「書類の整理を手伝いましょうか」
「親切にありがとう」

"Can I help you organize the document?"
"That's very kind of you."

0353 **file** [fáɪl]	動 ①〜をファイルする、綴じ込む ②〈告訴・申請書など〉を提出する (≒turn in) 名 ファイル、綴じ込み帳	☐☐
0354 **staple** [stéɪpl]	動 〜をホチキスで留める 名 ホチキスの針、ステープル 名 stapler(ホチキス)	☐☐
0355 **sort** [sɔ́ːrt]	動 〜を分ける、分類する 名 種類 (≒kind) 関 assortment(仕分け、詰め合わせ) 関 assorted(詰め合わせの)	☐☐
0356 **alphabetical** [æ̀lfəbétɪkl]	形 アルファベットの 副 alphabetically(アルファベット順に)	☐☐
0357 **database** [déɪtəbèɪs]	名 データベース 関 data(データ)	☐☐
0358 **convert** [kənvə́ːrt]	動 〜を変える (≒change) ☞ 例 convert A into B(AをBに変える) 名 conversion(転換、(通貨の)換算)	☐☐
0359 **store** [stɔ́ːr]	動 〜を保管する、たくわえる (≒house) 名 店 名 storage(貯蔵(庫)、保管) 関 storeroom(貯蔵室)	☐☐
0360 **protect** [prətékt]	動 〜を保護する 形 protective(保護用の) 名 protection(保護)	☐☐
0361 **personal** [pə́ːrsnl]	形 ①個人的な、私的な (≒private) ②個人に向けた 副 personally(個人的に) 関 personalized(個人向けの)	☐☐
0362 **privacy** [práɪvəsi]	名 プライバシー 形 private(個人の、私用の) 副 privately(非公式に)	☐☐
0363 **lock** [lάːk]	動 〜に鍵をかける 名 鍵 関 locksmith(鍵屋)	☐☐
0364 **dispose of**	熟 〜を処分する、処理する 関 disposal(処分) 関 disposable(使い捨ての)	☐☐
0365 **shred** [ʃréd]	動 〜をシュレッダーにかける、細く切る 関 shredder(シュレッダー)	☐☐
0366 **confidential** [kὰnfədénʃəl]	形 秘密の、内密の (⇔public) 副 confidentially(内密に) 名 confidentiality(秘密であること)	☐☐
0367 **strictly** [stríktli]	副 ①厳密に ②厳しく 形 strict(厳密な、厳しい)	☐☐
0368 **That's very kind of you.**	会 それはご親切に。	☐☐

Chapter 04 日常業務

024 会議

> 会議に出席中のケン。賛成してくれる人もいれば、反対する人もいるけれど、大切なのは自分の意見を持ち、きちんと発言することです。

プラチナフレーズ　MP3 ▶ 034

資料を配布する	distribute some handouts
テーブルといすを並べる	arrange tables and chairs
会議の司会をする	chair a meeting
他の議題に移る	move on to another topic
会議の議題	the agenda for the meeting
プロジェクトについて話し合う	discuss the project
提案する	present a proposal
提案する	put forward a suggestion
ケンに同意する	agree with Ken
提案に反対する	object to the proposal
議事録を書く	take the minutes
会議を中断する	adjourn the meeting

会話

「次回のミーティングはいつですか」
「来月までありません」

"When is the next meeting?"
"Not until next month."

0369 distribute
[dɪstríbjuːt]

動 ~を配布する、割り当てる

名 distribution(配布、流通) 〈distribute A to B〉(AをBに配る)

0370 handout
[hǽndàʊt]

名 配布資料、プリント、ちらし

☞ hand out(配る)と混同しないように気をつけよう

0371 arrange
[əréɪndʒ]

動 ①~を(きちんと)並べる ②(~を)手配する、準備する

名 arrangement(手配) **例** arrange for(~の手配をする)

0372 chair
[tʃéər]

動 ~の司会(議長)を務める(≒moderate) **名** ①議長(≒chairman, chairperson) ②いす

関 chairperson(議長) **関** co-chair(共同で議長を務める)

0373 move on to

熟 ~に移動する、移る

0374 agenda
[ədʒéndə]

名 議題、予定表

0375 discuss
[dɪskʌ́s]

動 ①~について話し合う、議論する ②~を考察する

☞ discuss aboutとしないことに注意 **名** discussion(ディスカッション)

0376 present
[prɪzént]

動 ①~を(…に)提案する、口頭発表する ②~を(…に)贈呈する

名 presentation(プレゼンテーション、発表)

0377 proposal
[prəpóʊzəl]

名 提案(≒suggestion)

動 propose(~を提案する)

0378 put forward

熟 〈意見・案など〉を提起する、出す(≒offer)

0379 suggestion
[səgdʒéstʃən]

名 提案(≒proposal)

動 suggest(~を提案する)

0380 agree
[əgríː]

動 ①同意する、賛成する(⇔object) ②意見が一致する(⇔disagree)

☞ **例** agree on/upon(~について合意する) **関** agreeable(同意できる)

0381 object
[**動** əbdʒékt **名** ɑ́ːbdʒɪkt]

動 反対する、異議を唱える(⇔agree) **名** ①物、物体 ②目的、目標

名 objection(反対) **関** objective(目的、目標)

0382 minute
[mínət]

名 ①[minutesで]議事録 ②(時間の)分 ③少しの間、瞬間(≒moment)

☞ 同じつづりで「細かい、詳細な」の意味の形容詞もあるが発音が異なる

0383 adjourn
[ədʒə́ːrn]

動 〈会議など〉を中断する、一時休止する

0384 not until

熟 ~までない

Chapter 04

日常業務

025　休憩

> あー、疲れた。一休み一休み♪　あ、チーフ、先輩、お疲れさまです。
> ふぁ〜、眠くなってきちゃった。コーヒーでも飲もうかな。

プラチナフレーズ

MP3 ▶ 035

社員休憩室	the staff lounge
談話する	have a conversation
ちょっと休憩をとる	take a short break
少し休息する	get some rest
眠気を誘う	cause drowsiness
何度もあくびをする	yawn constantly
長いすで仮眠をとる	take a nap on the couch
眠気覚ましにコーヒーを飲む	drink coffee to keep him awake
自動販売機で冷たい飲み物を買う	buy a cold beverage from a vending machine
軽食を食べる	have some snacks
気分転換に外食に出る	eat out for a change

会話

「すごく疲れた」
「僕もだよ」

"I'm so tired."
"So am I."

0385 **lounge** [láundʒ]	名 休憩室、待合室、ロビー
0386 **conversation** [kànvərséɪʃən]	名 談話、会話、対談
0387 **break** [bréɪk]	名 休憩　動 ～を壊す、折る 名 breakage(破損)　形 breakable(壊れやすい)
0388 **rest** [rést]	名 ①休息　②残り(≒remainder)　動 休息する、休む
0389 **drowsiness** [dráuzinəs]	名 眠気、うとうと眠いこと
0390 **yawn** [jɔ́ːn]	動 あくびをする
0391 **constantly** [kánstəntli]	副 何度も、絶えず 形 constant(絶え間ない)
0392 **nap** [næp]	名 仮眠、うたた寝　動 うたた寝をする
0393 **couch** [káutʃ]	名 長いす(≒sofa)
0394 **awake** [əwéɪk]	形 目が覚めて、眠らずに(⇔asleep) 動 awaken(目覚めさせる)
0395 **beverage** [bévərɪdʒ]	名 飲み物
0396 **vending machine**	名 自動販売機
0397 **snack** [snæk]	名 軽食、おやつ(≒refreshments)
0398 **eat out**	熟 外食する
0399 **for a change**	熟 気分転換に
0400 **So am I.**	会 私もです。 ☞ So do I.は一般動詞を使った文に対する同意

Chapter 04

日常業務

026 規則

> わが社ではいろいろな社内規則が設けられています。ルールを守って楽しく働きましょう。

プラチナフレーズ　MP3 ▶ 036

社内規定	the company regulations
社員全員に適用される	be applicable to all the staff
会社の方針を守る義務がある	be obligated to comply with the company policy
インターネットの個人利用を制限する	restrict personal use of the Internet
喫煙を禁止する	prohibit smoking
服装規定	a dress code
カジュアルな服装	casual clothes
規則に従う	follow the rules
規則を破る	violate the rules
罰金を科される	incur a penalty
会社の方針により	in accordance with the company policy

会話

車での通勤は認められていません。	You are not allowed to commute to work by car.

0401	**regulation** [rèɡjəléɪʃən]	名 規定、規則 動 regulate(〜を規制する) 形 regulatory(規制する) 関 regulator(規制者)
0402	**applicable** [ǽplɪkəbl | əplíkəbl]	形 適用できる、効力がある 動 apply(適用する) 名 application(申し込み)
0403	**obligate** [ɑ́:blɪɡèɪt]	動 〜を義務づける、束縛する(≒oblige) 名 obligation(義務、債務)
0404	**comply** [kəmpláɪ]	動 (要求・命令・規則に)従う(≒obey、follow、abide by) 名 compliance(順守)
0405	**policy** [pɑ́ləsi]	名 方針、政策
0406	**restrict** [rɪstríkt]	動 〜を制限する、限定する 名 restriction(制限)
0407	**prohibit** [proʊhíbət]	動 〜を禁止する(≒ban) ☞ ⟨prohibit/ban A from doing⟩(Aが〜するのを禁止する)
0408	**dress code**	名 服装規定
0409	**casual** [kǽʒuəl]	形 ①(服などが)カジュアルな、普段の ②気軽な ③(雰囲気が)打ち解けた 副 casually(普段着で、何気なく)
0410	**follow** [fɑ́loʊ]	動 ①⟨指示・規則など⟩に従う ②〜に続く、〜の次に起こる ③〜の後について行く ☞ ⟨A follows B⟩(AはBに続く)=⟨B is followed by A⟩ *Bが先、Aが後
0411	**rule** [rú:l]	名 規則 関 ruler(支配者)
0412	**violate** [váɪəlèɪt]	動 ⟨規則など⟩を破る、⟨法律など⟩に違反する(≒break) 名 violation(違反)
0413	**incur** [ɪnkə́:r]	動 ⟨負債・損害など⟩を負う、招く ☞ 例 damage incurred(発生した損害)
0414	**penalty** [pénəlti]	名 罰金、罰則 ☞ アクセントに注意 動 penalize(罰則を科す) 関 fine(罰金)
0415	**in accordance with**	熟 〜に従って、〜に則って
0416	**allow A to do**	熟 Aが〜するのを許す、認める 関 allowable(許される、許容範囲の)

Chapter 04 日常業務

027 避難訓練

今日は避難訓練の日。いつ何が起こっても慌てず万全の対応ができるように、日ごろから備えておきましょう。

プラチナフレーズ

避難訓練をする	have an evacuation drill
安全指針を守る	conform to the safety guideline
安全対策	safety precaution
緊急時には	in case of emergency
ヘルメットを着用する	put on a helmet
防護服を着ている	wear protective gear
起こりうる危険を理解する	understand possible dangers
必需品を買いだめする	stock up on essential goods
停電	power interruption
復旧する	be restored

会話

緊急時に備えることは間違いなく重要だ。

It is definitely important to prepare for emergencies.

0417 evacuation [ɪvæ̀kjuéɪʃən]
名 避難
動 evacuate (〜を避難させる)

0418 drill [dríl]
名 訓練

0419 conform [kənfɔ́ːrm]
動 従う、適合する
名 conformity (一致、適合)

0420 safety [séɪfti]
名 安全 (⇔danger)
形 safe (安全な、無事な)　動 safeguard (〜を保護する、守る)

0421 guideline [gáɪdlàɪn]
名 指針、基準

0422 precaution [prɪkɔ́ːʃən]
名 予防措置、対策

0423 in case of
熟 〜の場合には (≒in the event of)

0424 emergency [ɪmə́ːrdʒənsi]
名 緊急事態

0425 helmet [hélmət]
名 ヘルメット (≒hard hat)

0426 protective [prətéktɪv]
形 保護用の、保護する
動 protect (〜を保護する)　名 protection (保護)

0427 gear [gíər]
名 (特定の目的のための)衣服、道具
☞ 通例、複合語で用いる

0428 possible [pásəbl]
形 ①起こりうる、ありうる　②可能な (⇔impossible)
名 possibility (可能性)　副 possibly (ことによると)

0429 essential [ɪsénʃəl]
形 不可欠の、きわめて重要な (≒crucial、vital)
副 essentially (本質的に)　名 essence (本質)

0430 interruption [ɪ̀ntərʌ́pʃən]
名 中断 (されること)
動 interrupt (〜を(一時)中断する)　「停電」はpower outageとも言う

0431 restore [rɪstɔ́ːr]
動 ①〜を修復する、復元する　②〜を回復する、復活させる
名 restoration (修復、回復)

0432 definitely [défənətli]
副 ①間違いなく、確実に　②明確に
形 definite (明確な)

Chapter 04　日常業務

028 退社

今日も長かった一日が終わろうとしています。帰り支度を始める社員たち。お疲れさまでした。

プラチナフレーズ

MP3 ▶ 038

今日の仕事を終わらせる	finish today's assignment
仕事をさっさと片づける	take care of business swiftly
机の上を片づける	clear his desk
服装を整える	tidy himself
タイムシートを提出する	submit the time sheet
いつも通り午後7時に退社する	leave the office at 7:00 P.M. as usual
パソコンの電源を落とす	shut down the computer
電気ポットのコンセントを抜く	unplug the electric pot
デスクにもたれる	lean against the desk
必ずすべての電灯を消す	make sure to turn off all the lights
建物を出る	exit the building

会話

すぐに仕事を片づけましょう。　　Let's get the work done at once.

0433
assignment [əsáinmənt]
名 ①割り当てられた仕事、(学生の)課題 ②割り当て、指定
動 assign (〜を割り当てる)

0434
take care of
熟 ①〜を処理する、〜に対処する ②〜を担当する ③〜をケアする

0435
swiftly [swíftli]
副 すぐに、素早く (≒quickly ⇔slowly)
形 swift (速い)

0436
clear [klíər]
動 ①〜を片づける、きれいにする ②晴れる　形 明快な、わかりやすい
副 clearly (はっきりと)

0437
tidy [táidi]
動 〜を整える、整頓する、片づける
形 きちんとした、整然とした (≒neat)

0438
submit [səbmít]
動 〜を提出する、提示する
名 submission (提出、提案)

0439
time sheet
名 タイムシート (勤務時間記録票)

0440
leave [líːv]
動 ①(〜を)去る、出発する (⇔arrive) ②〜を残す、置き忘れる ③[leave ABで] AをBのままにしておく

0441
as usual
熟 いつものように
関 than usual (いつもより)

0442
shut down
熟 ①〈機械など〉を止める ②〈工場・店など〉を閉鎖する

0443
unplug [ʌnplʌ́g]
動 〈プラグ〉を抜く (⇔plug)

0444
electric [iléktrik]
形 電気の、電動の
動 electricity (電気)

0445
lean [líːn]
動 ①もたれる、寄りかかる ②〜を立てかける
☞ 例 lean over (身を乗り出す)

0446
make sure
熟 ①(必ず〜するように)注意する、確実に〜する ②〜を確かめる

0447
exit [égzit]
動 〜を出る、退場する　名 出口 (⇔entrance)
☞ 例 fire exit (非常口)

0448
get A done
熟 Aを片づける、終わらせる

Chapter 04 日常業務

029 改装

ケンたちのビルが改装されることになりました。工事の間、フェニックス広告代理店は一時的に郊外へと移転します。

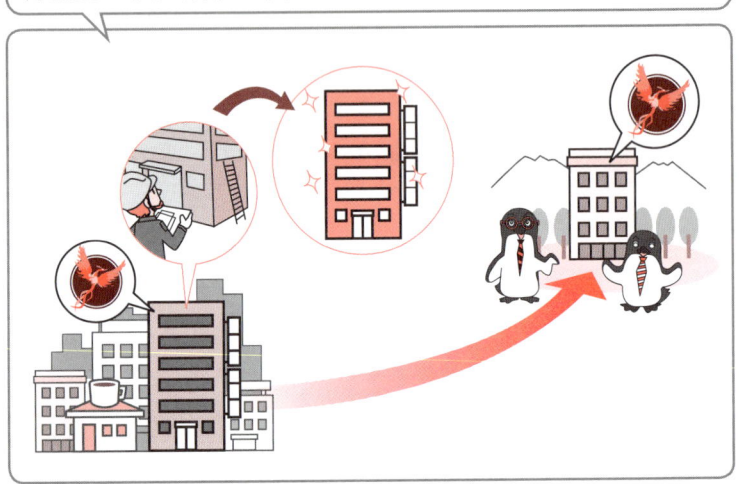

プラチナフレーズ

MP3 ▶ 039

老朽化したビル	an aging building
ビル全体を改装する	remodel the entire building
改築の最初の段階	the initial phase of the renovation
請負業者を雇う	hire a contractor
外観を変える	transform the exterior
壁に立てかけられたはしご	a ladder propped against the wall
大きなハンマーの音	loud hammering sound
一時的に郊外に移転する	relocate to a suburb temporarily
にぎやかな都会を離れて	away from the noisy city

会話

「工事はいつ終わりますか」
「あと2週間かかります」

"When will the work be finished?"
"It'll take another two weeks."

0449
aging [éɪdʒɪŋ]
形 年とった、老朽化した

0450
remodel [rìːmάːdl]
動 〜を改築する、改装する、改造する (≒refurbish)

0451
entire [ɪntáɪər]
形 ①全体の (⇔partial) ②完全な (≒complete)
副 entirely (まったく)

0452
initial [ɪníʃəl]
形 最初の (≒first ⇔last)　名 頭文字、イニシャル
動 initiate (〜を始める)　副 initially (初めは)

0453
phase [féɪz]
名 段階、時期　動 〈計画など〉を段階的に実行する

0454
renovation [rènəvéɪʃən]
名 修復、改築、リフォーム
動 renovate (〜を修理する)

0455
contractor [kάːntræktər]
名 契約者、請負業者
名 contract (契約)

0456
transform [trænsfɔ́ːrm]
動 〜を変える、変形する
例 transform A into B (AをBに変える)　名 transformation (変化、変形)

0457
exterior [ɪkstíəriər]
名 外観 (⇔interior)　形 外観の、屋外の (⇔interior)

0458
ladder [lǽdər]
名 はしご、階段

0459
prop [prάːp]
動 〜を支える、もたせかける　名 支柱

0460
hammer [hǽmər]
動 ハンマーで打つ

0461
relocate [rìːlóʊkeɪt]
動 移転する、〜を移転させる
名 relocation (移転)

0462
suburb [sʌ́bəːrb]
名 郊外 (≒outskirt)
形 suburban (郊外の)

0463
noisy [nɔ́ɪzi]
形 うるさい、騒々しい
名 noise (騒音、音)

0464
another [ənʌ́ðər]
形 別の、他の　代 もう1つ、別のもの

Chapter 04

日常業務

出題パターンチェック

日常業務に関連する場面です。TOEICの世界では、企業の入っているビルの多くは、セキュリティーがしっかりしています。入退室時にはセキュリティーカードやIDバッジが必要とされ、メインの出入口は定時を過ぎると使えなくなることもあります。その際は警備員のいる通用口から出入りするよう指示されたりします。

【Part 1】
- 女性が机でメモ帳に書き込みをしている
  > A woman is writing on a notepad at the desk.
- 男性たちが開いているファイルを見ている
  > The men are examining an open file.

【Part 2】
- 「マーケティング計画の書類に目を通していただけましたか」→「すぐに目を通します」
- 「この書式に勤務時間を記入してください」
  →「忘れていました、思い出させてくれてありがとう」
- 「パソコンにログインできません」→「人事部でパスワードをもらってきてください」
- 「正面玄関にロックがかかっているのですが」→「横にある通用口を利用してください」
- 「財務概要を書いていただけませんか」→「Soniaがすでに提出しているはずです」

【Part 3】
- 駅のホームで、乗るべき電車を逃したのではないかと心配している人と他の乗客との会話。電車は遅れており、間もなく到着すると駅員は伝えている
- 駐車場が工事で一時的に一部利用できないため、来週以降しばらくの間は乗合通勤してもらいたいという会社の意向に関する会話

> TOEICでは、駐車場自体、もしくは駐車場に隣接する建物が工事されるため、いつもとは別の場所に駐車をするよう従業員に伝えるアナウンスの問題が出題されることがあります。この場合従業員は他の駐車場を使う、公共の交通機関を使う、もしくは相乗り通勤することを勧められたりすることが多いです。

- 経費報告書の一部が見当たらないので、同僚に報告書作成の進捗状況について問い合わせている場面での会話。作成者は、今取り組んでいる作業が終わり次第、報告書の作成に取りかかると答える

【Part 5】
- 社員は全員、毎日勤務時間を所定の書式に記入しなくてはならない
- 新しいパソコンを購入することになったが、古いパソコンの処分に関してはまだ決まっていない

Chapter 05

オフィス備品

030 備品

> オフィスにはさまざまな備品がストックされています。探しものをするケン。
> 「あれ…？　見つからないなぁ…」

プラチナフレーズ

MP3 ▶ 040

紙を使い尽くす	use up paper
見当たらないフォルダーを探す	look for missing folders
一番下の引き出しに	in the bottom drawer
鍵を見つけるのに苦労する	have trouble finding the key
文房具をまとめ買いする	buy stationery in bulk
書類整理棚	a filing cabinet
十分な収納スペース	plenty of storage space
オフィス用品	office supplies
キャビネットの中を探す	search the cabinet
電球を切らす	run out of light bulbs

会話

「鍵を探すのを手伝ってくれない?」
「構わないよ」

"Would you mind helping me look for a key?"
"Not at all."

0465 use up
熟 ～を使い尽くす、使い切る

0466 missing [mísɪŋ]
形 見当たらない、あるべき所にない、紛失した
動 miss(～を捕えそこなう、～に乗り遅れる、～がいなくて寂しい)

0467 bottom [bá:təm]
形 一番下の、底の (⇔top)　名 底、一番下の部分 (⇔top)

0468 drawer [dró:r]
名 引き出し
動 draw(～を引き出す、〈線〉を引く)　名 drawing(製図、くじ引き)

0469 have trouble doing
熟 ～するのに苦労する
☞ have trouble in doingのようにinを入れた形もある

0470 stationery [stéɪʃənèri]
名 文房具、事務用品
☞ stationary(動かない)と区別がつくようにしておこう

0471 bulk [bʌ́lk]
名 ①大きい[かさのある]こと、容積、かさ　②大部分
☞ in bulkで(大量に、大口で)という意味　形 bulky(かさばる)

0472 cabinet [kǽbənət]
名 整理棚、戸棚、キャビネット

0473 plenty of
熟 十分な～、たくさんの～ (≒ample)
関 plentiful(あり余るほどの)

0474 storage [stó:rɪdʒ]
名 ①収納、貯蔵(庫)、保存　②記憶(装置)
動 store(～をたくわえる)

0475 space [spéɪs]
名 ①場所、土地、スペース　②宇宙
形 spacious(広い)

0476 supply [səpláɪ]
名 ①～用品　②供給 (⇔demand)　動 ～を供給する、提供する (≒provide)
☞ 複数形suppliesがsurpriseとの音の引っかかけに使われるので注意

0477 search [sə́:rtʃ]
動 (～を)探す　名 捜索、追求、調査
☞ 例 search for(～を探す、～の捜索)

0478 run out of
熟 ～を使い果たす、切らす (≒run short of)

0479 bulb [bʌ́lb]
名 電球
関 fluorescent(蛍光灯)

0480 Would you mind doing ～?
会 ～していただけませんか。

ジャンル別ボキャブラリー

事務用品

office supplies		事務用品	
envelope	[énvəlòup]	封筒	
eraser	[ɪréɪsər]	消しゴム	
ballpoint pen		ボールペン	
letterhead	[létərhèd]	社用箋	
triangle	[tráɪæ̀ŋgl]	三角定規	
clip	[klíp]	クリップ	
scissors	[sízərz]	はさみ	
tack	[tǽk]	画びょう	
binder	[báɪndər]	バインダー	
notebook	[nóutbùk]	ノート	
thermal paper		感熱紙	
ink cartridge		インクカートリッジ	
folder	[fóuldər]	フォルダー	
clipboard	[klípbɔ̀:rd]	クリップボード	
pencil	[pénsl]	鉛筆	
pen	[pén]	ペン	
notepad	[nóutpæ̀d]	メモ帳	
cutter	[kʌ́tər]	カッター	
transparent tape		透明テープ	
stamp	[stǽmp]	切手	「切手を貼る」という動詞の意味もある
calculator	[kǽlkjəlèɪtər]	電卓	
copy paper		コピー用紙	copier paperとも言う

ジャンル別ボキャブラリー

MP3 ▶ 041

Chapter 05

オフィス備品

031 注文

> 必要なものがないときは注文します。「フォルダーとコピー用紙と電球と…あとは何が必要かな？」

プラチナフレーズ

MP3 ▶ 042

急ぎの注文	a rush order
最新の製品カタログ	the latest product catalog
新しい納入業者	a new supplier
品物を注文する	order items
見積もりを取る	get a quotation
値段を比較する	compare the prices
注文を取り消す	cancel an order
注文書をファックスする	fax an order form
料金表	a price list
支払方法	method of payment
商品を選ぶ	select goods

会話

「消しゴムがほとんど残っていないね」
「すぐに注文します」

"There're only a few erasers left."
"I'll order some right away."

0481 **rush** [rʌ́ʃ]	形 急ぎの　名 急ぐこと、急ぎ　動 急ぐ ☞ 例 in a rush（大急ぎで）
0482 **latest** [léɪtɪst]	形 最新の 関 late（最近の、遅れた）　関 lately（最近）　関 latter（後者）
0483 **product** [prɑ́dəkt]	名 製品、生産物 関 produce（〜を製造する、生産する、農産物）
0484 **catalog** [kǽtəlɔ̀:g]	名 カタログ、目録
0485 **supplier** [səpláɪər]	名 納入業者、供給業者 関 purveyor（食料などの調達人、御用達業者）
0486 **order** [ɔ́:rdər]	動 〜を注文する（≒place an order）　名 注文
0487 **quotation** [kwoʊtéɪʃən]	名 ①見積もり（額）、相場　②引用、引用文 動 quote（〜を見積もる、引用する）
0488 **compare** [kəmpéər]	動 〜を比較する ☞〈compare A to B〉（AとBを比較する）　名 comparison（比較）
0489 **cancel** [kǽnsl]	動 ①〜を取り消す、キャンセルする　②〈契約など〉を無効にする（≒call off） 名 cancellation（取り消し、キャンセル）
0490 **fax** [fǽks]	動 〜をファックスで送る　名 ファックス ☞ facsimileの略　「ファックスを送る」はtransmit a faxとも言う
0491 **price** [práɪs]	名 料金、値段　動 〜に値段をつける 名 pricing（価格設定、値づけ）
0492 **method** [méθəd]	名 方法（≒manner、way） 名 methodology（方法論）
0493 **payment** [péɪmənt]	名 支払い ☞「支払方法の選択」はpayment options　動 pay（〜を支払う）
0494 **select** [səlékt]	動 〜を選ぶ、選び出す（≒choose） 名 selection（選択、選ばれたもの）　形 selective（入念に選択する、選り抜きの）
0495 **goods** [gʊ́dz]	名 商品、品物（≒merchandise）
0496 **right away**	熟 すぐに

032 郵送・配送

> 翌日に注文した荷物が届きました。「オフィスの備品はこれでばっちりだね♪」

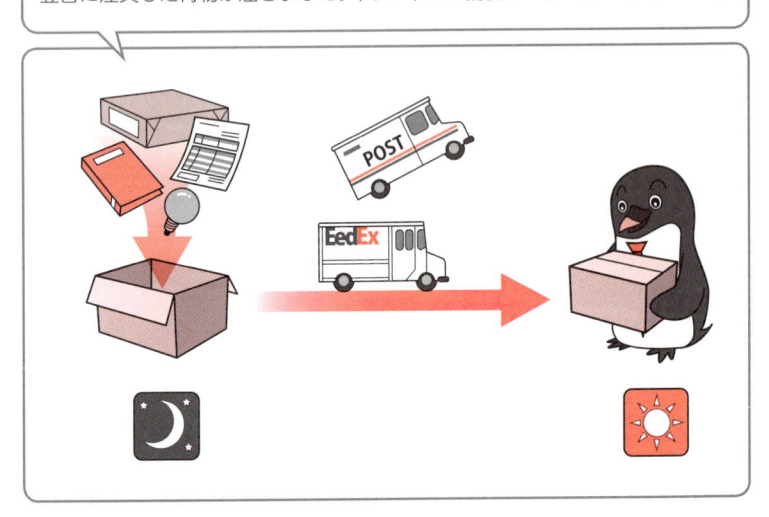

プラチナフレーズ

MP3 ▶ 043

品物を梱包する	pack an item
送り状を同封する	enclose an invoice
箱に封をする	seal a box
宅配会社を選ぶ	choose a courier company
小包を配達する	deliver the parcel
注文品の配送状況を追跡する	track the status of his order
翌日配達	overnight delivery
普通郵便	ordinary mail
郵送料	postage fee
郵便為替	postal money order
郵送する	ship by mail

会話

これは速達で送ったほうがいい。
You had better send this by special delivery.

0497 pack
[pǽk]
動 ①〜を梱包する、荷造りをする(⇔unpack) ②〜を詰める 名 箱、パック
名 package(包み、郵便小包)

0498 enclose
[ɪnklóʊz]
動 ①〜を同封する ②〜を取り囲む
名 enclosure(同封物)

0499 invoice
[ínvɔɪs]
名 送り状、請求書

0500 seal
[síːl]
動 〜に封をする、〜を密封する 名 封をするもの、シール
形 sealed(封印した)

0501 courier
[kə́ːriər]
名 宅配会社、宅配業者

0502 deliver
[dɪlívər]
動 ①〜を配達する、届ける ②〈演説など〉をする
名 delivery(配達)

0503 parcel
[pɑ́ːrsl]
名 小包

0504 track
[trǽk]
動 〜を追跡する、たどる 名 ①道、(競技用)トラック ②(思考や行動の)筋道
☞ track recordで「実績」、keep track ofで「〜の記録をつける」

0505 status
[stǽtəs]
名 ①状況、状態 ②地位、身分(≒position)

0506 overnight
[óʊvərnàɪt]
形 ①翌日配達の ②夜通しの、一泊の

0507 ordinary
[ɔ́ːrdənèri]
形 ①普通の、通常の(≒usual) ②平凡な(⇔extraordinary)
副 ordinarily(普通は)

0508 postage
[póʊstɪdʒ]
名 郵送料、郵便料金
名 post(郵便) 「配送料」はdelivery charge

0509 postal
[póʊstl]
形 郵便(局)の、郵便物の
名 post(郵便)

0510 money order
名 郵便為替
☞ 例 cash a money order(郵便為替を換金する)

0511 ship
[ʃíp]
動 (トラック・飛行機・船などで)(〜を)出荷する、発送する 名 船
名 shipment(出荷、発送) 名 shipping(出荷、発送)

0512 had better do
熟 〜するのがよい、(目下の者に)〜しなさい

Chapter 05 オフィス備品

033 コピー

急いでコピーをとらなきゃ。ん？ 紙が出てこないぞ。詰まっているのかな？ ……お、おわーっ！

プラチナフレーズ

MP3 ▶ 044

書類のコピーをとる	make a copy of the document
大量にコピーする	make a large number of copies
設定を調整する	adjust the settings
詰まった紙を取り除く	remove jammed paper
突然故障する	suddenly break down
慌てふためいて	be in a panic
故障している	be out of order
テクニカルサポートに連絡する	contact technical support
コピー機を交換する	replace the copier
新しいコピー機をリースする	lease a new copier
コピー機を修理する	repair the copier
旧式の機器	an outdated equipment

会話

このコピー機はどこか調子が悪いです。　There is something wrong with the copier.

0513
copy [kάːpi]
名 ①コピー、写し（≒photocopy）　②（本などの）部、冊　動 ～のコピーをとる
☞ ②の意味でも 10 copies of the report（レポート10部）のような形で頻出

0514
a large number of
熟 多くの～、多数の～

0515
adjust [ədʒʌ́st]
動 ①～を調整する、調節する　②順応する
名 adjustment（調整）　形 adjustable（調整できる）　関 adjuster（調節器）

0516
setting [sétɪŋ]
名 ①（機械の）設定　②背景、環境

0517
remove [rɪmúːv]
動 ～を取り除く、取りはずす
名 removal（除去、撤去）

0518
jam [dʒǽm]
動 ～を詰まらせる、（人・車などが）～をふさぐ　名 交通渋滞
☞ 例 traffic jam（交通渋滞）

0519
break down
熟 ①〈機械などが〉故障する
②〈交渉などが〉行き詰まる、決裂する

0520
panic [pǽnɪk]
名 パニック　動 慌てふためく、うろたえる

0521
out of order
熟 故障した、調子が悪い

0522
technical support
名 テクニカルサポート

0523
replace [rɪpléɪs]
動 ①～を取り換える　②～に取って代わる
名 replacement（交換）

0524
copier [kάːpiər]
名 コピー機
☞ photocopier、copy/copying machineとも言う

0525
lease [líːs]
動 ～をリースする、賃貸しする（≒rent）
名 リース、賃貸借契約

0526
repair [rɪpéər]
動 ～を修理する（≒mend、fix）　名 修理
関 repairman（修理工）　関 troubleshooting（修理、問題解決）

0527
outdated [ὰʊtdéɪtɪd]
形 旧式の、時代遅れの（≒obsolete ⇔updated）

0528
There is something wrong with ～.
会 ～はどこか調子（具合）が悪いです。

034 クレーム

製品に問題があった場合は、製造元にその旨を伝える。これも大事なことです。チーフが苦情の電話を入れます。

プラチナフレーズ

MP3 ▶ 045

商品について苦情を言う	complain about the product
不良品	a defective product
機械的な故障	mechanical breakdown
目に見えるかすり傷がある	have some visible scratches
小さなひび	a small crack
お客様相談窓口	a customer service representative
コールセンターのオペレーターと話す	talk with a call center operator
迅速な対応を求める	call for a prompt response
即座の払い戻しを要求する	claim an immediate refund

会話

状況をご説明いただけますか。　　Could you describe what is going on?

0529 **complain** [kəmpléɪn]	動 苦情を言う、クレームをつける、不満を言う (≒make a complaint) ☞ claimは「主張(する)」なので混同しないように
0530 **defective** [dɪféktɪv]	形 欠陥のある (≒faulty) 名 defect (欠陥)　副 defectively (不完全に)
0531 **mechanical** [məkǽnɪkl]	形 機械の 関 mechanism (機械装置、しくみ)
0532 **visible** [vízəbl]	形 目に見える (⇔invisible) 名 visibility (視界)
0533 **scratch** [skrǽtʃ]	名 かすり傷、引っかき傷 動 ～を引っかく、～に傷をつける
0534 **crack** [krǽk]	名 ひび、亀裂　動 ひびが入る 関 crackle (ひびが入る、ぱちぱち音がする)
0535 **customer service**	名 お客様相談窓口、カスタマーサービス
0536 **representative** [rèprɪzéntətɪv]	名 ①販売員、担当　②代表者 動 represent (～を代表する)　名 representation (代表)
0537 **call center**	名 コールセンター、顧客電話窓口
0538 **call for**	熟 ～を求める、必要とする、要求する (≒ask for、demand)
0539 **prompt** [prámpt]	形 迅速な、即座の、機敏な　動 ～を刺激する 副 promptly (即座に)　名 promptness (機敏)
0540 **response** [rɪspá:ns]	名 ①対応、返答、回答　②反応、反響 ☞ 例 in response to (～に応えて)　動 respond (～に答える)
0541 **claim** [kléɪm]	動 ①～を(自分のものとして)要求する (≒demand) ②～を(事実として)主張する (≒insist)　名 要求
0542 **immediate** [ɪmí:diət]	形 ①即座の、迅速な (≒instant)　②直接の、直近の (⇔mediate) ☞ 例 immediate supervisor (直属の上司)　副 immediately (ただちに、すぐに)
0543 **refund** [名 rí:fʌnd　動 rɪfʌ́nd]	名 払い戻し、返金　動〈料金など〉を払い戻す 形 refundable (払い戻しできる)
0544 **describe** [dɪskráɪb]	動 ①～(の状況)を説明する　②～を(言葉で)描写する 名 description (説明、描写)

035 クレーム対応

真摯な対応が、トラブルを円満な解決へと導きます。「このたびは弊社の製品の不備でご迷惑をおかけし、まことに申し訳ありませんでした」

プラチナフレーズ

客の苦情を処理する	handle customer complaints
客に対応する	deal with customers
問い合わせに答える	respond to an inquiry
責任を認める	accept their liability
誠意のある謝罪	a sincere apology
クーリングオフ期間内に	within the cooling-off period
商品の交換に応じる	accept a product replacement
不便さの埋め合わせをする	compensate for the inconvenience
おわびのしるしに	as a token of apology
割引きクーポン	a discount voucher
欠陥商品を回収する	recall defective products

会話

ご迷惑をおかけし、申し訳ございません。

We regret any inconvenience you have experienced.

0545 handle [hǽndl]	動 ①〈問題など〉を処理する(≒deal with) ②〈機械など〉を扱う　名 取っ手 名 handling(取扱い)
0546 complaint [kəmpléint]	名 苦情、不平、不満 動 complain(苦情を言う)
0547 deal with	熟 ①〜に対応する、〜を処理する(≒handle) ②〜と取引する
0548 customer [kʌ́stəmər]	名 (店・レストランなどの)客
0549 inquiry [ínkwəri]	名 問い合わせ、質問(≒query) 動 inquire(尋ねる)
0550 liability [làiəbíləti]	名 (法的)責任(≒responsibility) 形 liable(責任のある)
0551 sincere [sɪnsíər]	形 誠意のある、心からの 副 sincerely(誠実に、心から)　例 Yours sincerely(敬具)
0552 apology [əpɑ́:lədʒi]	名 謝罪 動 apologize(謝る)
0553 cooling-off period	名 クーリングオフ期間、冷却期間
0554 replacement [rɪpléɪsmənt]	名 ①交換、取り換え ②交換品、代替品 動 replace(〜を取り換える)
0555 compensate [kɑ́:mpənsèɪt]	動 ①埋め合わせる、補う、償う(≒make up for) ②〈人〉に補償する 名 compensation(補償(金))
0556 inconvenience [ìnkənví:njəns]	名 不便、不自由(⇔convenience) 形 inconvenient(不便な)
0557 token [tóukən]	名 (気持ちなどを表す)しるし
0558 voucher [váutʃər]	名 クーポン券、割引券(≒coupon)
0559 recall [rɪkɔ́:l]	動 ①〈欠陥商品など〉を回収する ②〜を思い出す、覚えている
0560 regret [rɪgrét]	動 〜を残念に思う、後悔する　名 後悔 形 regrettable(残念な)　副 regrettably(残念にも)

036 保証書

保証期間内に製品が故障した場合は料金をお返しいたします。ただし通常と異なる仕方での使用による故障につきましては対応いたしかねます。

プラチナフレーズ

品質を保証する	assure the quality
無期限保証がついてくる	come with a lifetime warranty
欠陥が生じる	develop a defect
通常使用による損傷	normal wear and tear
購入証明書	a proof of purchase
返金サービス	money-back guarantee
修理代を補填する	cover the cost of repair
悪用乱用による損傷	damage resulting from misuse and abuse
過失責任がある	be liable for negligence
保証を無効にする	void a warranty

会話

「保証期間はどのくらいですか」
「3年です」

"How long is the warranty period?"
"For three years."

0561 assure
[əʃúər]
動 〈人〉に保証する、請け合う
☞ 〈assure+人+that/of〉で覚えておこう　名 assurance（保証、確約）

0562 come with
熟 ～がついている、～を伴う

0563 lifetime
[láıftàım]
名 ①一生、生涯　②（ものの）寿命

0564 warranty
[wɔ́:rənti]
名 保証（書）（≒guarantee）
動 warrant（～を保証する）

0565 defect
[dí:fekt]
名 欠陥
形 defective（欠陥のある）

0566 normal
[nɔ́:rməl]
形 通常の、標準の（⇔abnormal）　名 標準、平常
副 normally（通常）　関 norm（標準的な状況、基準）

0567 wear and tear
名 （通常使用による）損傷、擦り切れ、傷み

0568 proof
[prú:f]
名 証拠、証明
動 prove（～を証明する）

0569 guarantee
[gæ̀rəntí:]
名 保証（書）（≒warranty）　動 〈商品など〉を保証する
☞ アクセントに注意

0570 cover
[kʌ́vər]
動 ①〈料金・損失など〉を補填する、まかなう　②～を含む　③～を覆う
☞ 例 cover ～ extensively（～を詳しく報道する）　名 coverage（適用範囲）

0571 misuse
[名 mìsjú:s　動 mìsjú:z]
名 悪用、誤用　動 ～を悪用する、誤用する

0572 abuse
[名 əbjú:s　動 əbjú:z]
名 乱用、酷使　動 ～を乱用する、酷使する

0573 be liable for
熟 ～に対して法的責任がある
関 liability（（法的）責任）

0574 negligence
[néglɪdʒəns]
名 ①過失　②怠慢、不注意
形 negligent（怠慢な）　動 neglect（～を怠る）　関 negligible（わずかな）

0575 void
[vɔ́ıd]
動 〈契約など〉を無効にする　名 欠落、欠如
☞ 例 null and void（無効の）

0576 How long is ～?
会 ～はどのくらいの期間ですか。

出題パターンチェック

オフィスの備品・機器に関する話題は、主にリスニングセクション全般にわたって登場します。特に、コピー機に関する話題は頻出で、故障したので修理を施す、設置場所をどこにするか、新しいものに買い替えるのかといったことが話題になります。

【Part 2】
- 「あそこにあるファイルを整理します」
  →「ありがとうございます、そうしてもらえると助かります」
- 「あなたの名刺が完成しました」→「どんな感じに仕上がっていますか」
- 「事務用品が入っている引き出しの鍵を開けてくれませんか」
  →「もちろんです、鍵は持っています」
- 「ホチキスをお持ちですか」→「おそらくJeffが持っています」
- 「切手を使いたいのですがお持ちですか」→「すみません、全部使ってしまいました」
- 「誰にその装置の設置を依頼する予定ですか」
  →「メーカーに来て取り付けてもらう予定です」
- 「コピー機が壊れたらどうすればいいですか」→「連絡先が名刺に書いてあります」

【Part 3】
- コピー用紙が切れたので、どこにあるのかを同僚に質問。質問を受けた同僚は、「棚の一番下にあります」「今切らしているので明日届くように注文してあります」などの応答をする
- コピー機が壊れているため同僚にどうすればいいかを相談している場面。修理するべきか、それとも新しく購入するべきかを検討している

【Part 4】
- 新型のコピー機の導入と、その使い方に関する諸注意を伝えるミーティング

【Part 5】
- ロビーの鍵が交換されるので、事前に合鍵を入手してください
- 消費電力がより少ない蛍光灯がオフィスに取り付けられた
- 電話会議用の機器の使用状況を社員に伝えるミーティングが行われる

【Part 7】
- 新しくコピー機を設置することの決定と、その利用方法を社員に伝えるためのメモ。扱いに困ったときは、まずは備え付けの説明書を読むように指示がある。それでも問題を解決できない場合には、IT部門のChrisさんに連絡するよう指示している

Chapter 06

ワークショップ

037 受付

ワークショップに参加するケン。おや？ 受付で一緒になったのはライバル会社・ペガサス広告代理店の社員のようです。

プラチナフレーズ

研修会に参加する	attend a training workshop
セミナーの参加資格がある	be entitled to attend the seminar
申し込み手続き	an application procedure
コースに申し込む	sign up for the course
事前に登録する	register in advance
登録用紙を埋める	fill out the registration form
セミナーの料金	the fee of the seminar
出席者のリスト	the list of attendees
研修会の主要な議題	the main topic of the workshop
複数の会社によって主催された	be sponsored by several firms

会話

全社員の出席を歓迎します。　All employees are welcome to attend.

#	語	意味
0577	**attend** [əténd]	動 〜に出席する 名 attendance(出席、出席数、出席者) 関 attendee(出席者)
0578	**workshop** [wə́ːrkʃɑ̀ːp]	名 ①研修会、講習会 ②作業場 関 seminar(セミナー)
0579	**be entitled to do**	熟 〜する資格がある ☞〈be entitled to+名詞〉(〜を得る権利がある)も覚えておこう
0580	**procedure** [prəsíːdʒər]	名 手続き、手順、処置 動 proceed(進行する)
0581	**sign up for**	熟 〜に申し込む、〜に登録する、〜の契約をする
0582	**in advance**	熟 事前に、前もって (≒beforehand)
0583	**fill out**	熟 〜に記入する (≒fill in)
0584	**registration** [rèdʒəstréɪʃən]	名 登録 動 register(登録する)
0585	**fee** [fíː]	名 料金、手数料 ☞「入場料、入会金、大学の授業料」などの意味で使う
0586	**list** [líst]	名 リスト、表 動 〜をリストに入れる、一覧表にする ☞ 例 be listed below(以下に記載されている) 名 listing(表の記載項目)
0587	**attendee** [ətèndíː]	名 出席者 動 attend(〜に出席する) 名 attendance(出席、出席数、出席者)
0588	**main** [méɪn]	形 主要な、中心となる 副 mainly(主に)
0589	**topic** [tɑ́ːpɪk]	名 ①議題、話題、トピック ②(講演などの)主題、テーマ
0590	**sponsor** [spɑ́ːnsər]	動 〜のスポンサーになる 名 出資者、スポンサー 関 sponsorship(後援)
0591	**firm** [fə́ːrm]	名 (合資)会社、商会 (≒company、corporation)
0592	**be welcome to do**	熟 自由に〜してよい

Chapter 06 ワークショップ

038 ワークショップ

> 講師の話を熱心に聞くケン。ビジネスパーソンは、スキルアップのために日々勉強です。

プラチナフレーズ

MP3 ▶ 049

連続講座の参加者	participants in a lecture series
講義を熱心に聞く	listen attentively to the lecture
仕事に関連するトピック	a topic relevant to his job
講師にいくつか質問する	ask the lecturer a few questions
講義のノートをとる	take notes of the lecture
要点を箇条書きにする	itemize the points
話に感銘を受ける	be impressed by the lecture
長い目で見て役に立つ	helpful in the long run
コースを修了するのに必須の条件	mandatory requisites for completion of the course
修了証明書を受け取る	receive a certificate of completion

会話

もしご質問があれば、遠慮なく質問してください。	Should you have any questions, don't hesitate to ask me.

0593
participant [pɑːrtísəpənt]
名 参加者
動 participate（参加する）

0594
lecture [léktʃər]
名 講座、講演、講義　動 講演をする

0595
series [síəriːz]
名 ①連続、ひと続き（≒sequence, succession）②（出版物、番組などの）シリーズもの
☞ 例 a series of（一連の〜）

0596
attentively [əténtɪvli]
副 熱心に、注意深く（≒carefully, pertaining）
形 attentive（注意深い）

0597
relevant [réləvənt]
形 関連する（≒related, pertaining）
名 relevance（関連性）

0598
lecturer [léktʃərər]
名 講演者、講師

0599
note [nóʊt]
名 メモ　動 ①〜に注意する　②〜に言及する
☞ 例 Note that 〜.（〜に注意しましょう）　形 noted（著名な）

0600
itemize [áɪtəmàɪz]
動 〜を箇条書きにする、項目に分ける
名 item（商品、品目、項目）

0601
impress [ɪmprés]
動 〜に感銘を与える、感動させる
☞ 主語が人の場合はEveryone was impressed.のように受動態になる

0602
helpful [hélpfl]
形 役に立つ、有益な
関 help（役立つもの、助ける）

0603
in the long run
熟 長い目で見れば、結局は（≒eventually, in the end）

0604
mandatory [mǽndətɔ̀ːri]
形 必須の、強制的な（≒compulsory）

0605
requisite [rékwəzɪt]
名 必要［前提］条件
関 prerequisite（必須条件）

0606
completion [kəmplíːʃən]
名 修了、完成、完了
動 complete（〜を完成させる）

0607
certificate [sərtífɪkət]
名 証明書
名 certification（証明）　動 certify（〜を証明する）

0608
Should you have any questions,
会 もし質問があれば
☞ Ifが省略されて、主語と動詞が倒置された形

039 ディスカッション

> ワークショップのグループディスカッションで議論をリードするジョージ…。
> 「間違いない。彼は僕のライバルだ！」

プラチナフレーズ

グループディスカッションを行う	have a group discussion
ディベートを行う	hold a debate
ケンの意見に反対する	disagree with a point made by Ken
その意見に反対だ	be opposed to the idea
積極的な役割を果たす	play an active role
問題点を指摘する	point out some problems
自分の考えに自信を持つ	feel confident in his thinking
誰よりも優れている	be superior to everyone
わざと難しい質問をする	ask difficult questions deliberately
競争相手より劣っている	be inferior to the adversary
悔しい思いをする	feel frustrated
ジョージをライバルだと見なす	consider George as a rival

会話

言わせてもらえば、私の考えがベストだ。
If you ask me, my idea is the best.

0609	**discussion** [dɪskʌ́ʃən]	名 ディスカッション、議論、話し合い 動 discuss（〜について話し合う、議論する）
0610	**debate** [dɪbéɪt]	名 ディベート、討論会、議論　動 （〜について）議論する
0611	**disagree** [dìsəgríː]	動 反対する、意見が合わない（⇔agree）
0612	**be opposed to**	熟 〜に反対している ☞ toの後は名詞(句)がくることに注意　関 opposite（反対の）
0613	**active** [ǽktɪv]	形 ①積極的な　②活動的な（⇔inactive）　③(ものが)活動中の 名 activity（活動）
0614	**role** [róʊl]	名 ①役割　②(劇などの)役
0615	**point out**	熟 〜を指摘する
0616	**confident** [kɑ́nfədənt]	形 ①自信に満ちた　②確信して 名 confidence（自信、信頼）　副 confidently（自信を持って）
0617	**superior** [suːpíəriər]	形 優れている（⇔inferior）　名 上司（⇔subordinate） ☞ 「〜より」はthanではなくtoを使う
0618	**deliberately** [dɪlíbərətli]	副 意図的に、故意に（≒purposely, intentionally） 形 deliberate（意図的な、故意の）
0619	**inferior** [ɪnfíəriər]	形 劣っている（⇔superior） ☞ 「〜より」はthanではなくtoを使う
0620	**adversary** [ǽdvərsèri]	名 競争相手、敵対者（≒opponent） 形 adverse（不都合な、不利益な）
0621	**frustrate** [frʌ́streɪt]	動 ①〈人〉を失望させる、いらいらさせる　②〜を妨げる 名 frustration（失望、欲求不満）
0622	**consider** [kənsídər]	動 ①〜を(…と)見なす、考える　②〜を考慮に入れる　③〜について熟慮する ☞ 〈consider A as B〉（AをBだと考える）　consider doing（〜することを考える）
0623	**rival** [ráɪvl]	名 ライバル、競争相手（≒competitor） 形 競争している、ライバルの
0624	**if you ask me,**	会 私に言わせれば、言わせてもらえば

Chapter 06　ワークショップ

出題パターンチェック

ワークショップに関連する場面です。

【Part 2】
- 「セミナーはどこで行われていますか」→「2階のA会議室です」
- 「香港支社から来るKelly Manningが研修をリードすることになっています」
→「彼に会えるのが楽しみです」
- 「工場の責任者には安全講習が必須です」→「はい、それは来週行われます」

【Part 3】
- クッキングスクールが著名なシェフに調理の実演を依頼する際に行われている会話。シェフのスケジュールが過密で、実演は数か月先になるが、開催は決定事項となる

【Part 4】
- 求職活動中の人たちを対象とした、効果的な面接への準備方法を伝える講習会の案内
- 新しいソフトウェアの導入に関するワークショップの内容紹介。シンプルでより使いやすいソフトウェアではあるが、ワークショップに参加して実際に使ってみることを勧めている
- 中小企業向けの、顧客満足度を高めるための講習会。いかに顧客を満足させるかに関するヒントを伝える予定
- 手工芸品を扱うお店が運営する工芸教室に関するお知らせ

【Part 6】
- 社員研修で行ってほしいワークショップはどのようなものなのかを調査するというお知らせ

【Part 7】
- 職業専門学校の講座への参加費用を会社に負担してもらうことを申請した人への結果通知のメールと、書類の不備があったため申請の受諾ができないことを伝えるメール
- 美術学校の広告と、そこで行われた講座の参加者が学校に感想を伝えているメール

> 設問と正解の例
>
> What is the purpose of the e-mail?（このメールの目的は何ですか）
> → To provide feedback about classes（講座のフィードバック）
>
> What is suggested about Ms. Gupta?
> （グプタさんについてどんなことがわかりますか）
> → She's an accomplished instructor.（有能なインストラクターである）
>
> What is implied about Mr. Park?
> （パーク氏についてどんなことが示唆されていますか）
> → He has a lot of experience on drawing pictures.
> 　（絵を描くことについて経験が豊富だ）

Chapter 07

メール・電話・打合せ

040 メール

「例のプロジェクトに関しまして…」「詳しくは添付のファイルを…」「ぜひ一度お会いしてお話を…」送信完了♪

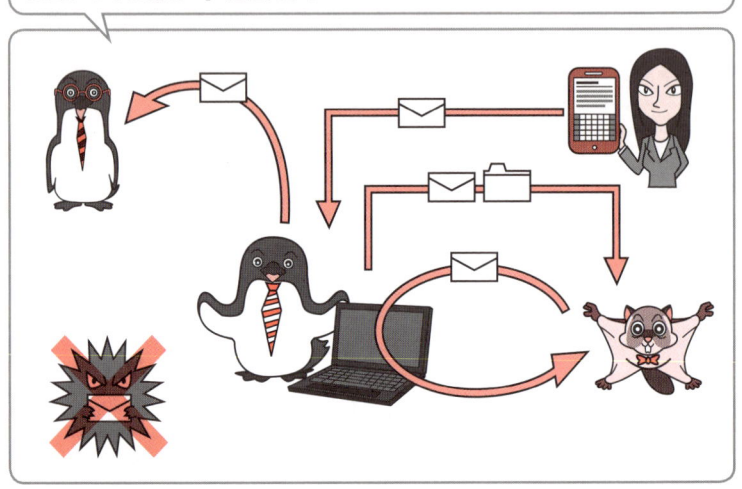

プラチナフレーズ　MP3▶051

彼にメールを送る	send him an e-mail
ピーターにメールを転送する	forward Peter the mail
新プロジェクトに関するメール	an e-mail regarding a new project
メールにファイルを添付する	attach a file to the mail
ケビンのメールに返信する	reply to Kevin's e-mail
受信メール	incoming mail
たくさんのメールを受信する	receive quite a few e-mails
メールで連絡を取り合う	contact each other by e-mail
データをメールでやりとりする	exchange data by e-mail
不要なメールを削除する	delete unnecessary e-mails
携帯からメールを送る	send a text message
メールの件名	the subject of the mail

会話

ご都合がつき次第、ご連絡ください。

Please contact me at your earliest convenience.

0625 **send** [sénd]	動 ～を送る (⇔receive) 関 sender (送り手)
0626 **e-mail** [í:mèɪl]	名 Eメール、電子メール　動 ～にEメールを送る
0627 **forward** [fɔ́:rwərd]	動 ～を転送する　副 前に ☞ 〈forward A to B〉(AをBに転送する)
0628 **regarding** [rɪɡɑ́:rdɪŋ]	前 ～に関して、～について (≒about, concerning, in regard to, pertaining to) 動 regard (～を見なす)
0629 **attach** [ətǽtʃ]	動 ～を添付する、貼りつける ☞ 例 Attached is (～を添付しました)　名 attachment (添付(書類)、付属品)
0630 **reply** [rɪpláɪ]	動 返事をする (≒respond)　名 返事
0631 **incoming** [ínkʌ̀mɪŋ]	形 入ってくる (⇔outgoing)
0632 **receive** [rɪsí:v]	動 ～を受け取る (⇔send) 名 reception (受け入れ)　形 receptive (受け入れる)　関 receiver (受け取る人)
0633 **quite a few**	熟 かなり多数の～
0634 **contact** [kɑ́ntækt]	動 ～と連絡をとる (≒get in contact [touch] with)　名 接触、連絡 ☞ contact information で「問い合わせ先」という意味
0635 **exchange** [ɪkstʃéɪndʒ]	動 ①～をやりとりする　②～を交換する、両替する 名 為替、両替
0636 **delete** [dɪlí:t]	動 ～を削除する (≒erase) 名 deletion (削除)
0637 **unnecessary** [ʌnnésəsèri]	形 不要な、無用な (⇔necessary)
0638 **text message**	名 携帯メール (≒text) 関 text (携帯電話でメールを打つ)
0639 **subject** [sʌ́bdʒekt]	名 件名、主題、テーマ (≒topic, theme)　形 ～にかかりやすい、左右される ☞ 例 be subject to (～の対象となる)
0640 **at your earliest convenience**	会 ご都合がつき次第

041　電話

> トゥルルル…。「もしもし。私、フェニックス広告代理店の…」「ただ今外出中です。メッセージのある方は発信音のあとにお願いします。…ピーッ！」

プラチナフレーズ　MP3▶052

フリーダイヤルに電話する	call a toll-free number
ゼロをダイヤルしてオペレーターと話す	dial zero to speak to the operator
電話を切らずにおく	hold the line
発信音のあとにメッセージを残す	leave a message after the tone
電話を切る	hang up a phone
ピーターに内線をかける	call Peter's extension
メッセージを書き留める	write down the message
受話器を上司に渡す	hand the receiver to the boss
ケビンの電話をピーターに回す	put Kevin through to Peter
ケビンの電話を社長の部屋に回す	connect Kevin to the president's room
電話帳を調べる	look up in the telephone directory
555-5555で連絡がつく	can reach by phone at 555-5555

会話

555-5555に折り返しお電話ください。　Please call me back at 555-5555.

0641	**toll-free** [tóʊlfríː]	形 無料の、フリーダイヤルの 関 toll ((道路・橋などの)通行料)
0642	**dial** [dáɪəl]	動 〜のダイヤルを回す、〜に電話をかける　名 ダイヤル
0643	**operator** [ɑ́ːpərèɪtər]	名 ①オペレーター、(電話の)交換手　②(機械などの)操作者　③(バスの)運転手 動 operate (〜を操作する)
0644	**hold** [hóʊld]	動 ①〜の状態にしておく、保持する　②〈会・式など〉を催す ③〜を持っている、握る
0645	**message** [mésɪdʒ]	名 メッセージ、伝言 関 answering machine (留守番電話)
0646	**tone** [tóʊn]	名 ①発信音　②調子、口調　③色合い、濃淡
0647	**hang up**	熟 電話を切る、受話器を置く
0648	**extension** [ɪksténʃən]	名 ①(電話の)内線　②延長、拡張 ☞ extendは直線上に伸び、expandは3次元に広がるイメージ
0649	**write down**	熟 〜を書き留める (≒put down)
0650	**receiver** [rɪsíːvər]	名 ①受話器　②受け取る人 動 receive (〜を受け取る)
0651	**put A through to B**	熟 Aの電話をBに回す、つなぐ
0652	**connect** [kənékt]	動 ①(電話で)〜を回す、つなぐ　②〜を接続する (⇔disconnect) ③〈交通機関が〉連絡する
0653	**look up**	熟 〜を調べる
0654	**directory** [dəréktəri]	名 住所氏名録
0655	**reach** [ríːtʃ]	動 ①〜に連絡を取る　②〜に届く、到着する　③手を伸ばす
0656	**call A back**	熟 Aに折り返し電話をする 関 get back to (あらためて連絡を取る)

042 アポ

> ケンとピーターは、取引先で映画製作会社のケビンと商談することになりました。さっそくスケジュールの調整です。

プラチナフレーズ

取引先と会う約束をする	make an appointment with a client
得意先	a regular customer
大手映画製作会社	a major film production company
月1回のペースで会う	meet on a monthly basis
予定を確認する	check his schedule
スケジュールが詰まっている	have a tight schedule
スケジュールがかち合う	have a scheduling conflict
金曜日は都合がつく	be available on Friday
土壇場の変更	a last-minute change
仕事のスケジュールを再調整する	readjust the work schedule
約束を延期する	postpone an appointment
融通のきくスケジュールを立てる	make a flexible schedule

会話

申し訳ありませんが、その日は先約があります。

I'm afraid I have another appointment that day.

0657 appointment
[əpɔ́ɪntmənt]

名 ①（面会の）約束、（医者などの）予約　②任命、指名
動 appoint（～を指定する、任命する）

0658 client
[kláɪənt]

名 顧客、取引先

0659 regular
[régjələr]

形 ①通常の、いつもの（≒usual）　②規則正しい、定期的な（⇔irregular）
副 regularly（定期的に）　名 regularity（規則正しさ）

0660 film
[fílm]

名 映画（≒movie）　動 ～を撮影する

0661 production
[prədʌ́kʃən]

名 ①生産、製造、（作品などの）製作　②生産量
動 produce（～を生産する）　関 product（製品）

0662 on a monthly basis

熟 月に1回
☞ 1日1回ならon a daily basis、週に1回ならon a weekly basis

0663 check
[tʃék]

動 （～を）調べる、点検する、確認する
名 ①点検、確認　②小切手

0664 schedule
[skédʒuːl | ʃédjuːl]

名 ①予定、計画　②時刻表　動 ～を予定する

0665 tight
[táɪt]

形 ①（予定などが）詰まった　②（経済的に）厳しい　③きつい、窮屈な（⇔loose）
副 tightly（堅く、きつく）

0666 conflict
[名 káːnflɪkt 動 kənflíkt]

名 ①衝突、矛盾　②争い　動 衝突する、矛盾する
形 conflicting（相反する、矛盾する）

0667 available
[əvéɪləbl]

形 ①〈人が〉手が空いている（≒free）　②入手できる、利用できる（⇔unavailable）
名 availability（利用できること）

0668 last-minute
[lǽstmínət]

形 土壇場の

0669 readjust
[rìːədʒʌ́st]

動 ～を再調整する（≒reschedule、rearrange）

0670 postpone
[poʊstpóʊn]

動 ～を延期する（≒put off、delay）
名 postponement（延期）

0671 flexible
[fléksəbl]

形 融通のきく、柔軟な
副 flexibly（柔軟に）　名 flexibility（柔軟さ）

0672 I'm afraid ～.

会 残念ながら～のようです。申し上げにくいのですが～。

043 訪問・対面

名刺を交換するケンとケビン。「はじめまして。私がケビンです」「フェニックス広告代理店のケンです。よろしくお願いします」

プラチナフレーズ　MP3▶054

約束の時間を厳守する	punctual for appointments
目的地までのルート	the route to the destination
結局タクシーを使うはめになる	ultimately end up taking a taxi
受付で入館証を受け取る	get the security pass at the reception desk
ピーターに伴われる	be accompanied by Peter
名刺を交換する	exchange business cards
ケンをケビンに紹介する	introduce Ken to Kevin
互いに握手する	shake hands with each other
なごやかな雰囲気で	in a friendly atmosphere
互いに向き合う	face each other
話を切り上げる	wrap up the talk
次に会う日取りを決める	set the date to meet next time

会話

「今度はいつ会いましょうか」
「私は今度の金曜以外ならいつでも構いません」

"When shall we meet next?"
"Anytime is OK with me apart from next Friday."

0673
punctual [pʌ́ŋktʃuəl]
形 時間を守る
副 punctually（時間通りに）　名 punctuality（時間厳守）

0674
route [rúːt]
名 道、道筋
☞ 発音に注意　関 en route（途中で）

0675
ultimately [ʌ́ltəmətli]
副 最終的に（≒finally）
形 ultimate（最終の、究極的な）

0676
end up doing
熟 結局〜することになる

0677
security pass
名 入館証

0678
reception desk
名 受付、フロント

0679
accompany [əkʌ́mpəni]
動 ①〈人〉に同行する　②〜に付随する
名 accompaniment（随伴）

0680
business card
名 名刺

0681
introduce [ìntrədjúːs]
動 ①〜を紹介する　②〜を導入する
名 introduction（紹介、導入）　形 introductory（紹介の）

0682
shake hands
動 握手する
☞ 互いに行う行為なのでhandは必ず複数形

0683
friendly [fréndli]
形 ①親しい、好意的な　②〜に優しい、無害の
名 friendliness（親近感、親しみやすさ）

0684
atmosphere [ǽtməsfɪər]
名 雰囲気、空気

0685
face [féɪs]
動 ①（〜のほうを）向く　②〈困難など〉に直面する　名 顔、表面
☞ 例 be faced with（〜に直面する）

0686
wrap up
熟 〈仕事・議論など〉を終わりにする
関 adjourn（会議などを休会する、中断する）

0687
date [déɪt]
名 ①日時　②日付、年月日　動 〈手紙など〉に日付を入れる
関 to date（今まで）

0688
apart from
熟 〜を除いて

044 経理

> ケンは出張経費の報告書を提出しています。領収書の添付を忘れないで！

プラチナフレーズ

MP3 ▶ 055

請求書を発行する	issue a bill
支払期日	the due date for payment
未払いの請求書を支払う	settle the unpaid bill
期限を過ぎた支払い	an overdue payment
割増料金を請求する	charge a premium price
支出を許可する	authorize expenditure
業務関連の経費	work related expenses
出張経費報告書	travel expense report
領収書をすべて取っておく	keep all the receipts
給与で払い戻してもらう	get reimbursed in the paycheck

会話

もし請求書のお支払いがお済みでしたらこの通知は無視してください。

If this billing has been paid, please disregard this notice.

0689 issue [íʃuː]
動 ～を出す、発行する　名 ①発行　②問題

0690 bill [bíl]
名 ①請求書、勘定　②紙幣　動 ～の請求書を送る
関 coin（硬貨）

0691 due [djúː]
形〈支払い〉期限の来た

0692 settle [sétl]
動 ①〈借金・勘定など〉を支払う、清算する　②〈問題など〉に決着をつける
名 settlement（解決、決着）

0693 unpaid [ʌnpéɪd]
形〈勘定などが〉未払いの

0694 overdue [òʊvərdjúː]
形 ①〈支払い・返却の〉期限が過ぎた
②〈乗り物などが〉定刻を過ぎた

0695 premium [príːmiəm]
形 ①割増しの　②高級な

0696 authorize [ɔ́ːθəràɪz]
動 ①～を認可する　②〈人〉に権限を与える
名 authorization（許可、認可）　関 authority（権限）

0697 related [rɪléɪtɪd]
形 関係のある
例 relate to（～に関わる）　名 relation（関係）

0698 expense [ɪkspéns]
名 ①[expensesで]（必要）経費　②費用、出費

0699 expense report
名 経費報告書

0700 keep [kíːp]
動 ～を取っておく、保存する

0701 receipt [rɪsíːt]
名 ①レシート、領収書　②受け取り、受領
発音に注意

0702 reimburse [rìːɪmbə́ːrs]
動〈人〉に返済する、～を返済する、払い戻す
名 reimbursement（返済）

0703 paycheck [péɪtʃèk]
名 給料
関 pay（～を支払う）

0704 disregard [dìsrɪɡáːrd]
動 ①～を無視する（≒ignore）　②～を軽視する

出題パターンチェック

メール・電話・打ち合わせに関連する場面です。

【Part 2】
- 「今お話しできますか」→「すみません、あとでかけ直します」
- 「テレビ会議は何時からでしたか」→「明日に延期されました」
- 「Lukeさんに連絡するのに一番いい方法を知っていますか」
  →「電話してみるといいですよ」
- 「会議の時間はなぜ変更されたのですか」→「会議室が空いていないからです」
- 「どのような手段であなたにご連絡させていただけばよろしいですか」
  →「名刺に携帯電話の番号があると思います」
- 「情報の開示をどのように行えばいいと思いますか」
  →「あとで時間があるので話し合いましょう」

【Part 4】
- ビルの管理者からテナントへのお知らせの留守電。排水管の保守点検が行われるため、一定期間の断水が行われることを知らせるという内容

  > 設問と正解の例
  > What is the purpose of the call?（電話の目的は何ですか）
  > → To provide information on the inspection（点検に関する情報の提供）
  > What will take place in the building next week?
  > （来週ビルでは何が行われますか）
  > → The pluming in the building will be inspected.（ビルの排水管の点検）

【Part 7】
- 新商品の発売時期に関する電話会議を全社的に行いたいので、その予定を組むよう依頼するメール。その際、支社との時差を考慮し、新製品発表会よりも前に会議を設定することを念頭に置くよう指示している

ワンポイントアドバイス

打ち合わせに関する話題はよく出題されますが、日時や場所の変更、電車やバスの遅れなどで定時に間に合わない場面など、打ち合わせの内容以外の要素が絡んだ出題も多く見られます。
会議やイベントへの食事のケータリングや(恒例行事としてよく登場する)会社のピクニックなどでは、しばしば肉を食べることができない人のためにベジタリアン向けのものを用意できるかどうかが話題になります。

Chapter 08

病気

045　残業

> 締め切りが目前に迫っています。夜を徹した作業が続き、社員たちには疲労がたまっているようです。

プラチナフレーズ

MP3 ▶ 056

厳しい締め切りに追われる	under pressure to meet the stringent deadline
働き過ぎる	be overworked
残業する	work overtime
夜中まで働く	work until midnight
徹夜で働く	work throughout the night
時間のかかるプロジェクト	a time-consuming project
数週間働く必要がある	entail several weeks' work
事務処理をこなす	handle paperwork
大量の書類	a pile of papers
重い負担	heavy burden
献身的で精力的なスタッフ	dedicated and energetic staff
効率的に働く	work efficiently

会話

「この仕事、明日までに終えられるかな」
「わかりません」

"Can we get this job done by tomorrow morning?"
"I'm not sure."

0705 **pressure** [préʃər]	名 ①重圧、プレッシャー ②圧力 動 press(〜を押す)
0706 **stringent** [stríndʒənt]	形 (規則などが)厳しい、厳格な(≒strict)
0707 **deadline** [dédlàin]	名 締め切り
0708 **overwork** [óʊvərwə̀ːrk]	動 〜を働かせすぎる
0709 **overtime** [óʊvərtàim]	副 [work overtimeで]残業する 名 時間外、超過時間
0710 **midnight** [mídnàit]	名 (真)夜中、夜中の12時 ☞ mid-は「真ん中の」の意で、midsize(中型)、midsummer(真夏の)のように使う
0711 **throughout** [θruáʊt]	前 ①〜の間ずっと ②〜の至る所に
0712 **time-consuming** [táimkəns(j)úːmiŋ]	形 時間のかかる
0713 **entail** [intéil]	動 〜を伴う、含意する
0714 **paperwork** [péipərwə̀ːrk]	名 ①事務処理、文書業務 ②事務書類
0715 **a pile of**	熟 山積みの〜、大量の〜
0716 **burden** [bə́ːrdn]	名 負担、重荷
0717 **dedicated** [dédəkèitid]	形 献身的な、ひたむきな 動 dedicate(〜をささげる) 名 dedication(献身、専念)
0718 **energetic** [ènərdʒétik]	形 精力的な、活気のある 名 energy(活力、エネルギー)
0719 **efficiently** [ifíʃəntli]	副 能率的に、効率的に 形 efficient(能率的な、効率のよい) 関 inefficient(非効率的な)
0720 **I'm not sure.**	会 (はっきりとは)わかりません。

046 ミス

「おっと、いけない！」ケンは重要なファイルを誤って削除してしまいました。「意識がもうろうとする…」

プラチナフレーズ

MP3 ▶ 057

重大なミスをする	make a serious mistake
見落としで生じた間違い	an error caused by oversight
書類をごちゃまぜにする	mix up documents
手紙を間違ったあて先に送る	send a letter to a wrong address
単語のスペルを間違える	misspell words
脱字	omitted letters
計算ミス	an error in the calculations
うっかり重要なファイルを削除する	erase an important file accidentally
失ったデータを取り戻すのに失敗する	fail to retrieve the lost data
データを誤入力する	enter data incorrectly
気が散る	get distracted

会話

実は完全に忘れていました。　Actually, it completely slipped my mind.

0721 **serious** [síəriəs]	形 ①重大な、深刻な ②まじめな 副 seriously(深刻に、まじめに)
0722 **mistake** [məstéɪk]	名 誤り、間違い 動 〜を間違える
0723 **oversight** [óʊvərsàɪt]	名 ①ミス、見落とし(≒mistake) ②監督、管理(≒supervision) 動 oversee(〜を監督する、見落とす)
0724 **mix up**	熟 〜をごちゃまぜにする 動 mix-up(取り違え)
0725 **wrong** [rɔ́ːŋ]	形 誤っている、違った 副 wrongly(誤って)
0726 **misspell** [mìsspél]	動 〜のつづりを誤る 関 typo/typographer(タイプミス、誤字、誤植) 関 misread(〜を読み間違える)
0727 **omit** [əmít]	動 ①〜を(うっかり)抜かす ②〜を省略する 名 omission(手抜かり、省略)
0728 **error** [érər]	名 誤り(≒mistake)
0729 **calculation** [kæ̀lkjəléɪʃən]	名 計算 動 calculate(〜を計算する)
0730 **erase** [ɪréɪs]	動 〜を消す、削除する
0731 **accidentally** [æ̀ksədéntəli]	副 誤って(≒by accident、mistakenly、inadvertently)
0732 **fail to do**	熟 〜しない、〜し損なう
0733 **retrieve** [rɪtríːv]	動 ①〜を取り戻す、回収する ②(コンピュータで)〈情報〉を検索する、取り出す
0734 **incorrectly** [ìnkəréktli]	副 間違って
0735 **distract** [dɪstrǽkt]	動 〈気持ち・注意など〉をそらす、散らす(⇔attract) 名 distraction(気を散らすもの) 形 distracting(気を散らす)
0736 **slip one's mind**	熟 忘れられる、記憶から抜け落ちる

病気

Chapter 08

047 病気

> おや？ ケンの様子がおかしいようです。ベッドから起き上がれません。「さすがに働きすぎたかな？」

プラチナフレーズ

MP3 ▶ 058

風邪の症状がある	have cold symptoms
インフルエンザにかかる	come down with the flu
高熱がある	have a high fever
頭が痛い	have a headache
1日中せきが出る	cough all day
5日間以上続く	persist for more than five days
疲れ目になる	get eye strain
卵アレルギーだ	be allergic to eggs
腫れた腕	a swollen arm
慢性的な腰痛	a chronic back pain
心臓病	a heart disease
健康診断を受ける必要がある	need to undergo a medical checkup

会話

「きのうはなぜ仕事を休んだのですか」
「熱がありました」

"How come you were absent from work yesterday?"
"I had a fever."

0737 **symptom** [símptəm]	名 症状、徴候
0738 **come down with**	熟 〈病気〉にかかる、〈病気〉で倒れる
0739 **flu** [flúː]	名 [the fluで] インフルエンザ
0740 **fever** [fíːvər]	名 熱、発熱
0741 **headache** [hédèik]	名 頭痛 ☞ acheは「(鈍い)痛み」 関 stomachache (腹痛)
0742 **cough** [kɔ́ːf]	動 せきをする　名 せき、せき払い
0743 **persist** [pərsíst]	動 ①続く、持続する　②しつこく主張する、固執する 名 persistence (粘り強さ)　形 persistent (粘り強い)　副 persistently (粘り強く)
0744 **strain** [stréin]	名 極度の緊張、過労　動 ～を緊張させる
0745 **allergic** [ələ́ːrdʒik]	形 アレルギーの 名 allergy (アレルギー)
0746 **swollen** [swóulən]	形 腫れた、ふくれた 動 swell (腫れる、ふくらむ)
0747 **chronic** [krɑ́ːnik]	形 慢性の
0748 **pain** [péin]	名 苦痛、痛み
0749 **disease** [dizíːz]	名 病気 ☞ 発音に注意
0750 **undergo** [ʌ̀ndərgóu]	動 ①〈治療・調査など〉を受ける (≒go through) ②〈変化など〉を経験する
0751 **checkup** [tʃékʌ̀p]	名 ①健康診断　②点検 ☞ 「健診」はmedical examinationとも言う
0752 **How come ～?**	会 なぜ、どうして (≒why) ☞ how comeの後ろは〈主語+動詞～〉の語順になる

病気

Chapter 08

医療

surgery	[sə́:rdʒəri]	外科	形 surgical（外科の）
neurosurgery	[n(j)ùərousə́:rdʒəri]	脳神経外科	
dentistry	[déntəstri]	歯科	
physician	[fɪzíʃən]	内科医	
surgeon	[sə́:rdʒən]	外科医	
pediatrician	[pìːdiətríʃən]	小児科医	
dermatologist	[də̀:rmətá:lədʒɪst]	皮膚科医	
psychiatrist	[saɪkáɪətrɪst]	精神科医	
dentist	[déntəst]	歯科医	形 dental（歯の）
powder	[páʊdər]	粉薬	
syrup	[sə́:rəp]	シロップ	
compress	[ká:mpres]	湿布	
ointment	[ɔ́ɪntmənt]	軟膏	
nutrient	[n(j)úːtriənt]	栄養剤	
injection	[ɪndʒékʃən]	注射	
pharmaceutical	[fà:rməs(j)úːtɪkl]	調剤、薬剤	
rehabilitation	[rìːəbìlətéɪʃən]	リハビリ	
first-aid kit		救急箱	
ward	[wɔ́:rd]	病棟、病室	
waiting room		待合室	
vaccination	[væksənéɪʃən]	予防接種	
therapy	[θérəpi]	治療	関 therapeutic（治療学）
cure	[kjʊ́ər]	治療法	「治療する」という動詞の意味もある

ジャンル別ボキャブラリー

MP3 ▶ 059

| massage | [məsáːʒ] | マッサージ | |

病気・けが

insomnia	[ɪnsáːmniə]	不眠症	
burn	[bə́ːrn]	やけど	
injury	[índʒəri]	けが	動 injure（けがをさせる）
cancer	[kǽnsər]	がん	
cut	[kʌ́t]	切り傷	
sprain	[spréɪn]	捻挫	
cold	[kóʊld]	風邪	
diabetes	[dàɪəbíːtiːz]	糖尿病	
food poisoning		食中毒	
mania	[méɪniə]	躁病	
complication	[kàːmpləkéɪʃən]	合併症	
illness	[ílnəs]	病気	形 ill（病気の）　類 sickness
pest	[pést]	疫病	
rash	[rǽʃ]	発疹、吹き出もの	
toothache	[túːθèɪk]	歯痛	
virus	[váɪrəs]	ウィルス	
cramp	[krǽmp]	けいれん	

ジャンル別ボキャブラリー

身体

neck	[nék]	首	
throat	[θróʊt]	のど	
shoulder	[ʃóʊldər]	肩	
trunk	[trʌ́ŋk]	胴体	
chest	[tʃést]	胸	
stomach	[stʌ́mək]	腹	
arm	[ɑ́ːrm]	腕	
wrist	[ríst]	手首	
palm	[pɑ́ːlm]	手のひら	
finger	[fíŋgər]	指	
foot	[fút]	足	
knee	[níː]	ひざ	
leg	[lég]	脚	
back	[bǽk]	背中	
elbow	[élboʊ]	ひじ	
chin	[tʃín]	あご	
shin	[ʃín]	すね	
calf	[kǽf]	ふくらはぎ	
ankle	[ǽŋkl]	足首	
heel	[híːl]	かかと	
toe	[tóʊ]	つま先	
belly	[béli]	腹	
lap	[lǽp]	太ももの上	関 laptop（ノートパソコン）

ジャンル別ボキャブラリー

MP3 ▶ 060

muscle	[mʌ́sl]	筋肉	
skin	[skín]	皮膚	
spine	[spáın]	脊椎、背骨	
liver	[lívər]	肝臓	
brain	[bréın]	脳	
breath	[bréθ]	息	
voice	[vɔ́ıs]	声	「声に出す、表明する」の意味もある 関 vocal（音の、声のある）

ワンポイントアドバイス

身体の部分を表す表現は、TOEICテストにはそれほどたくさん登場するわけではありません。それでも体調不良やけがをしている人に関わる表現、会話はたびたび登場しますので、本書に掲載している単語に関しては一通りマスターしておくとよいでしょう。

048 病院・薬局

ケンは病院に診察を受けに来ました。「過労による風邪ですね。薬を出しておきましょう。お大事に」

プラチナフレーズ

診療所	a medical clinic
治療を受ける	get medical treatment
患者の病気を診断する	diagnose a patient's disease
インフルエンザの注射を打つ	get a flu shot
薬を処方する	prescribe a drug
処方箋をもらう	get a prescription
薬を服用する	take a medicine
水で錠剤を飲む	take pills with a glass of water
副作用はほとんどない	have few side effects
推奨される用量	a recommended dosage
薬を1回分飲み忘れる	skip a dose of medication

会話

この薬は必ず水と一緒に服用してください。

Be sure to take this medicine with water.

0753 medical
[médɪkəl]
形 医学の、医療の
名 medicine（薬、医学） 形 medicinal（薬の）

0754 clinic
[klínɪk]
名 診療所、医院、クリニック
形 clinical（臨床の）

0755 treatment
[tríːtmənt]
名 ①治療 ②待遇
動 treat（〜を治療する、扱う）

0756 diagnose
[dàɪəgnóʊs | dáɪəgnèʊs]
動〈病気・人〉を診断する
名 diagnosis（診断） 形 diagnostic（診断に関する）

0757 patient
[péɪʃənt]
名 患者　形 辛抱強い
☞ patience（忍耐）と区別をしっかりとつけておこう

0758 shot
[ʃɑ́ːt]
名 ①注射、ワクチン接種 ②（スナップ）写真

0759 prescribe
[prɪskráɪb]
動〈薬など〉を処方する
名 prescription（処方（箋））

0760 drug
[drʌ́g]
名 ①薬（≒medicine） ②麻薬、ドラッグ

0761 prescription
[prɪskrípʃən]
名 処方（箋）、処方薬
動 prescribe（〜を処方する）

0762 medicine
[médəsn]
名 ①薬、薬剤 ②医学、医術、医療

0763 pill
[píl]
名 錠剤（≒tablet）

0764 side effect
名（薬の）副作用

0765 dosage
[dóʊsɪdʒ]
名（1回分の）投薬［服用］量、適量

0766 dose
[dóʊs]
名（薬の1回分の）服用量、投与量

0767 medication
[mèdəkéɪʃən]
名 薬剤、薬物療法

0768 be sure to do
熟 必ず〜するようにする

出題パターンチェック

病気に関連する場面です。TOEICにはしばしば医療機関が登場しますが、中でも歯科医の絡む問題は頻出です。実際に院内で治療を受ける場面は出題されませんが、予約日時の変更に関する出題は少なくありません。

【Part 2】
- 「今日は歯医者に行くのではありませんでしたか」→「いいえ、明日です」
- 「Maryさんはなぜオフィスにいないのですか」
  →「今日は体調が悪いので休むと電話があったそうです」

【Part 3】
- 顧客との約束が入ってしまったため、予約していた診療時間の変更を依頼する際の会話。担当医が空いていないことが分かったため、やむなく代わりの医師に診療を依頼する

【Part 4】
- 急な出張が担当の医師に入ってしまったため、受付担当者が患者に対して予約日時の変更を依頼するための留守電メッセージ

【Part 5】
- Rachel医師は人気があり、診療を希望する患者数が急激に増え続けている
- Park医院は新たな効率化計画を実施し、患者にも従業員にもそれがプラスとなることを目指している

【Part 7】
- 歯医者からの定期検診を勧めるはがき。治療が終わったあとも、定期的に歯の健康診断をするために来院することを勧めている

> 設問と正解の例
>
> Why was this letter sent? (なぜこの手紙は送られましたか)
> → To welcome some new patients
>   (新しい患者を歓迎するため)
>
> On what day is the clinic open only in the afternoon?
> (診療所が午後しか空いていないのは何曜日ですか)
> → Thursday (木曜日)

Chapter 09

休日1

049 掃除

休暇をとることにしたケン。この機会に忙しくてできなかった家事を片づけることにしました。「お掃除、お掃除♪ 楽しいな～っと♪」

プラチナフレーズ

床に散らばっている	be scattered on the floor
本を片づける	put away the books
部屋に掃除機をかける	clean his room with the vacuum cleaner
ごみやほこりを集める	collect dirt and dust
フィルターを掃除する	clean the filter
ベッドの周りをほうきで掃く	sweep around the bed
床を磨く	polish the floor
窓を拭く	wipe the window
浴槽をごしごしこする	scrub the bathtub
ごみ箱をからにする	empty the garbage can
可燃ごみ	combustible trash
家庭用の掃除道具	household cleaning products

会話

この機会を利用して部屋を片づけよう。 I'll take advantage of this opportunity to clean my room.

#	単語	意味
0769	**scatter** [skǽtər]	動 ～をばらまく、まき散らす
0770	**put away**	熟 ～を片づける (≒clear)
0771	**vacuum cleaner**	名 電気掃除機 関 cleanliness (潔癖)
0772	**dirt** [də́ːrt]	名 ごみ、泥
0773	**dust** [dʌ́st]	名 ちり、ほこり
0774	**filter** [fíltər]	名 フィルター、ろ過装置　動 ～をろ過する
0775	**sweep** [swíːp]	動 ①(～を)掃く、掃除する　②～を払いのける
0776	**polish** [pɑ́ːlɪʃ]	動 ①〈家具など〉を磨く　②〈技術など〉に磨きをかける 関 polished (洗練された、上品な)
0777	**wipe** [wáɪp]	動 ～を拭く、ぬぐう
0778	**scrub** [skrʌ́b]	動 ～をごしごし磨く
0779	**empty** [émpti]	動 ～をからにする (⇔fill) 形 ①からの (⇔full)　②〈部屋などが〉空いている (≒vacant)
0780	**garbage can**	名 ごみ箱 (≒trash bin)
0781	**combustible** [kəmbʌ́stəbl]	形 燃えやすい、可燃性の　名 [combustiblesで] 可燃物 関 unburnable (不燃の)
0782	**trash** [trǽʃ]	名 ごみ、くず、がらくた
0783	**household** [háʊshòʊld]	形 家庭用の　名 家庭、世帯
0784	**take advantage of**	熟 〈機会など〉を利用する

050 洗濯

> 今日は絶好の洗濯日和！ シャツがよく乾きます。

プラチナフレーズ

MP3 ▶ 063

服を洗う	wash his clothes
洗濯物を手で洗う	wash the laundry by hand
洗濯機洗いができる	be machine washable
ワイシャツを漂白する	bleach the shirt
環境に優しい洗剤	environmentally friendly detergent
洗濯物をすすぐ	rinse the laundry
洗濯物を外に干す	hang the laundry outside
晴れた日に	on a sunny day
シャツを陰干しする	dry a shirt in the shade
シャツのしみを抜く	get rid of shirt stains
しわの寄ったシャツにアイロンをかける	iron a wrinkled shirt
服をたたむ	fold the clothes

会話

今日は絶好の洗濯日和だ。　It's an ideal day for laundry today.

0785 clothes
[klóʊz]
- 名 衣服、身につけるもの (≒clothing)
- ☞ 発音に注意

0786 laundry
[lɔ́:ndri]
- 名 洗濯物、洗濯（すること）
- ☞ 発音に注意

0787 by hand
- 熟 手で

0788 washable
[wɑ́:ʃəbl]
- 形 洗える
- 動 wash（〜を洗う）

0789 bleach
[blí:tʃ]
- 動 〜を漂白する

0790 detergent
[dɪtɔ́:rdʒənt]
- 名 洗剤、清浄剤

0791 rinse
[ríns]
- 動 〜をゆすぐ、すすぐ
- ☞ 例 rinse some dishes with water（皿を水ですすぐ）

0792 hang
[hǽŋ]
- 動 ①〜をつるす、取りつける ②かかる、ぶら下がる
- ☞ hang – hung – hungと変化

0793 sunny
[sʌ́ni]
- 形 晴れた、天気のよい
- 関 cloudy（曇った）　関 rainy（雨の）　関 windy（風の強い）

0794 shade
[ʃéɪd]
- 名 陰、日陰、シェード　動 〜を陰にする

0795 get rid of
- 熟 〜を取り除く、処分する

0796 stain
[stéɪn]
- 名 汚れ、しみ　動 〜を着色する、染色する
- 関 stainless（ステンレス製の、さびない）　関 blotch（大きなしみ）

0797 iron
[áɪərn]
- 動 〈衣服など〉にアイロンをかける　名 鉄

0798 wrinkled
[rɪŋkld]
- 形 しわの寄った
- 名 wrinkle（しわ）

0799 fold
[fóʊld]
- 動 〜を折りたたむ
- ☞ リスニングの際、foldとholdの音を聞き間違えないように注意

0800 ideal
[aɪdíːəl]
- 形 理想的な
- 副 ideally（理想的に）

Chapter 09　休日1

051 天気予報

> 今週の天気はどうかな～？ よかった！ この地域はしばらく晴れるらしいぞ！

プラチナフレーズ　MP3 ▶ 064

天気予報によれば	according to the weather forecast
大雨	the heavy rain
厳しい天候	severe weather
夕方始まる見込みである	be expected to begin in the evening
滑りやすく足場が悪い	be slippery and treacherous
明日は晴れそうだ	be likely to clear up tomorrow
5日続けて	five days in a row
素晴らしい夕日	stunning sunset
さわやかなそよ風を楽しむ	enjoy a fresh breeze
比較的穏やかな気候	relatively mild climate

会話

明日は晴れますが、ところによりにわか雨があるでしょう。

Tomorrow, it'll be sunny, but some showers.

0801 **according to**	熟 ～によれば	
0802 **forecast** [fɔ́ːrkæ̀st]	名 予報　動 ～を予報する、予言する	
0803 **heavy** [hévi]	形 ①〈雪・雨が〉多い　②〈交通量が〉多い　③重い	
0804 **severe** [sɪvíər]	形 ①厳しい　②深刻な、重大な 副 severely（厳しく）	
0805 **be expected to**	熟 ～する見込みである	
0806 **slippery** [slípəri]	形 〈道などが〉滑りやすい、つるつる滑る 動 slip（滑る）	
0807 **treacherous** [trétʃərəs]	形 〈足場などが〉不安定な、危険な（≒dangerous）	
0808 **be likely to do**	熟 ～しそうだ（⇔be unlikely to do）	
0809 **clear up**	熟 ①晴れ上がる　②～を片づける、整頓する ③〈問題・誤解など〉を解く	
0810 **in a row**	熟 ①連続して　②1列に並んで（≒in a line）	
0811 **stunning** [stʌ́nɪŋ]	形 （驚くほど）美しい（≒marvelous）	
0812 **breeze** [bríːz]	名 そよ風	
0813 **relatively** [rélətɪvli]	副 比較的に 形 relative（比較の、比較的な）	
0814 **mild** [máɪld]	形 穏やかな	
0815 **climate** [kláɪmət]	名 気候	
0816 **shower** [ʃáuər]	名 ①にわか雨　②シャワー	

Chapter 09　休日1

気象・天候

weather report		天気予報	
weather	[wéðər]	天気	
temperature	[témpərtʃər]	気温	
heat	[híːt]	暑さ	
chilly	[tʃíli]	寒い	
cool	[kúːl]	涼しい	
humid	[hjúːmɪd]	湿度の高い	名 humidity　関 muggy（蒸し暑い）
moisture	[mɔ́ɪstʃər]	湿度、湿気	
snowy	[snóʊi]	雪の	
snowstorm	[snóʊstɔ̀ːrm]	吹雪	
storm	[stɔ́ːrm]	嵐	
typhoon	[taɪfúːn]	台風	
thunderstorm	[θʌ́ndərstɔ̀ːrm]	雷雨	
fog	[fɑ́ːg]	霧	
thunder	[θʌ́ndər]	雷	
lightning	[láɪtnɪŋ]	稲妻	
heat wave		熱波	
high pressure		高気圧	
low pressure		低気圧	
hurricane	[hə́ːrəkèɪn]	ハリケーン	
cold front		寒冷前線	
precipitation	[prɪsìpɪtéɪʃən]	降水量	
rainfall	[réɪnfɔ̀ːl]	降雨	

ジャンル別ボキャブラリー

MP3 ▶ 065

breeze	[bríːz]	そよ風	
observatory	[əbzáːrvətɔ̀ːri]	天文台	

ワンポイントアドバイス

天候に関する話題は、主にPart 3 & 4に登場します。悪天候が会社のピクニックやツアーガイド、飛行機の遅れや運航の中止に影響するという内容のものが多いです。ちなみに飛行機が遅れる原因として、悪天候、機械系統のトラブル、空の渋滞などが挙げられます。

052 ガーデニング

ケンはアパートの庭でガーデニングをしています。色とりどりの花を見ていると、仕事のストレスも消えていきます。

プラチナフレーズ

MP3 ▶ 066

ガーデニングの道具	gardening tools
葉っぱをかき集める	rake leaves into piles
土を掘る	dig the soil
木を刈りこむ	trim a shrub
庭の植物に水をやる	water plants in the yard
ハーブを育てる	grow some herbs
果物を収穫する	harvest some fruit
花を摘む	pick some flowers
有機肥料を使う	use organic fertilizers
芝生を刈る	mow the lawn

会話

ご想像通り、ガーデニングは楽しいときを過ごすいい方法です。

As you can imagine, gardening is a good way to have a pleasant time.

0817 tool
[túːl]
名 道具、工具
☞「(道具)一式」はkit

0818 rake
[réɪk]
動 〜をかき集める　名 熊手

0819 dig
[díɡ]
動〈地面など〉を掘る
☞ 例 A hole has been dug on the road.（道路に穴が掘ってある）

0820 soil
[sɔ́ɪl]
名 土、土壌

0821 trim
[trím]
動 ①〜を刈って整える　②〈人員など〉を削減する

0822 shrub
[ʃrʌ́b]
名 低木、灌木（≒bush）

0823 water
[wɔ́ːtər]
動 〜に水をかける、水をまく　名 水

0824 yard
[jɑ́ːrd]
名 庭、庭園、構内

0825 herb
[ə́ːrb | hə́ːb]
名 ハーブ、香料用植物
形 herbal（ハーブの、薬草の）

0826 harvest
[hɑ́ːrvəst]
動 〜を収穫する、取り入れる　名 収穫

0827 pick
[pík]
動 ①〜を摘み取る　②〜を入念に選ぶ、精選する

0828 organic
[ɔːrɡǽnɪk]
形 有機栽培の、無農薬の
副 organically（有機的に）

0829 fertilizer
[fə́ːrtəlàɪzər]
名 肥料

0830 mow
[móʊ]
動 〜を刈る、刈り取る

0831 lawn
[lɔ́ːn]
名 芝生

0832 imagine
[ɪmǽdʒɪn]
動 〜を想像する
名 imagination（想像力）　形 imaginative（想像力に富む）

Chapter 09 休日 1

植物

hyacinth	[háɪəsɪnθ]	ヒヤシンス	
rose	[róʊz]	バラ	
lily	[líli]	ユリ	
dahlia	[dǽljə]	ダリア	
orchid	[ɔ́ːrkəd]	ラン	
lavender	[lǽvəndər]	ラベンダー	
hibiscus	[haɪbískəs]	ハイビスカス	
camellia	[kəmíːljə]	ツバキ	
magnolia	[mægnóʊljə]	モクレン	
walnut	[wɔ́ːlnʌt]	クルミ	
oak	[óʊk]	オーク	
willow	[wíloʊ]	柳	
pine	[páɪn]	松	
evergreen	[évərgrìːn]	常緑樹	
branch	[brǽntʃ]	枝	
trunk	[trʌ́ŋk]	幹	
leaf	[líːf]	葉	
sprout	[spráʊt]	芽	
vine	[váɪn]	つる	
weed	[wíːd]	雑草	
seed	[síːd]	種	
blossom	[blɑ́ːsəm]	花	類 bloom
stalk	[stɔ́ːk]	茎、柄	

ジャンル別ボキャブラリー

MP3 ▶ 067

ワンポイントアドバイス

植物の鉢植えがPart 1の写真に時々登場します。
（例）Some potted plants have been arranged on the windowsill.
　　（いくつかの鉢植えが窓台に並べられている）
また、Part 7にorchid（ラン）が登場したことがありましたが、この単語を知らなかったとしても文脈から「これは花の一種だな」と判断できる形で登場していました。

053 料理

> 僕にかかれば料理だってお手のもの♪ スープの味はどうかな？ …うん、完ぺき！

プラチナフレーズ　MP3▶068

ナスをゆでる	boil eggplant
玉ねぎを刻む	chop an onion
セロリを薄切りにする	slice celery finely
やわらかくなるまでかき混ぜる	stir until soft
サラダをドレッシングであえる	toss salad with dressing
フライパンに油を注ぐ	pour oil in the frying pan
ご飯を蒸す	steam rice
魚を網で焼く	grill a fish
調味料をひとつまみ加える	add a pinch of seasoning
濃縮スープ	condensed soup
ステンレス製の調理器具	stainless steel cookware
調理法	culinary art

会話

実を言うと、料理がかなり得意なんです。

As a matter of fact, I'm pretty good at cooking.

0833 boil [bɔ́ɪl]	動 ①〜を沸騰させる、煮る、ゆでる　②沸騰する、煮立つ 関 simmer(〜を弱火で煮る)
0834 chop [tʃɑ́:p]	動 〜を切り刻む、たたき切る　名 切り取った一片、チョップ
0835 slice [slɑ́ɪs]	動 〜を薄く切る　名 (パン・肉などの)1切れ 関 peel(果物などの皮をむく)
0836 stir [stə́:r]	動 〜をかき回す、かき混ぜる
0837 toss [tɔ́:s]	動 〜を(ドレッシングなどと)軽くあえる
0838 pour [pɔ́:r]	動 ①〜を注ぐ　②〈金など〉をつぎ込む ☞ 発音に注意
0839 steam [stí:m]	動 〜を蒸す　名 水蒸気
0840 grill [grɪ́l]	動 〜を網焼きにする 関 roast(直火で焼く)　関 bake(パンなどを焼く)　関 fry(油でいためる)
0841 add [ǽd]	動 〜を加える、足す(⇔subtract) ☞ 〈add A to B〉(BにAを加える)　名 addition(加わった人[物]、追加)
0842 a pinch of	熟 ひとつまみの〜、少量の〜
0843 seasoning [sí:zənɪŋ]	名 調味料 関 seasoned(熟練した)
0844 condensed [kəndénst]	形 凝縮した、濃縮した
0845 stainless [stéɪnləs]	形 ステンレス製の
0846 cookware [kʊ́kwèər]	名 [集合的に]調理器具、料理道具(≒kitchenware) 関 kitchen utensil(台所用品、調理器具)
0847 culinary [kʌ́lənèri]	形 料理用の、台所の ☞ 例 culinary school(料理学校)
0848 as a matter of fact	熟 実のところ

ジャンル別ボキャブラリー

キッチン

kitchen	[kítʃən]	台所	
cooker	[kúkər]	調理器具	
utensil	[ju(:)ténsl]	台所用品	
houseware	[háuswèər]	家庭用品	
refrigerator	[rɪfrídʒərèɪtər]	冷蔵庫	fridgeとも言う 動 refrigerate（〜を冷やす）
cupboard	[kʌ́bərd]	食器棚	
dishwasher	[díʃwɑ̀:ʃər]	食器洗い機	
faucet	[fɔ́:sət]	蛇口	
tap water		水道水	
sink	[síŋk]	流し	
microwave	[máɪkrouwèɪv]	電子レンジ	microwave ovenとも言う
oven	[ʌ́vn]	オーブン	
pan	[pǽn]	フライパン	
timer	[táɪmər]	タイマー	
measuring cup		計量カップ	
ladle	[léɪdl]	お玉	
bowl	[bóul]	ボウル	
blender	[bléndər]	ミキサー	
grater	[gréɪtər]	おろし金	
cutting board		まな板	
tablespoon	[téɪblspùːn]	大さじ	
teaspoon	[tíːspùːn]	小さじ	
toaster	[tóustər]	トースター	

opener	[óʊpənər]	缶切り、栓抜き	
tray	[tréɪ]	トレイ、盆	
lid	[líd]	ふた	
glassware	[glǽswèər]	ガラス製品	
salt shaker		塩入れ	
pepper shaker		こしょう入れ	
plate	[pléɪt]	平皿	関 dish (皿、料理)

味・食感

bitter	[bítər]	苦い	
sweet	[swíːt]	甘い	
hot	[hάːt]	辛い	
sour	[sáʊər]	酸っぱい	
salty	[sɔ́(ː)lti]	しょっぱい	
spicy	[spáɪsi]	辛い	
savory	[séɪvəri]	いい香りのする	
fatty	[fǽti]	脂肪を含む	
crisp	[krísp]	サクサクした	類 crispy
bland	[blǽnd]	(味が) 薄い	

054 休暇

> たまには何もせずくつろぐ日も必要です。遅めの朝食をとって、リラックス、リラックス♪

プラチナフレーズ

MP3 ▶ 070

1日休みをとる	take a day off
5日間有給休暇をとる	take five days' paid vacation
上司の許可を得る	obtain permission from his boss
居心地のよい部屋で遅い朝食をとる	have brunch in a cozy room
座ってゆっくりとくつろぐ	sit back and relax
シャワーを浴びてすっきりする	take a shower to get refreshed
花の香り	a floral aroma
心地よく感じる	feel comfortable
ネットサーフィンをする	surf the Internet
SNSを利用する	use the social networking service

会話

「休日は何をしますか」
「天気によりますね」

"What do you do in your spare time?"
"It depends on the weather."

0849	**day off**	名 休暇、休日 関 absent（欠席した）　関 absence（欠席）
0850	**paid vacation**	名 有給休暇（≒paid holiday）
0851	**obtain** [əbtéin]	動 〜を得る、手に入れる
0852	**permission** [pərmíʃən]	名 許可、同意 動 permit（〜を許可する）
0853	**brunch** [brʌ́ntʃ]	名 遅い朝食、早い昼食
0854	**cozy** [kóuzi]	形 居心地のよい
0855	**sit back**	熟 ゆったり座る、くつろぐ
0856	**relax** [rilǽks]	動 ①くつろぐ　②〜をくつろがせる 形 relaxed（くつろいだ）
0857	**refresh** [rifréʃ]	動 〜をさわやかな気分にする、元気づける 名 refreshment（軽い食事）
0858	**floral** [flɔ́:rəl]	形 花の、花模様の
0859	**aroma** [əróumə]	名 香り、芳香
0860	**comfortable** [kʌ́mftəbl]	形 ①快適な、居心地のよい（⇔uncomfortable）　②くつろいだ、気楽な 名 comfort（快適さ）　副 comfortably（心地よく）
0861	**surf** [sə́:rf]	動 〈インターネットのサイトなど〉を見て回る
0862	**Internet** [íntərnèt]	名 [the Internetで] インターネット
0863	**social** [sóuʃəl]	形 ①社会的な、社会の　②社交的な 名 society（社会）　動 socialize（社交的にする）
0864	**depend on**	熟 〜によって決まる、〜次第である 関 dependent（依存している）　関 dependence（依存）

055 テレビ

ニュース、お笑い、映画、スポーツ、ドキュメンタリー…。テレビはさまざまな番組を流しています。さて、何を観ようかな？

プラチナフレーズ

MP3 ▶ 071

テレビをつける	turn on the TV
大画面	a large screen
コントラストを調整する	adjust the contrast
視聴者の間で人気のチャンネル	a popular channel among viewers
さまざまなテレビ番組	a variety of TV programs
娯楽番組	an entertainment program
有料放送の映画	pay-per-view movies
スポーツ番組を放送する	broadcast sports shows
テレビのドキュメンタリー番組に感動する	be moved by a television documentary
午後7時に放送される	be aired at 7 P.M.
ゴールデンアワーの視聴率	prime time ratings
衛生放送のプロバイダー	satellite TV provider

会話

これは私のお気に入りの番組の一つだ。　This is one of my favorite TV programs.

0865 turn on	熟 〈テレビ・明かりなど〉をつける (⇔turn off)
0866 screen [skríːn]	名 画面、スクリーン　動 ①〈映画〉を上映する、〈テレビ〉を放映する　②〜を選抜する
0867 contrast [kάntræst]	名 コントラスト、対照、対比 ☞ in contrast to (〜と対照的に)も覚えておこう
0868 channel [tʃǽnl]	名 (テレビ・ラジオなどの)チャンネル
0869 a variety of	熟 さまざまな〜
0870 program [próugræm]	名 ①(テレビ・ラジオなどの)番組　②計画、日程、プログラム (≒plan) 動 〜のプログラムを作る
0871 entertainment [èntərtéinmənt]	名 娯楽 動 entertain (〜を楽しませる)　例 entertain the audience (聴衆を楽しませる)
0872 pay-per-view [péipərvjúː]	形 有料制の
0873 broadcast [brɔ́ːdkæst]	動 〜を放送する　名 放送
0874 documentary [dὰːkjəméntəri]	名 ドキュメンタリー、記録作品　形 ドキュメンタリーの、記録による 動 document (〜を記録する)
0875 air [éər]	動 〈番組〉を放送[放映]する　名 空中、大気　形 航空の
0876 prime time	名 ゴールデンアワー
0877 rating [réitiŋ]	名 ①(番組の)視聴[聴取]率　②格付け、評価 動 rate (〜を評価する)
0878 satellite [sǽtəlàit]	形 衛星の
0879 provider [prəváidər]	名 供給業者、(インターネットの)接続業者 動 provide (〜を供給する)
0880 one of the most 〜	熟 最も〜の中の一つ ☞ favoriteにはそれ自体に「最も」の意味が含まれるので、(×) most favorite

056 健康

> ここのところ、だらだらと過ごしていたケン。体重計に乗ってみてびっくり！「このままじゃ…マズい」

プラチナフレーズ

MP3 ▶ 072

体がなまっている	be out of shape
体重計に乗る	step on a scale
もっと運動する必要がある	need to exercise more
余分な体重を落とす	lose excess weight
食べるものを気にする	be conscious about what you eat
健康的な食事をとる	have a healthy diet
カロリー摂取量をコントロールする	control calorie intake
甘いものを控える	cut down on sweets
いい姿勢を保つ	maintain proper posture
体が健康な	physically fit

会話

要するに運動不足です。
In short, I have a lack of exercise.

0881 **out of shape**	熟 体調が悪くて (⇔in good shape、fit)
0882 **scale** [skéɪl]	名 はかり、計量器
0883 **exercise** [éksərsàɪz]	動 運動する　名 ①運動　②練習
0884 **excess** [ɪksés]	形 過剰な、余分な　名 過剰、行き過ぎ 動 exceed(〜を超える)　形 excessive(度を越した)　副 exceedingly(とても)
0885 **weight** [wéɪt]	名 重さ、重量、体重 動 weigh(〜の重さである)
0886 **conscious** [kɑ́:nʃəs]	形 意識している、気にしている
0887 **healthy** [hélθi]	形 健康的な、健康によい 名 health(健康)　関 healthful(健康によい)
0888 **diet** [dáɪət]	名 ①(日常の)食事、飲食物　②減食、ダイエット 形 dietary(食事の)
0889 **control** [kəntróʊl]	動 〜を制御する、コントロールする　名 ①制御、支配　②(機械の)操作装置 関 controller(管理者)
0890 **intake** [íntèɪk]	名 (飲食物の)摂取、摂取量
0891 **cut down on**	熟 〈飲食など〉の量を減らす
0892 **proper** [prɑ́pər]	形 適切な、正しい (⇔improper) 副 properly(適切に、きちんと)　名 property(財産、性質)
0893 **posture** [pɑ́:stʃər]	名 姿勢、ポーズ
0894 **physically** [fízɪkəli]	副 ①身体的に、肉体的に　②物理的に 形 physical(身体の、物理の)
0895 **fit** [fít]	形 ①健康で (⇔out of shape)　②ぴったり合う (⇔unfit) 動 (〜に)ぴったり合う
0896 **in short**	熟 要するに、手短かに言うと 関 shorten(〜を短くする)

Chapter 09 休日 1

057 ジム入会

体調管理の必要性を感じたケンは、ジムに通って運動することにしました。「はい。入会でお願いします」

プラチナフレーズ

仕事のあとジムに通う	go to the gym after work
帰りに立ち寄る	stop on his way home
クラブに入会する	enroll in the club
入会の手続き	admission procedure
入会費	entry fee
会員規約	terms and conditions of the membership
その場で会員証を発行する	issue the membership card on the spot
カードの裏に名前を書く	write his name on the reverse side of the card
会員特典	membership privilege
会費の10%が免除だ	exempt from 10% of the membership fee
もうすぐ有効期限が切れる	be about to expire
会員資格を更新する	renew his membership

会話

今ご入会いただくと、入会費が無料です。

If you join our membership program now, the entry fee is waived.

0897 gym
[dʒím]
名 体育館、ジム

0898 on one's way home
熟 帰り道の途中で
関 on one's way to (〜に行く途中で)

0899 enroll
[ɪnróʊl]
動 ①入会する、登録する ②〜を入会させる
名 enrollment (入会)

0900 admission
[ədmíʃən]
名 ①入場(許可)、入会 ②入場料
動 admit (〜の入場を許可する)

0901 entry
[éntri]
名 ①(コンテストなどへの)参加申し込み、参加作品 ②入ること
動 enter ((〜に)入る、参加の申し込みをする)

0902 term
[tə́ːrm]
名 ①[termsで](契約などの)条件 ②期間、任期
☞ terms and conditionsは「取引条件」という意味

0903 condition
[kəndíʃən]
名 ①条件 ②状況、状態
形 conditional (条件付きの) 副 conditionally (条件付きで)

0904 membership
[mémbərʃɪp]
名 ①会員であること、会員の身分 ②会員数

0905 on the spot
熟 ①その場で ②即座に (≒at once, instantly)

0906 reverse
[rɪvə́ːrs]
形 逆の、裏の 動 〜を逆転させる、一変させる

0907 privilege
[prívəlɪdʒ]
名 ①特権、特典 ②恩恵、名誉 (≒honor)
動 〜に特権[特典]を与える

0908 exempt
[ɪgzémpt]
形 免除された 動 〜を免除する
名 exemption (免除)

0909 be about to do
熟 まさに〜しようとしている
☞ be going to doより差し迫った未来を表す

0910 expire
[ɪkspáɪər]
動 終了する、期限が切れる
名 expiration (終了、満期) 例 expiration date (有効期限)

0911 renew
[rɪnjúː]
動 ①〜を更新する、〈本など〉の貸し出し期限を延長する ②〜を新しくする
名 renewal (更新)

0912 waive
[wéɪv]
動 〈権利・請求権など〉を放棄する、〈要求など〉を差し控える
関 waiver (権利放棄(証書))

Chapter 09 休日1

058 ジム

> ジムのさまざまな器具を使って運動です。ストレッチにルームランナー…。運動不足の体にはけっこうこたえます。

プラチナフレーズ

MP3 ▶ 074

運動器具が豊富に備わっている	be equipped with an abundance of exercise machines
最新の機器	state-of-the-art equipment
エアロビクスの指導員	an aerobics instructor
運動着を着る	wear athletic clothing
きつい運動	a strenuous workout
体を鍛える	get in shape
脂肪を燃やす	burn fat
筋肉を増強する	build up his muscle
手足を伸ばす	stretch his limbs
ルームランナーでジョギングする	jog on a treadmill

会話

定期的に運動するのは賢明です。	It is advisable to work out regularly.

0913 **equip** [ɪkwíp]	動 ～を備えつける、装備する (≒outfit)
0914 **abundance** [əbÁndəns]	名 大量、豊富 (≒plenty) 形 abundant (大量の、豊富な) 副 abundantly (大量に、豊富に)
0915 **state-of-the-art** [stéɪtəvðiáːrt]	形 最新技術の、最も進んだ (≒the most advanced、the latest、up-to-date)
0916 **equipment** [ɪkwípmənt]	名 装置、備品
0917 **instructor** [ɪnstrÁktər]	名 指導員、教官 動 instruct (～に指示する) 関 instruction (指示)
0918 **athletic** [æθlétɪk]	形 運動（競技）の ☞ 例 He's very athletic. (彼はとても運動が得意だ) 関 athlete (運動選手)
0919 **strenuous** [strénjuəs]	形〈仕事などが〉きつい、骨の折れる (≒demanding)
0920 **workout** [wÁːrkàʊt]	名 トレーニング、練習 関 work out (運動する)
0921 **in shape**	熟 体調がよい (⇔out of shape) ☞ in good shapeとも言う
0922 **fat** [fæt]	名 脂肪、油脂
0923 **build up**	熟 ①〈体力など〉を増進する、増強する ②～を強める、築く ③～を復興する
0924 **stretch** [strétʃ]	動〈手足など〉を伸ばす (≒outstretch) 関 stretchable (伸縮性のある)
0925 **limb** [lím]	名 肢、手足 (の1本)
0926 **jog** [dʒÁːg]	動 ①ゆっくり走る、ジョギングする ②〈記憶など〉を呼び起こす
0927 **treadmill** [trédmìl]	名 トレッドミル、ルームランナー
0928 **advisable** [ədváɪzəbl]	形 賢明な、当を得た 副 advisably (賢明にも)

059 料理コンテスト

> ケンは料理コンテストに参加しました。「僕の腕なら、優勝だって夢じゃない！」

プラチナフレーズ

MP3 ▶ 075

料理コンテストに参加する	take part in a cooking contest
年に1度のイベント	annual event
定期的に開催される	take place periodically
100人の応募者に達する	amount to 100 applicants
3月20日現在で	as of March 20th
予選	preliminary contest
ユニークなレシピを考案する	invent unique recipes
簡単に手に入る食材	readily available ingredients
栄養バランス	nutritional balance
油を控えめに使う	use fat sparingly
3位に入賞する	win third prize

会話

| 優勝者は後ほどすぐに発表します。 | The winner will be announced immediately afterwards. |

0929 take part in	熟 ～に参加する (≒participate in)
0930 contest [kántest]	名 コンテスト 関 contestant (コンテスト参加者)
0931 annual [ǽnjuəl]	形 年に1度の、年間の 副 annually (年に1度) 関 biannual (年2回の)
0932 take place	熟 行われる、開催される (≒be held)
0933 periodically [pìəriá:dıkəli]	副 定期的に
0934 amount to	熟 (合計) ～に達する
0935 as of	熟 ～現在で
0936 preliminary [prılímənèri]	形 予備の、準備の
0937 invent [ınvént]	動 ～を考案する、発明する 名 invention (発明) 形 inventive (発明の才のある) 関 inventor (発明家)
0938 unique [juní:k]	形 ①ユニークな、珍しい ②独特の、特有の ③素晴らしい、比類のない 副 uniquely (独特に、比類なく)
0939 recipe [résəpi]	名 レシピ、調理法
0940 readily [rédəli]	副 簡単に、手軽に 形 ready (準備のできた)
0941 nutritional [nju:tríʃənl]	形 栄養上の 名 nutrition (栄養) 関 nutritious (栄養価の高い) 関 nutritionist (栄養士)
0942 sparingly [spéərıŋli]	副 控えめに ☞ 「低脂肪の」はlow-fat
0943 prize [práız]	名 賞、賞品、賞金
0944 afterwards [ǽftərwərdz]	副 あとで、後ほど ☞ afterwardともつづる

食材

rice	[ráɪs]	米	
flour	[fláʊər]	小麦粉	
mushroom	[mʌ́ʃruːm]	きのこ	
egg	[ég]	卵	
salt	[sɔ́ːlt]	塩	
sauce	[sɔ́ːs]	ソース	
ketchup	[kétʃəp]	ケチャップ	
mayonnaise	[méɪənèɪz]	マヨネーズ	
sugar	[ʃʊ́gər]	砂糖	
oil	[ɔ́ɪl]	油	形 oily (油の)
pepper	[pépər]	胡椒	
mustard	[mʌ́stərd]	マスタード	
spice	[spáɪs]	スパイス	
honey	[hʌ́ni]	はちみつ	
milk	[mílk]	牛乳	
potato	[pətéɪtoʊ]	じゃが芋	
carrot	[kérət]	にんじん	
eggplant	[égplæ̀nt]	なす	
zucchini	[zu(ː)kíːni]	ズッキーニ	
corn	[kɔ́ːrn]	とうもろこし	
soybean	[sɔ́ɪbìːn]	大豆	関 bean (豆)
pea	[píː]	えんどう	
sesame	[sésəmi]	ごま	

celery	[séləri]	セロリ	
spinach	[spínɪtʃ]	ほうれん草	
parsley	[pá:rsli]	パセリ	
leek	[lí:k]	ねぎ	
onion	[ʌ́njən]	玉ねぎ	
asparagus	[əspérəgəs]	アスパラガス	
garlic	[gá:rlɪk]	にんにく	
meat	[mí:t]	肉	
beef	[bí:f]	牛肉	
pork	[pɔ́:rk]	豚肉	
chicken	[tʃíkɪn]	鶏肉	
lamb	[lǽm]	ラム、仔羊	
sirloin	[sə́:rlɔɪn]	サーロイン	
salmon	[sǽmən]	さけ	
cod	[ká:d]	たら	
tuna	[t(j)ú:nə]	まぐろ	
prawn	[prɔ́:n]	車えび	
clam	[klǽm]	貝	
oyster	[ɔ́ɪstər]	カキ	

060 レンタカー

> レンタカーを借りにやって来たチーフ。車に乗って恋人と一緒にお買いものです。

プラチナフレーズ

MP3 ▶ 077

レンタカー業者	a car rental agent
全国チェーン	national chain
国中のどこでも	anywhere in the country
ずらりと並んだ車	an array of automobiles
さまざまな選択肢	a variety of options
保有車両	a fleet of cars
最新モデルも古いモデルも同様に	latest models and earlier ones alike
隣接する駐車場	an adjoining parking lot
利用者規約を理解したことを確認する	affirm that you have understood the users policy
拘束力のある約束	a binding commitment
特定の車種の車	a certain model of car
客に車を勧める	recommend some cars to the customers

会話

近ごろこの車種が非常に人気です。　This car line is very popular recently.

0945 **rental** [réntl]	形 賃貸の、レンタルの　名 レンタル料 動 rent(〜を賃借りする、賃貸しする)	
0946 **national** [nǽʃənl]	形 ①全国の(⇔local)　②国家の、国民の　名 国民、市民 副 nationally(全国的に)　関 nation(国民、国家)	
0947 **anywhere** [éniwèər]	副 ①どこででも　②[否定文で]どこにも	
0948 **an array of**	熟 ずらりと並んだ〜	
0949 **automobile** [ɔ́:təmoubì:l]	名 自動車(≒car) ☞ 略してautoとも言う	
0950 **option** [ápʃən]	名 ①選択肢(≒choice)　②選択(の自由) 形 optional(任意の)	
0951 **fleet** [flí:t]	名 保有車両、全車両 ☞ 船や飛行機にも使う	
0952 **alike** [əláik]	副 同様に　形 似ている	
0953 **adjoining** [ədʒɔ́iniŋ]	名 隣の、隣り合った	
0954 **affirm** [əfə́:rm]	動 〜であると認める、確認する 名 affirmation(確認)	
0955 **binding** [báindiŋ]	形 拘束力のある　名 (本の)装丁 動 bind(〜を縛る、強制する)	
0956 **commitment** [kəmítmənt]	名 ①約束、誓約　②関与 関 be committed to(〜に取り組む)	
0957 **certain** [sə́:rtn]	形 ①ある、特定の　②確実な 副 certainly(確かに)	
0958 **model** [mádl]	名 ①型、モデル　②ファッションモデル	
0959 **recommend** [rèkəménd]	動 〜を推薦する、勧める 名 recommendation(推薦)	
0960 **recently** [rí:sntli]	副 最近、ついこの間 形 recent(最近の)	

061 家電のチラシ

「大特価！ 最新の機能を搭載したあの音楽プレーヤーを驚きの特別価格にてご提供いたします。ぜひご来店ください！」

プラチナフレーズ

家電販売店	an appliance store
地域で最安値	the lowest price in the region
デジタル音楽の機能	digital music capabilities
画期的で最新式の機能	revolutionary and sophisticated function
ハイテクの研究所で開発された	developed in a high-tech laboratory
最先端技術のおかげで	thanks to cutting-edge technology
スリムで手軽	slim and handy
軽量でコンパクトなデザイン	lightweight and compact design
特許出願中	patent applied for

会話

モデルAとモデルB、それぞれ80ドルと120ドル。

Model A and B are $80 and $120, respectively.

0961 **appliance** [əpláɪəns]	名 電気機器	
0962 **region** [ríːdʒən]	名 地域 (≒area) 形 regional (地域の)	
0963 **digital** [dídʒətl]	形 デジタル式の	
0964 **capability** [kèɪpəbíləti]	名 ①(物質の)性能　②〜できる能力、才能 (≒capacity) 形 capable (〜の能力がある)	
0965 **revolutionary** [rèvəlúːʃənèri]	形 画期的な、革命的な 動 revolutionize (〜を大改革する)　名 revolution (革命)	
0966 **sophisticated** [səfístɪkèɪtɪd]	形 ①〈機械などが〉精巧な、高度な ②〈服装などが〉洗練された、高級な	
0967 **high-tech** [háɪték]	形 高度先端技術の (≒cutting-edge)	
0968 **laboratory** [lǽbərətɔ̀ːri]	名 実験室、研究室 ☞ labと省略した形でもよく用いられる	
0969 **thanks to**	熟 〜のおかげで	
0970 **cutting-edge** [kʌ́tɪŋèdʒ]	形 最先端の (≒high-tech)	
0971 **slim** [slím]	形 薄い、スリムな	
0972 **handy** [hǽndi]	形 手軽な、便利な、手ごろな 名 hand (手)	
0973 **lightweight** [láɪtwèɪt]	形 軽量の	
0974 **compact** [kəmpǽkt]	形 コンパクトな、無駄なスペースのない	
0975 **patent** [pǽtnt]	名 特許(品)　動 〜の特許を取る	
0976 **respectively** [rɪspéktɪvli]	副 それぞれ 形 respective (それぞれの、各自の)	

062 家電量販店

> チラシを見たチーフは家電量販店へとやって来ました。「これどうやって使うの？」「はい、ご説明させていただきます」

プラチナフレーズ

MP3 ▶ 079

器具の使い方を実演する	**demonstrate** the use of equipment
使用法の説明をする	provide explanation of **usage**
使い方を理解する	**figure out** how to use
製品仕様書	product **specifications**
並はずれた顧客サービス	**exceptional** customer service
耐久性のある家電	**durable** appliance
熱と湿度にさらす	**expose** it to heat and **moisture**
かなりの衝撃に耐える	**withstand considerable** shock
完全防水の	**totally waterproof**
使いやすさ	**ease** of use
かなり便利だ	be **pretty useful**

会話

お客様のご満足を第一に考えております。	Your satisfaction is our number one **priority**.

0977 **demonstrate** [démənstrèit]	動 ①〜を実演する ②(実例などで)説明する ③〜を証明する 名 demonstration(実演、デモ、証明)
0978 **usage** [júːsɪdʒ]	名 使用法 動 use(〜を使用する)
0979 **figure out**	熟 〜を理解する、〜がわかる
0980 **specification** [spèsəfɪkéɪʃən]	名 [specificationsで] 仕様書
0981 **exceptional** [ɪksépʃnl]	形 例外的な、特別な 名 exception(例外) 副 exceptionally(例外的に)
0982 **durable** [djúərəbl]	形 耐久性のある、丈夫な 副 durably(丈夫に) 名 durability(耐久性)
0983 **expose** [ɪkspóʊz]	動 〜を(風雨・危険などに)さらす 名 exposure(さらすこと、露出)
0984 **moisture** [mɔ́ɪstʃər]	名 水分、湿度 動 moisturize(〜に湿度を与える、湿らせる)
0985 **withstand** [wɪðstǽnd]	動 〜に耐える
0986 **considerable** [kənsídərəbl]	形 かなりの 動 consider(〜を考慮する) 副 considerably(かなり)
0987 **totally** [tóʊtəli]	副 すっかり、完全に
0988 **waterproof** [wɔ́ːtərprùːf]	形 防水の、耐水の
0989 **ease** [íːz]	名 やさしさ、容易さ 形 easy(やさしい)
0990 **pretty** [príti]	副 かなり(≒fairly) 形 かわいい
0991 **useful** [júːsfl]	形 便利な(≒of use) 名 usefulness(便利さ)
0992 **priority** [praɪɔ́rəti]	名 ①優先事項 ②優先(権)

063 公園

> チーフは恋人と公園にやって来ました。ふたりで音楽を聴きながらいい雰囲気に…。「実は大事な話があるんだ…」

プラチナフレーズ

MP3 ▶ 080

近所の公園	a nearby park
大都市圏に	in the metro area
典型的な週末	typical weekend
水飲み器	a drinking fountain
犬を散歩させる	walk a dog
しゃがんで犬にえさをやる	crouch and feed his dog
犬をリードにつないでおく	keep his dog on a leash
公園に続く小道	a path leading to a park
屋外でランチをとる	have lunch outdoors
木の後ろに隠れる	hide behind trees
携帯用音楽プレーヤー	a portable music player
似顔絵を描く	make a portrait
フリマを開く	hold a flea market

会話

もしあした天気がよければ公園を散歩しませんか。

Shall we go for a walk in the park, if the weather is pleasant tomorrow?

0993	**nearby** [nìərbái]	形 近くの　副 近くに
0994	**metro** [métrou]	形 主要都市圏の 関 metropolitan（大都市の）
0995	**typical** [típɪkl]	形 ①典型的な、代表的な　②特有の 副 typically（典型的に、概して）
0996	**fountain** [fáʊntn]	名 噴水、泉
0997	**walk** [wɔ́:k]	動 ～を散歩させる　名 ①歩いた距離　②散歩 ☞ 特に「歩く」以外の意味を覚えておこう
0998	**crouch** [kráʊtʃ]	動 しゃがむ、うずくまる
0999	**feed** [fí:d]	動 ～にえさをやる、～を養う　名 えさ
1000	**leash** [lí:ʃ]	名 (動物をつなぐ)リード、ひも、鎖
1001	**path** [pǽθ]	名 小道 (≒pathway)
1002	**lead to**	熟 ①～につながる　②～を引き起こす
1003	**outdoors** [àʊtdɔ́:rz]	副 屋外で、戸外で (⇔indoors)
1004	**hide** [háɪd]	動 ①隠れる　②～を隠す
1005	**portable** [pɔ́:rtəbl]	形 持ち運びのできる、携帯用の
1006	**portrait** [pɔ́:rtrət]	名 肖像(画) 関 portray（～を表現する、描写する）
1007	**flea market**	名 フリーマーケット、のみの市
1008	**pleasant** [pléznt]	形 ①天気のよい　②心地のよい 関 pleased（喜んだ、うれしい）　名 pleasure（喜び）

064 結婚

ハッピー・ウェディング！ ついにこの日を迎えたふたりを家族、友人、同僚たちが温かく祝福しています。本当におめでとう！

プラチナフレーズ

MP3 ▶ 081

結婚式に出席する	attend a wedding ceremony
特別なときの礼服	formal attire for special occasions
カップルに花束を贈る	present a flower bouquet to the couple
生涯の伴侶を見つける	find a spouse
南の島へ行く	go to a southern island
ハネムーンで	on their honeymoon
妊娠して産休に入る	become pregnant and go on maternity leave
彼らの記念日を祝う	celebrate their anniversary
子どもの服を作る	make infant garments
安定した収入	stable income
家族での外出	family outings

会話

末永くお幸せに。

I wish you happiness for many years to come.

1009	**wedding** [wédɪŋ]	名 結婚式 関 newlywed（新婚者）
1010	**attire** [ətáɪər]	名 （儀式などの）衣装
1011	**occasion** [əkéɪʒən]	名 ①場合、(特定の)時、機会（≒case） ②(特別な)出来事、行事 形 occasional（時折の） 副 occasionally（時折）
1012	**bouquet** [boʊkéɪ]	名 花束
1013	**couple** [kʌ́pl]	名 男女のカップル、夫婦
1014	**spouse** [spáʊs]	名 配偶者 関 husband（夫） 関 wife（妻）
1015	**island** [áɪlənd]	名 島
1016	**honeymoon** [hʌ́nimuːn]	名 ハネムーン、新婚旅行
1017	**pregnant** [prégnənt]	形 妊娠した 名 pregnancy（妊娠）
1018	**maternity** [mətə́ːrnəti]	形 妊婦の
1019	**anniversary** [æ̀nəvə́ːrsəri]	名 記念日、〜周年記念
1020	**infant** [ínfənt]	名 幼児、乳児
1021	**garment** [gɑ́ːrmənt]	名 衣服
1022	**stable** [stéɪbl]	形 安定した（⇔unstable） 名 stability（安定）
1023	**outing** [áʊtɪŋ]	名 外出、お出かけ、遠足 例 company outings（社員旅行）
1024	**for 〜 years to come**	熟 この先〜年間

065 市役所

> 転居届に婚姻届…。市役所には人生の転機を迎えた人々が今日もやって来ています。

プラチナフレーズ

MP3 ▶ 082

転居届を出す	submit the address change notification
婚姻届け	marriage registration
市政	municipal government
市議会議員	city council members
市長に選ばれる	be elected as mayor
公務員	civil servant
法の実施機関	law enforcement agencies
共同体全体の利害	the interest of the community as a whole
さまざまなサービスを提供する	provide various services
サービスの受益者	service beneficiary
税を課す	impose a tax

会話

この用紙に記入していただけますか。 Would you mind filling out this form?

1025	**notification** [nòʊtəfɪkéɪʃən]	名 通知、届け 動 notify(〜を知らせる)
1026	**marriage** [mérɪdʒ]	名 結婚 動 marry(〜と結婚する)　形 married(結婚した)
1027	**municipal** [mjuːnísəpl]	形 市の、市営の、地方自治体の 名 municipality(地方自治体)
1028	**government** [gʌ́vərnmənt]	名 政府 形 governmental(政府の)　動 govern(〜を統治する)　関 governor(州知事)
1029	**council** [káʊnsl]	名 (地方)議会 関 parliament(国会、議会)
1030	**elect** [ɪlékt]	動 (選挙で)〜を選ぶ 名 election(選挙)
1031	**mayor** [méɪər]	名 市長、町長 形 mayoral(市長の)
1032	**civil** [sívl]	形 ①国家の、政府の　②国内の(⇔foreign)
1033	**servant** [sə́ːrvnt]	名 ①公務員　②召使、使用人(⇔master)
1034	**enforcement** [ɪnfɔ́ːrsmənt]	名 施行、実施 動 enforce(〜を施行する)
1035	**community** [kəmjúːnəti]	名 共同体
1036	**as a whole**	熟 全体として
1037	**service** [sə́ːrvəs]	名 ①サービス、業務　②接客　③点検、修理 動 serve(〈食べ物〉を出す)
1038	**beneficiary** [bènəfíʃièri]	名 受益者
1039	**impose** [ɪmpóʊz]	動 〜を課す 名 imposition(課すこと)
1040	**mind** [máɪnd]	動 (〜を)気にする、いやだと思う 名 ①意見　②心、精神(⇔body)

Chapter 09

休日1

ジャンル別ボキャブラリー

人・性格

relative	[rélətɪv]	親族	
ancestor	[ǽnsestər]	祖先	
grandparent	[grǽnpèərənt]	祖父母	
grandson	[grǽnsʌn]	孫息子	
granddaughter	[grǽndɔ̀:tər]	孫娘	
sibling	[síblɪŋ]	兄弟	
cousin	[kʌ́zn]	いとこ	
nephew	[néfju:]	おい	
niece	[ní:s]	めい	
father-in-law	[fá:ðərɪnlɔ̀:]	義父	関 mother-in-law（義母）
newborn	[n(j)ú:bɔ́:rn]	新生児	
twin	[twín]	双子	
youngster	[jʌ́ŋstər]	子供、若者	
generation	[dʒènəréɪʃən]	世代	
witty	[wíti]	機知のある	名 wit（機知）
wise	[wáɪz]	賢い	名 wisdom（知恵）
wealthy	[wélθi]	裕福な	名 wealth（富）
poor	[púər]	貧しい	副 poorly（貧しく、下手に）
weak	[wí:k]	弱い	動 weaken（弱める）
timid	[tímɪd]	臆病な	
stubborn	[stʌ́bərn]	がんこな	類 obstinate
passionate	[pǽʃənət]	情熱的な	名 passion（情熱）
considerate	[kənsídərət]	思いやりのある	considerable（かなりの）と混同しないように

ジャンル別ボキャブラリー

MP3 ▶ 083

prudent	[prú:dənt]	用心深い	
humble	[hámbl]	謙虚な	
reserved	[rɪzə́:rvd]	控えめな	
calm	[ká:m]	落ち着いた	例 in a calm manner（冷静に、穏やかに）
rude	[rú:d]	無作法な	

ワンポイントアドバイス

reserved（控えめな）の関連語にreservationという名詞があります。「予約」という意味で知っている人は多いと思いますが「差し控えること、遠慮すること」という意味も押さえておきましょう。また、reservationsという複数形になると「懸念、不安」という意味で使われることがあります。

066 ニュース・新聞

ジョージは自宅で新聞を読んでいます。「さてと、世界の経済情勢はどうなっているのかな？」

プラチナフレーズ

MP3 ▶ 084

毎日話題のトピックについて伝える	inform of controversial topics every day
主に通信社による情報	information mainly from news agencies
匿名の情報源	anonymous source
連載コラム	serial column
一連の事故	a series of incidents
自然災害	natural disasters
経済の現状	current state of the economy
両国間の微妙な問題	a delicate issue between the two countries
公共交通機関の混乱	public transportation disruption
記事の一節	a passage in an article

会話

フランスの有名女優リンダがアメリカの映画に出演する予定だという。

Linda, a famous French actress, will allegedly appear in an American movie.

1041 controversial [kàntrəvə́ːrʃəl]	形 意見の分かれる
1042 mainly [méɪnli]	副 主に (≒chiefly、largely) 形 main (主な)
1043 anonymous [ənɑ́:nəməs]	形 匿名の 副 anonymously (匿名で)
1044 source [sɔ́ːrs]	名 ①(情報の)出所　②源
1045 serial [síəriəl]	形 連載の、続き物の
1046 column [kɑ́:ləm]	名 コラム 関 columnist (コラムニスト)
1047 a series of	熟 一連の
1048 incident [ínsədənt]	名 出来事 形 incidental (偶発的な)　副 incidentally (偶発的に)
1049 disaster [dɪzǽstər]	名 災害 関 flood (洪水)　関 drought (日照り)　関 earthquake (地震)
1050 state [stéɪt]	名 ①状態　②(米国などの)州　動 〜を明確に述べる 名 statement (報告書、声明)
1051 economy [ɪkɑ́:nəmi]	名 経済 形 economic (経済の)　形 economical (経済的な、節約する)
1052 delicate [délɪkət]	形 ①〈問題などが〉微妙な、扱いにくい　②壊れやすい (≒fragile) ③優美な、繊細な
1053 disruption [dɪsrʌ́pʃən]	名 混乱、中断 動 disrupt (〜を混乱させる)　形 disruptive (混乱させる)
1054 passage [pǽsɪdʒ]	名 ①(文章などの)一節　②通行
1055 article [ɑ́:rtɪkl]	名 ①記事　②品物　③(契約などの)項目、条項
1056 allegedly [əlédʒɪdli]	副 伝えられるところでは (≒reportedly) 動 allege (主張する)　名 allegation (主張、陳述)

067 車の手入れ

ジョージは車の手入れを始めました。「あれをこうして、これをああして…」。そこにたまたま通りかかったチーフ。「あれ？ ジョージさんって車好きなんだ…」

プラチナフレーズ

MP3 ▶ 085

車の手入れをする	maintain his car
車の上にかがむ	bend over the car
地面にひざをつく	kneel on the ground
ボンネットを開ける	open the hood of the car
棚から工具を取る	get a tool from the shelf
車のエンジンを分解修理する	overhaul the car engine
ワイヤーを円状に巻く	coil wire in a circle
車のフロントガラス	the windshield of the vehicle
車の付属品	car accessories
ナンバープレートを取りはずす	detach its license plate
車の部品を組み立てる	assemble auto parts

会話

お邪魔してすみませんが、車がお好きなんですか。

Sorry to bother you, but are you a car lover?

#	見出し	意味
1057	**maintain** [meɪntéɪn]	動 ①〜を維持する、継続する ②〜を保守する 名 maintenance（メンテナンス、維持）
1058	**bend** [bénd]	動 ①かがむ ②（〜を）曲げる
1059	**kneel** [níːl]	動 ひざまずく、ひざを曲げる ☞ 発音に注意 関 knee（ひざ）
1060	**hood** [húd]	名 （車の）ボンネット
1061	**shelf** [ʃélf]	名 棚 ☞ 複数形はshelves
1062	**overhaul** [òʊvərhɔ́ːl]	動 〜を整備する、精査する、徹底的に見直す 名 整備、点検
1063	**coil** [kɔ́ɪl]	動 〜をぐるぐる巻く、輪状にする
1064	**circle** [sə́ːrkl]	名 ①円、輪 ②仲間、団体　動 〜に丸を付ける
1065	**windshield** [wíndʃìːld]	名 （車の）フロントガラス
1066	**vehicle** [víːəkl]	名 車、乗り物 ☞ 発音に注意 関 automotive（自動車の）
1067	**accessory** [əksésəri]	名 ①付属品、関連用品 ②装飾品、アクセサリー
1068	**detach** [dɪtǽtʃ]	動 〜を取りはずす、引き離す（⇔attach）
1068	**license plate**	名 （車の）ナンバープレート
1069	**assemble** [əsémbl]	動 ①〈機械など〉を組み立てる（⇔disassemble） ②〈データなど〉を集める ③〈人が〉集まる（≒gather） 名 assembly（組み立て）　例 assembly line（組み立てライン）
1070	**part** [pάːrt]	名 ①部品 ②部分 形 partial（部分的な）　副 partially（部分的に）
1072	**bother** [bάːðər]	動 〜を困らせる、〜の邪魔をする

ジャンル別ボキャブラリー

車・バイク・自転車

rear seat		後部座席	
front seat		前の席	
steering wheel		ハンドル	
accelerator	[əksélərèɪtər]	アクセル	動 accelerate（〜を加速する）
brake	[bréɪk]	ブレーキ	
gear	[gíər]	ギア	
gauge	[géɪdʒ]	計器	「〜の大きさを測定する」という意味もある
navigation system		カーナビ	関 navigate（〜を操縦する）
radiator	[réɪdièɪtər]	ラジエータ	
engine	[éndʒən]	エンジン	
motor	[móʊtər]	モーター	
wiper	[wáɪpər]	ワイパー	動 wipe（〜を拭く）
mirror	[mírər]	鏡、ミラー	
headlight	[hédlàɪt]	ヘッドライト	
trunk	[trʌ́ŋk]	トランク	
motorcycle	[móʊtərsàɪkl]	オートバイ	類 motorbike
scooter	[skúːtər]	スクーター	
exhaust	[ɪgzɔ́ːst]	排気、排ガス	
tire	[táɪər]	タイヤ	
bicycle	[báɪsəkl]	自転車	類 bike
pedal	[pédl]	ペダル	
bell	[bél]	ベル	
chain	[tʃéɪn]	チェーン	

| **reflector** | [rɪfléktər] | 反射板 | |
| **cycling** | [sáɪklɪŋ] | サイクリング | |

ワンポイントアドバイス

乗り物が写っている写真がPart 1では多数登場します。「普通そのような表現は、わざわざしないはず」と思われるようなものが正解になることもあります。
(例) Some baskets are mounted on a motorcycle.
　　 (いくつかのカゴがオートバイの上に取り付けてある)

出題パターンチェック

休日に関連する場面(その1)です。

【Part 1】
- テーブルでトランプをしている人たちがいる

【Part 2】
- 「親戚をどのくらいの頻度で訪ねますか」→「毎月訪ねています」

> A : Ryan, how often do you visit your relatives?
> B : Once a month.
> A : Ryan、親戚をどのくらいの頻度で訪ねますか。
> B : 月に1回です。

- 「あなたの部下はまだ休暇中ですか」→「来週の水曜日まで休みです」
- 「Johnは私たちと一緒にコンサートに行きたがっているようです」
  →「では、彼の分のチケットも手配しておきましょう」

【Part 3】
- 国際会議で海外に滞在中、束の間の休暇中に参加可能な日帰りツアーがあるかどうかの問い合わせ

【Part 5】
- その登山電車には、限られた人数しか乗車することができない
- 新しくオープンしたそのフィットネスセンターには、最新の設備が備わっている

> TOEICではときどき、フィットネスセンターに関する話題が登場します。設備やスタッフの充実をアピールし、新規入会者には入会費もしくは入会月の会費が無料となる特典があるという宣伝文句がよく見受けられます。社内にスポーツクラブがあるような、福利厚生が充実している企業が登場することもあります。

- 来週行われる毎年恒例のイベントには、例年を上回る出店数が見込まれている

【Part 7】
- 休暇用に部屋を借りようとしている人の問い合わせに対する返信メールと、部屋の使用後の感想や今後も利用したい旨を伝える内容のメール

ワンポイントアドバイス

旅行の手配をする旅行代理店(travel agency)は、リスニングセクション・リーディングセクション問わず頻繁に登場します。出張の手配だけでなく休暇中の旅行手配なども行うので、登場頻度が高いのも当然と言えば当然ですね。

Chapter 10

情報収集

068 情報収集

> ケンは情報収集のために街に繰り出しました。広告業界で働く者として、世の中の流行をチェックするのも大切な仕事です。

プラチナフレーズ

情報を収集する	collect information
最新の流行についていく	keep up with current trends
街をさまよい歩く	wander around the street
にぎやかな通り	a bustling street
商店の立ち並ぶ通り	a street lined with shops
独創的な広告看板	a creative billboard ad
さまざまなファッションスタイル	a variety of fashion styles
人々の行動に注意を払う	pay attention to people's behavior
広い視野を持つ	have a broad vision
流行についての洞察を得る	gain insight into trends

会話

若者に人気の店に少し立ち寄ろう。
Let's stop briefly at the popular shop for young people.

1073	**collect** [kəlékt]	動 ①〜を集める (≒gather) ②〈料金など〉を徴収する ③〈荷物など〉を取りに行く 名 collection (収集物) 形 collective (集合的な) 関 collector (収集家)
1074	**keep up with**	熟 〜に遅れずについていく
1075	**current** [ká:rənt]	形 現在の、最新の (≒present) 副 currently (現在のところ)
1076	**trend** [trénd]	名 ①(服などの)流行 ②傾向、動向
1077	**wander** [wá:ndər]	動 歩き回る、ぶらつく、さまよう
1078	**bustling** [bʌslɪŋ]	形 にぎやかな、騒がしい
1079	**line** [láɪn]	動 〜に沿って並ぶ、並べる 名 ①商品[製品]の型、生産ライン ②列
1080	**creative** [kriéɪtɪv]	形 独創的な、想像力に富んだ 名 creativity (創造力) 副 creatively (独創的に)
1081	**billboard** [bílbɔ̀:rd]	名 広告板、掲示板
1082	**fashion** [fǽʃən]	名 流行、流行のもの(特に服装)
1083	**pay attention to**	熟 〜に注意を払う (≒attend to)
1084	**behavior** [bɪhéɪvjər]	名 振る舞い、行動 動 behave (振る舞う)
1085	**broad** [brɔ́:d]	形 ①(範囲の)広い ②(幅の)広い (≒wide ⇔narrow) 動 broaden (〜を広げる)
1086	**vision** [víʒən]	名 ①視力、視界、視野 ②展望、未来図 形 visual (視覚の)
1087	**insight** [ínsàɪt]	名 洞察(力)、見識 形 insightful (洞察力に満ちた)
1088	**briefly** [brí:fli]	副 ①少しの間、しばらく ②簡潔に、手短に 形 brief (短時間の、簡潔な)

Chapter 10 情報収集

069 展示会

> 広告業界の展示会にやって来たケンたち。ブースを回ってさまざまな話を聞いていきます。

プラチナフレーズ

展示会を訪れる	visit a trade fair
コンベンションセンター	a convention center
巨大な会場	a huge venue
ビジネス博覧会	a business expo
名札を付ける	put on a name tag
小冊子を配る	pass out flyers
資料集を受け取る	receive an information packet
ブースを設置する	set up booths
さまざまな種類の商品を展示する	showcase different types of items
多言語で書かれたパンフレット	a multilingual pamphlet
展示を解体する	dismantle exhibits

会話

ご来場には公共交通機関をご利用ください。

Visitors are encouraged to use public transportation.

1089 **trade** [tréɪd]	名 ①貿易 ②商売、〜業　動 〜を取引する、交換する 関 trader（貿易業者、商人）
1090 **fair** [féər]	名 見本市、展示会（≒convention）　形 公正な、公平な 名 fairness（公正）
1091 **convention** [kənvénʃən]	名 ①大会、総会（≒conference）　②慣習、因習（≒custom） 形 conventional（慣例的な、伝統的な）
1092 **huge** [hjúːdʒ]	形 巨大な、莫大な（≒enormous ⇔tiny）
1093 **venue** [vénjuː]	名 開催地、会場
1094 **expo** [ékspoʊ]	名 博覧会（≒trade fair）
1095 **name tag**	名 名札
1096 **pass out**	熟 〜を配る、分配する（≒hand out）
1097 **flyer** [fláɪər]	名 ちらし、ビラ、小冊子
1098 **packet** [pǽkət]	名 ①書類一式　②小さな束、ひとまとまりのもの　③小包
1099 **booth** [búːθ]	名 （展示会場などの）ブース
1100 **showcase** [ʃóʊkèɪs]	動 〜を展示する　名 展示
1101 **multilingual** [mʌltilíŋgwəl]	形 多言語使用の　名 多言語使用者 関 bilingual（2カ国語使用者）　関 trilingual（3カ国語使用者）
1102 **pamphlet** [pǽmflət]	名 パンフレット、小冊子（≒booklet）
1103 **dismantle** [dɪsmǽntl]	動 ①〈設備など〉を取り除く、解体する（≒take apart） ②〈機械など〉を分解する
1104 **encourage** [ɪnkə́ːrɪdʒ]	動 〜を促進する、奨励する 名 encouragement（奨励）

Chapter 10　情報収集

070 パネルディスカッション

> ケンたちは公開討論会に参加することにしました。広告業界の第一人者による貴重な話に刺激を受けている様子です。

プラチナフレーズ

公開討論会を開く	hold a forum
パネルディスカッションを行う	organize a panel discussion
話し合いのテーマ	the theme of the discussion
イベントの責任者	the event coordinator
話し合いの進行役を務める	moderate the discussion
時間表を厳守する	adhere to a timetable
その分野の第一人者	a leading expert in the field
貴賓	a distinguished guest
基調演説者	the keynote speaker
大きな拍手を送る	applaud loudly

会話

「パネルディスカッションは午後4時に始まるのよね?」
「僕の知る限りではね」

"The panel discussion starts at 4 P.M., doesn't it?"
"As far as I know."

1105 forum
[fɔ́:rəm]
名 公開討論(会)

1106 organize
[ɔ́:rgənàɪz]
動 ①〜を計画する、準備する ②〜を組織する ③〜を整理する
名 organization(組織) 形 organizational(組織の) 関 organizer(主催者)

1107 panel
[pǽnl]
名 ①(審査員などの)一団、委員会 ②パネル、羽目板
関 symposium(シンポジウム)

1108 theme
[θí:m]
名 主題、テーマ (≒subject)

1109 coordinator
[kouɔ́:rdənèɪtər]
名 責任者、まとめ役
動 coordinate(〜を調整する、取りまとめる) 名 coordination(調整)

1110 moderate
[動 má:dəreɪt 形 má:dərət]
動〈会議など〉の司会をする (≒chair) 形 適度の、手ごろな (⇔excessive)
副 moderately(適度に)

1111 adhere
[ædhíər]
動 固守する、厳守する

1112 leading
[lí:dɪŋ]
形 先頭に立つ、一流の (≒foremost)
☞ 例 leading company(一流企業) 動 lead(〜を導く、率いる)

1113 expert
[ékspə:rt]
名 専門家、プロ、第一人者 形 熟達した
関 expertise(専門知識)

1114 field
[fí:ld]
名 ①(研究などの)分野、領域 (≒area) ②競技場、フィールド

1115 distinguished
[dɪstíŋgwɪʃt]
形 ①すぐれた、有名な ②気品のある
動 distinguish(〜を区別する)

1116 guest
[gést]
名 (招待された)客、ゲスト

1117 keynote
[kí:nòut]
名 基調、主眼

1118 applaud
[əplɔ́:d]
動 (〜を)拍手して称賛する、支持する
名 applause(拍手、称賛)

1119 loudly
[láʊdli]
副 ①大声で ②熱心に
☞ 例 speak loudly(大きな声で話す) 形 loud(〈声などが〉大きい)

1120 as far as
熟 〜の及ぶ限りでは、〜に関する限りでは
関 as long as(〜さえすれば、〜する限りは)

071 情報交換

> いろいろな会社の人とさまざまな交流を持つことは、ビジネスの可能性を広げるためにも大切です。

プラチナフレーズ

MP3▶090

新しい知り合いをつくる	make some new acquaintances
他社とネットワークを築く	establish a network with other companies
個人や組織と協力関係を結ぶ	form a partnership with individuals and organizations
2社の提携	alliance of the two companies
信頼関係	a relationship of mutual trust
協力関係を強化する	bolster a cooperative relationship
野心のある起業家	an aspiring entrepreneur
業界のパイオニア	pioneer in the industry
影響力のある人物	an influential person
広いネットワークを持つ	have an extensive network
政治家に広いコネがある	have broad connections with politicians

会話

「一緒にお昼をどうですか」
「ありがとうございます。喜んで」

"Why don't we have lunch together?"
"Thank you. I'd love to."

1121
acquaintance
[əkwéɪntəns]

名 知り合い、知人
☞ 〈acquaint A with B〉(AをBに分からせる)

1122
establish
[ɪstǽblɪʃ]

動 ①〜を築く、確立する　②〜を設立する、創立する (≒set up)
名 establishment (設立、確立、施設)　形 established (認められた)

1123
network
[nétwə̀ːrk]

名 ネットワーク

1124
partnership
[páːrtnərʃɪp]

名 協力関係、提携
関 partner (仲間)　例 partner with (〜と手を結ぶ、手を組む)

1125
alliance
[əláɪəns]

名 提携

1126
mutual
[mjúːtʃuəl]

形 相互の
副 mutually (相互に)

1127
bolster
[bóʊlstər]

動 〜を強化する、支持する (≒strengthen、intensify)

1128
cooperative
[koʊá:pərətɪv]

形 協同の、協力的な
動 cooperate (協力する)　名 cooperation (協力)

1129
aspiring
[əspáɪərɪŋ]

形 野心に燃える、意欲的な
動 aspire (熱望する)　名 aspiration (野心、切望)

1130
entrepreneur
[à:ntrəprəná:r]

名 起業家、アントレプレナー
関 entrepreneurship (起業家であること)

1131
pioneer
[pàɪəníər]

名 パイオニア、先駆者　動 〜の先駆けとなる

1132
influential
[ɪnfluénʃəl]

形 影響力のある、勢力のある
名 influence (影響)

1133
extensive
[eksténsɪv]

形 ①広範囲にわたる (⇔intensive)　②大規模な
動 extend (〜を延長する)　副 extensively (広範囲に、大規模に)

1134
connection
[kənékʃən]

名 ①コネ、関係、つながり　②接続　③(交通機関の)接続、連絡
動 connect (〜を接続する)

1135
politician
[pà:lətíʃən]

名 政治家
関 political (政治の)　関 politics (政治)

1136
I'd love to.

会 ぜひそうしたいです。

ジャンル別ボキャブラリー

政治

senator	[sénətər]	上院議員	
senate	[sénət]	議会、上院	
rally	[rǽli]	(政党などの)集会、会合	
ministry	[mínəstri]	省	
legislator	[lédʒɪslèɪtər]	国会議員	名 legislation（法律）
federation	[fèdəréɪʃən]	連邦、連合、連盟	形 federal（連邦の）
constitution	[kɑ̀:nstət(j)úːʃən]	憲法	動 constitute（〜を構成する）
ballot	[bǽlət]	投票	
tax break		減税	
city council		市議会	
county	[káʊnti]	郡	

本

anthology	[ænθɑ́:lədʒi]	アンソロジー	
essay	[éseɪ]	エッセイ	
novel	[nɑ́:vl]	小説	
fiction	[fíkʃən]	フィクション	
poetry	[póʊətri]	詩	
drama	[drɑ́:mə]	戯曲	
book review		書評	
song lyrics		歌詞	
picture book		絵本	
chronicle	[krɑ́:nɪkl]	年代記、物語	

ジャンル別ボキャブラリー

MP3 ▶ 091

memoir	[mémwɑːr]	回想録	関 memorabilia（思い出となる品物・出来事）
adventure book		冒険もの	
handbook	[hǽndbùk]	ハンドブック	
guidebook	[gáɪdbùk]	ガイドブック	関 guided tour（ガイドツアー）
index	[índeks]	索引	
title	[táɪtl]	タイトル	
bibliography	[bìbliáːgrəfi]	図書目録	
tragedy	[trǽdʒədi]	悲劇	
comedy	[káːmədi]	喜劇	
bestseller	[béstsélər]	ベストセラー	形 bestselling（ベストセラーの）

072 書店

書店も情報の宝庫。古典から最新の雑誌まで、さまざまな情報が手に入ります。

プラチナフレーズ

書店に立ち寄る	drop by a bookstore
書店で売られている出版物	publications on sale at a bookstore
最近発売された本	newly released book
『デザインの未来』というタイトルの本	a book entitled "the future of design"
その本の決定版	definitive edition of the book
その本からの抜粋	excerpt from the book
本同様、新聞も	newspaper as well as books
雑誌を拾い読みする	browse through a magazine
雑誌を定期購読する	subscribe to a magazine
熱心な読者	avid readers
創刊号	inaugural issue

会話

「どのくらいの頻度で本屋に行きますか」
「週に2回です」

"How often do you go to bookstores?"
"Twice a week."

1137 **drop by**	熟 ～にちょっと立ち寄る	
1138 **publication** [pÀbləkéɪʃən]	名 出版(物) 動 publish(～を出版する)	
1139 **on sale**	熟 ①(商品が)販売されて ②特価で	
1140 **newly** [njúːli]	副 最近、新しく	
1141 **release** [rɪlíːs]	動 ①～を発売する ②～を公表する、公開する 名 発売、公開	
1142 **entitle** [ɪntáɪtl]	動 ①〈本など〉に題名をつける ②〈人〉に権利を与える ☞ 例 be entitled to(～の資格がある) toの後は動詞の原形もしくは名詞(句)	
1143 **definitive** [dɪfínətɪv]	形 決定的な、最終的な	
1144 **edition** [ɪdíʃən]	名 版 動 edit(～を編集する)	
1145 **excerpt** [éksəːrpt]	名 抜粋	
1146 **A as well as B**	熟 Bと同様Aも	
1147 **browse** [bráʊz]	動 ①(商品を)見て回る、(本などを)拾い読みする ②(コンピュータで)〈ファイルなど〉を見る ☞ 発音に注意	
1148 **magazine** [mæɡəzìːn, mæɡəzíːn]	名 ①雑誌 ②(テレビ・ラジオの)総合番組	
1149 **subscribe** [səbskráɪb]	動 定期購読する 名 subscription(定期購読) 関 subscriber(購読者)	
1150 **avid** [ǽvɪd]	形 熱心な(≒eager)	
1151 **inaugural** [ɪnɔ́ːɡjərəl]	形 開始の、創立の 動 inaugurate(～を開始する) 名 inauguration(開始、発足)	
1152 **How often ～?**	会 どのくらいの頻度で～しますか。	

Chapter 10 情報収集

出題パターンチェック

情報収集に関連する場面です。

【Part 2】
- 「研究所はどこにありますか」→「郊外にあります」
- 「Rodrigues教授の講義に参加するといいですよ」
  →「そうしたいのですが、すでにクライアントとの先約があります」
- 「あの靴はお店で購入しましたか、それともオンラインで購入したのですか」
  →「実は知人からの贈り物です」
- 「その新聞を読んでもいいですか、それともまだ読んでいますか」
  →「ほとんど読み終えたので持って行ってもいいですよ」

【Part 3】
- 著名な作家の新刊が発売されたため書店に購入に出かけたが、売り切れていたため書店員が同じ作家の別の本を薦める際の会話。客は知人へのプレゼント用なので今すぐ手に入れたいと言っているため、代わりになりそうなものを書店員が見つくろっている
- 客が画廊に絵を購入しに来たが、客の気に入った絵はまだ展示中なのでその場では買って持ち帰ることができないと案内係が応答している

【Part 5】
- Tobias社が開催しているワークショップでは、小資本で効果的に事業を立ち上げる方法をお伝えしています
- 本の批評家であるEinsteinがテレビでこの本を絶賛して以来、売り上げが飛躍的に伸び続けている

【Part 7】
- アパレル会社が見本市を企画し、展示やワークショップ、ファッションショーのスケジュールの詳細を伝えるメモ

> **設問と正解の例**
>
> What is the purpose of the trade show?（この見本市の目的は何ですか）
> → To provide information on the company（その会社に関する情報を提供する）
>
> Where will the workshop be held?（ワークショップはどこで行われますか）
> → In the meeting room 19B（会議室19Bで）

Chapter 11

経営

073 商品開発

ここは食品メーカー・ポーラーベア社。ラボでは新しいアイスの研究・開発が行われています。「人々の心を捉えるアイスとは…」

プラチナフレーズ

MP3 ▶ 093

アイスクリームメーカー	an ice cream manufacturer
新しいアイスクリームを開発する	develop a new ice cream
アイスクリームの試作品	prototype of ice cream
絶えず製品を改良する	constantly improve their products
繰り返し実験を行う	repeatedly conduct experiments
味覚テスト	the taste test
商品の質を調べる	investigate the quality of products
質を犠牲にすることなく	without sacrificing quality
豊かな風味と香り	rich flavor and aroma
化学添加物	chemical additive
果実から汁を抽出する	extract juice from fruits
味を引き立たせる	complement the taste
どの味が一番いいか決める	determine which flavor is the best

会話

味に関して言えば完璧です。　　It's perfect when it comes to taste.

1153 manufacturer
[mæ̀njəfǽktʃərər]
名 製造業者、メーカー
動 manufacture（〜を製造する）

1154 develop
[dɪvéləp]
動 ①（〜を）開発する　②〜を発達させる、発展させる
名 development（開発、発達）　関 developer（宅地造成業者、開発者）

1155 prototype
[próʊtoʊtàɪp]
名 ①試作品　②（〜の）原型

1156 improve
[ɪmprúːv]
動 ①〜を改良する、向上させる（≒upgrade, innovate, advance）　②よくなる
名 improvement（改善、向上）

1157 repeatedly
[rɪpíːtɪdli]
副 繰り返して、しばしば
動 repeat（〜を繰り返す）　名 repetition（反復）　形 repetitive（繰り返しの）

1158 experiment
[名 ɪkspérəmənt　動 ɪkspérəmènt]
名 実験、試み　動 実験する
形 experimental（実験の）

1159 test
[tést]
名 テスト、検査、試験　動 〜を検査する、試験する、試す

1160 investigate
[ɪnvéstəgèɪt]
動 〜を（詳しく）調べる、調査する、研究する（≒examine）
名 investigation（調査）　関 investigator（調査者）

1161 sacrifice
[sǽkrəfàɪs]
動 〜を犠牲にする
☞ 「質を犠牲にすることなく」はwithout losing qualityとも言い換えられる

1162 flavor
[fléɪvər]
名 ①風味、味（≒taste）　②おもむき　動 〜に風味をつける
形 flavorful（風味に富む）

1163 chemical
[kémɪkl]
形 化学の、化学製品の　名 化学製品、化学物質
名 chemistry（化学）　関 chemist（化学者）

1164 additive
[ǽdətɪv]
名 添加物

1165 extract
[動 ekstrǽkt　名 ékstrækt]
動 〜を抽出する　名 ①抽出されたもの　②抜粋、引用章句
名 extraction（抽出）　形 extractive（抽出の）

1166 complement
[kɑ́:mpləmènt]
動 〜を補う、引き立たせる

1167 determine
[dɪtə́ːrmən]
動 〜を決定する、判断する
名 determination（決定）

1168 when it comes to
熟 〜に関して言えば

074 営業

営業部の社員たち。懸命の売り込みにもかかわらず、成果はなかなか上がりません。

プラチナフレーズ

業績不振の批判	criticism of poor performance
仕事を課される	be assigned to a task
営業ノルマ	the sales quota
袖をまくり上げる	roll up his sleeves
たくさん汗をかく	sweat a lot
顧客と直接やりとりをする	interact with customers in person
丸一日費やす	spend the whole day
彼らの努力にもかかわらず	despite their efforts
割に合わない	not worth the trouble
彼らの働きに失望する	be disappointed with their performance

会話

「仕事は終わりましたか」
「いいえ、まだです」

"Have you finished your task?"
"No, not yet."

1169	**criticism** [krítəsìzm]	名 批判、非難、批評 / 動 criticize (〜を批判する) 関 critic (酷評する人、評論家)
1170	**performance** [pərfɔ́:rməns]	名 ①(人の)仕事ぶり、(会社などの)業績 ②(劇などの)上演、演技 / 動 perform (〜を遂行する)
1171	**assign** [əsáin]	動 ①〜を課す、割り当てる ②〜を任命する / 名 assignment (割り当てられた任務、仕事)
1172	**task** [tǽsk]	名 (課せられた)仕事 動 〜に仕事を課す
1173	**quota** [kwóutə]	名 ノルマ、割り当て(量)
1174	**roll** [róul]	動 ①〜をまくり上げる、巻く ②(車輪の付いたものを)動かす / 名 巻いたもの
1175	**sweat** [swét]	動 汗をかく 名 汗 (≒perspiration)
1176	**interact** [ìntərǽkt]	動 交流する、相互に作用する / 形 interactive (相互に作用する) 名 interaction (ふれ合い、相互作用)
1177	**in person**	熟 直接、自分で
1178	**spend** [spénd]	動 ①〈時間〉を使う、過ごす ②〈お金〉を使う、費やす / ☞ spend – spent – spentと変化
1179	**despite** [dɪspáit]	前 〜にもかかわらず (≒in spite of) / ☞〈despite+名詞(句)〉の形で使う
1180	**effort** [éfərt]	名 努力
1181	**worth** [wə́:rθ]	形 価値がある 名 価値 / 関 worthy (価値がある) 関 worthwhile (金・労力などをかける価値がある)
1182	**trouble** [trʌ́bl]	名 ①苦労、骨折り ②(機械などの)故障 動 〜に面倒をかける / 関 troublesome (面倒な)
1183	**disappointed** [dìsəpɔ́intid]	形 失望した、がっかりした / 動 disappoint (〜を失望させる) 関 disappointing (失望させる)
1184	**Not yet.**	会 まだです。

075 会計

> 会計は会社の要。お金の出入りをはっきり記し、確認することで、会社が置かれている状態を客観的に知ることができるのです。

プラチナフレーズ　MP3▶095

会社の財務諸表	a company's financial statements
4月30日締めの営業年度	fiscal year ending on April 30
年次の貸借対照表	annual balance sheet
営業収支	business income and expenditure
会社の純資産価値	the company's net asset value
キャッシュフローの問題をかかえる	have cash flow problems
およそ200万ドルの損失	approximately two million dollars of loss
債務を返済する	pay off a debt
収益の一定した下落	a steady drop of revenue
利ざや	profit margin

会話

「また借入を行ったんですか」
「そうするしかなかったんです」

"Did we borrow more money?"
"It was impossible to do otherwise."

Chapter 11 経営

1185 financial statements
名 財務諸表

1186 fiscal [fískl]
形 会計の、財政の

1187 balance sheet
名 バランスシート、賃借対照表

1188 income [ínkʌm]
名 収入、所得
☞ 例 income tax（所得税）

1189 expenditure [ekspéndɪtʃər]
名 支出、費用、経費
動 expend（〜を費やす）

1190 net [nét]
形 正味の　名 純益、正味

1191 asset [ǽset]
名 資産、財産

1192 value [vǽljuː]
名 価値　動 〜を評価する
☞ valued customer（得意先、お得意様）は頻出

1193 cash flow
名 キャッシュフロー、現金収支

1194 approximately [əpráksəmətli]
副 およそ
形 approximate（おおよその）　名 approximation（概算）

1195 debt [dét]
名 ①負債、借金　②恩義
☞ 発音に注意

1196 steady [stédi]
形 ①一定の、安定した　②変わらない、着実な
副 steadily（着実に）

1197 revenue [révənjùː]
名 収入、歳入（⇔expenditure）

1198 profit [práfət]
名 利益（⇔loss）
形 profitable（利益をもたらす）　副 profitably（有益に）

1199 margin [máːrdʒɪn]
名 ①利益、利ざや　②差
☞ 例 by a wide margin（大差で）　形 marginal（取るに足りない）

1200 otherwise [ʌ́ðərwàɪz]
副 ①それ以外の仕方で　②さもなければ

076 経営危機

> 社長と副社長ロバートが頭を抱えて悩んでいます。どうやら財政状態はかなり厳しいようです。

プラチナフレーズ

不況の影響を受ける	be affected by a recession
販売不振に見舞われる	experience stagnant sales
激しい競争の中で	amid intense competition
売上の急激な減少	the sharp decrease in sales
20%減少する	decline by 20 percent
売上の悪化	deteriorating sales
会社の株価の暴落	the collapse of the company's stock price
累積赤字	accumulated deficit
内部監査	internal audit
経営難だ	have financial difficulties
危険なレベルに達する	attain dangerous level

会話

わが社は倒産の瀬戸際にいます。　　Our company is on the verge of bankruptcy.

1201 affect
[əfékt]
動 ～に影響を与える

1202 recession
[rɪséʃən]
名 不景気、不況

1203 stagnant
[stǽgnənt]
形 停滞した、不景気な (slow)

1204 amid
[əmíd]
前 ～の中で、～の真ん中で

1205 intense
[ɪnténs]
形 激しい (≒fierce)

1206 decrease
[名 díːkriːs 動 dìːkríːs]
名 減少 (⇔increase)　動 ①減る (⇔increase)　②～を減らす (⇔increase)
☞ decreaseとincreaseは動詞・名詞とも同形であることを押さえておこう

1207 decline
[dɪkláɪn]
動 ①下落[低下]する (≒fall)　②(～を)断る (⇔accept)　名 下落、減少 (≒decrease)
関 plummet (急落する)　関 plunge (急落する)

1208 deteriorate
[dɪtíəriərèɪt]
動 悪くなる、悪化する

1209 collapse
[kəlǽps]
名 ①(株価などの)暴落　②崩壊　動 崩壊する

1210 accumulate
[əkjúːmjəlèɪt]
動 ～を蓄積する、集める
名 accumulation (蓄積)　関 cumulative (累積した)

1211 deficit
[défəsɪt]
名 不足(額)、赤字 (≒shortage ⇔surplus)

1212 internal
[ɪntə́ːrnl]
形 内部の (⇔external)
副 internally (内部的に)

1213 audit
[ɔ́ːdət]
名 監査

1214 financial
[faɪnǽnʃəl, fənǽnʃəl]
形 財政の、財務の
名 finance (財政、金融)　副 financially (財政的に)

1215 attain
[ətéɪn]
動 ①～に到達する (≒reach)　②～を達成する

1216 on the verge of
熟 ～の寸前で、今にも～しようとして

077 労働紛争

逼迫した経営状況が従業員たちの不満を募らせます。家庭を守るために彼らは会社に対して要求をすることに決めました。

プラチナフレーズ

労働組合	the labor union
スタッフの高い離職率	high staff turnover
近々の給料カット	impending pay cut
ストライキを行う	go on a strike
激しい反対	fierce opposition
彼らの改革を疑う	be skeptical about their reform
ささやかな昇給を要求する	request a modest increase in salary
補足年金	supplementary pension
よりよい職場環境	better workplace environment
社内の育児施設	on-site childcare center
しぶしぶ要求を呑む	approve their requests reluctantly
紛争を解決する	solve the dispute

会話

私たちは現状にまったく満足していません。

We are by no means satisfied with the current situation.

#	単語	発音	品詞	意味
1217	union	[júːnjən]	名	組合
1218	turnover	[tə́ːrnòʊvər]	名	離職率、離職者数
1219	impending	[ɪmpéndɪŋ]	形	差し迫った
1220	strike	[stráɪk]	名	ストライキ
1221	fierce	[fíərs]	形	激しい (≒intense)
1222	skeptical	[sképtɪkl]	形	懐疑的な
1223	reform	[rɪfɔ́ːrm]	名/動	改革、改善／改革する、改善する ☞「(建物を)リフォームする」はremodelやrenovateで表す
1224	modest	[mɑ́ːdəst]	形	控えめな、適度な
1225	supplementary	[sʌ̀pləméntəri]	形/名	補足する、追加の (≒additional) supplement(サプリ、補足、補遺) 関 supplemental(補足の)
1226	workplace	[wə́ːrkplèɪs]	名	職場
1227	on-site	[ɑ̀ːnsáɪt]	形	現場での、現地での、施設での (⇔off-site)
1228	childcare	[tʃáɪldkèər]	形	育児の、保育の
1229	approve	[əprúːv]	動	〜を承認する approval(承認)
1230	reluctantly	[rɪlʌ́ktəntli]	副/形	しぶしぶ、いやいやながら reluctant(いやいやながらの)
1231	dispute	[dɪspjúːt]	名/動	論争、紛争／〜に異議を唱える ☞ discussよりも敵対的なニュアンスがある
1232	by no means		熟	決して〜しない、まったく〜しない

Chapter 11 経営

ジャンル別ボキャブラリー

経営

outsourcing	[áʊtsɔ̀ːrsɪŋ]	外部委託	動 outsource（〜を外注する）
globalization	[glòʊbələzéɪʃən]	国際化、グローバリゼーション	
joint venture		合弁事業	
downsizing	[dáʊnsàɪzɪŋ]	人員削減	動 downsize（〈人員〉を削減する）
reconstruction	[riːkənstrʌ́kʃən]	再建	
liquidation	[lìkwɪdéɪʃən]	清算	
consolidation	[kənsɑ̀ːlədéɪʃən]	合併	
takeover	[téɪkòʊvər]	買収	類 buyout
holding	[hóʊldɪŋ]	債権、不動産	
bad loan		不良債権	
labor dispute		労働紛争	関 strike（ストライキ）
cooperative	[koʊɑ́ːpərətɪv]	協同組合	
bankruptcy	[bǽŋkrʌptsi]	倒産	形 bankrupt（破産した） 例 go bankrupt（破産する）

経理

equity	[ékwəti]	純資産	
inventories	[ínvəntɔ̀riz]	在庫	
income statement		損益計算書	
creditor	[kréditər]	債権者	
cutback	[kʌ́tbæ̀k]	削減	
principal	[prínsəpəl]	元金	
checkbook	[tʃékbùk]	小切手帳	
cash flow statement		キャッシュフロー計算書	
sales	[séɪls]	売上高	
debit	[débət]	借り方	名 debit card（デビットカード）
capital	[kǽpətəl]	資本金	

株

stock exchange		証券取引所	
listed company		上場企業	
institutional investor		機関投資家	
private investor		個人投資家	
stock price		株価	
speculation	[spèkjəléɪʃən]	投機、投資	動 speculate（投資する、予想する）

078 重役会議

この難局をどう乗り越えるのか。重役会議の結果、社長は経営不振の責任をとって辞任。ロバートが新しい社長として陣頭指揮をとることになりました。

プラチナフレーズ

取締役会を招集する	convene the board of directors
経営危機	financial crisis
縮小している市場で	in the shrinking market
会社の業績を上げる	boost the company's financial performance
経営判断を下す	make managerial decisions
重複した役職をなくす	eliminate redundant positions
人員を削減する	slash the workforce
製造を中断する	discontinue production
社長を退任する	step down as president
隠遁することに決める	decide to seclude himself
新社長に任命される	be appointed as new president

会話

会社を救うために、できる限りのことをします。

In order to save the company, I do everything I can do.

1233 convene
[kənvíːn]
動 ～を招集する
関 reconvene(～を再招集する)

1234 board of directors
名 取締役会、重役会議
関 boardroom((重役の)会議室)

1235 crisis
[kráɪsɪs]
名 危機、難局
☞ 複数形はcrises

1236 shrink
[ʃríŋk]
動 縮小する、減少する

1237 market
[máːrkət]
名 市場、マーケット　動 市場に出す
名 marketing(市場戦略、マーケティング)

1238 boost
[búːst]
動 ①～を増やす、上げる　②〈士気など〉を高める
名 後押し

1239 managerial
[mænədʒíəriəl]
形 経営[管理](者)の
☞ managerial experience(経営管理の経験)は頻出

1240 eliminate
[ɪlímənèɪt]
動 ～を除く、除去する(≒exclude)
名 elimination(除去)

1241 redundant
[rɪdʌ́ndənt]
形 余分な、重複した
副 redundantly(重複して)

1242 slash
[slǽʃ]
動 〈予算・価格・人員など〉を大幅に削減する
関 dismiss(～を解雇する)　関 dismissal(解雇)　関 lay off(一時解雇する)

1243 workforce
[wə́ːrkfɔ̀ːrs]
名 労働力、労働人口、人員(≒labor force)

1244 discontinue
[dìskəntínjuː]
動 ～を中止する、中断する(≒halt)

1245 step down
熟 辞職する、退陣する(≒resign)

1246 seclude
[sɪklúːd]
動 ①～を隠遁させる　②～を隔離する

1247 appoint
[əpɔ́ɪnt]
動 ①～を任命する　②～を指定する
名 appointment(任命、約束)

1248 in order to do
熟 ～するために(≒so as to do)

079 プロジェクトチーム

新社長ロバートは、さっそくプロジェクトチームを結成。業績悪化の原因を究明します。どうやら事態の打開には大胆なイメージアップ戦略が必要のようです。

Corporate image!

プラチナフレーズ

MP3 ▶ 100

プロジェクトチームを組む	form a project team
会社の現状を分析する	analyze the company's current situation
問題に気づく	discover the problems
問題の原因を特定する	identify the causes of the problems
問題に取り組む	address the problem
問題を解決する	resolve the problem
解決策を提案する	propose solutions
状況を改善する	remedy the situation
会社を救うための大胆な手段	bold measures to save the company
プロの経営コンサルタント	a professional management consultant
専門家にアドバイスを求める	seek advice from an expert
説得力のある話	persuasive talk

会話

「新プロジェクトはいつ発表になりますか」
「早くても来週です」

"When is the new project announced?"
"Next week at the earliest."

1249	**form** [fɔ́ːrm]	動 ～を形づくる　名 ①(記入)用紙、書式　②形 名 formation(形成、構成)
1250	**analyze** [ǽnəlàɪz]	動 ～を分析する、検討する 名 analysis(分析)　形 analytical(分析の)　関 analyst(分析家)
1251	**situation** [sìtʃuéɪʃən]	名 状況(≒circumstance)
1252	**discover** [dɪskʌ́vər]	動 ①～に気づく、～を見つける(≒find)　②〈未知のもの〉を発見する 名 discovery(発見)
1253	**cause** [kɔ́ːz]	名 原因、理由(⇔effect) 動 ～の原因となる、～を引き起こす
1254	**address** [動 ədrés 名 ǽdres]	動 ～に取り組む、対処する 名 ①あいさつの言葉　②あて先、住所
1255	**resolve** [rɪzɑ́ːlv]	動 ～を解決する 名 resolution(解決、解消)
1256	**propose** [prəpóʊz]	動 ～を提案する 名 proposal(提案、申し込み)
1257	**solution** [səlúːʃən]	名 解決策、解決 ☞ 例 solution to(～の解決法)　動 solve(～を解決する)
1258	**remedy** [rémədi]	動 〈問題など〉を改善する、修正する　名 治療薬
1259	**bold** [bóʊld]	形 大胆な、勇気のある
1260	**management** [mǽnɪdʒmənt]	名 ①管理、経営、取扱い　②経営陣 動 manage(～を管理する、経営する)
1261	**consultant** [kənsʌ́ltənt]	名 相談を受ける人、コンサルタント 動 consult(～に意見を求める)　関 consultancy(コンサルタント業)
1262	**seek** [síːk]	動 ①～を求める(≒ask for)　②～を探す(≒look for)　③[seek to do]～しようとする ☞ seek-sought-soughtと変化する
1263	**persuasive** [pərswéɪsɪv]	形 説得力のある 名 persuasiveness(説得力)　関 persuasion(説得)
1264	**at the earliest**	熟 早くても(⇔at the latest)

Chapter 11　経営

080 プロジェクトの発表

ロバート社長は、会社のイメージ改革のための新プロジェクトを発表しました。ポーラーベア社は生まれ変わります。

プラチナフレーズ

職員の会報	the employee newsletter
新しいプロジェクトを発表する	announce a new project
未来の成長のためのビジョン	vision for future growth
創立100周年に当たる	coincide with the company's centennial anniversary
最高経営責任者としてのリーダーシップを示す	show leadership as CEO
社員たちを奮起させる	inspire employees
プロジェクトの主な目的	the main objective of the project
明確な目標を設定する	set a definite goal
会社のブランドイメージを高める	enhance the company's brand image
抜本的な対策を取る	take drastic measures
改革の計画を実行する	implement a restructuring program

会話

我々はこのプロジェクトを推し進めなければなりません。
We should go ahead with this project.

#	単語	意味
1265	**newsletter** [njúːzlètər]	名 会報、官報
1266	**announce** [ənáʊns]	動 ①〜を発表する、公表する ②〜をアナウンスする 名 announcement（発表）
1267	**project** [名 prάdʒèkt 動 prədʒékt]	名 事業計画、プロジェクト 動 ①〜を見積もる ②〜を計画する 名 projection（予測、見積り）
1268	**future** [fjúːtʃər]	名 未来、将来（⇔past）
1269	**growth** [gróʊθ]	名 成長、発展 動 grow（成長する）
1270	**coincide** [kòʊɪnsáɪd]	動 （〜と）一致する、同時に起こる 副 coincidentally（偶然一致して、同時に） 関 simultaneously（同時に）
1271	**leadership** [líːdərʃɪp]	名 ①指導（力）、リーダーシップ ②指導者、首脳部
1272	**inspire** [ɪnspáɪər]	動 ①〜を鼓舞する、奮起させる ②〜に着想を与える ☞ 〈inspire+人+to do〉（人に〜する気を起こさせる） 名 inspiration（着想）
1273	**objective** [əbdʒéktɪv]	名 目的、目標（≒object, purpose, goal） 形 客観的な（⇔subjective）
1274	**definite** [défənət]	形 明確な、はっきりした 動 define（〜を定義する、はっきりさせる） 副 definitely（明確に）
1275	**enhance** [ɪnhǽns]	動 〈価値・力など〉を高める、よくする 名 enhancement（向上）
1276	**brand** [brǽnd]	名 銘柄、ブランド 関 branding（ブランドづくり、ブランディング）
1277	**drastic** [drǽstɪk]	形 抜本的な 副 drastically（抜本的な）
1278	**implement** [ímpləmènt]	動 〈計画など〉を実行する、実施する（≒execute） 名 implementation（実行、導入）
1279	**restructuring** [rɪstrʌ́ktʃərɪŋ]	名 再編成、リストラ
1280	**go ahead with**	熟 〜を推し進める ☞ go ahead and doの形でもよく出題される

出題パターンチェック

経営に関連する場面です。

【Part 3】
- 光熱費が予想より高かったため、来年度の予算を修正する必要があることを同僚に伝える会話。特にエアコンの消費電力量が多いため、新しい空調設備の導入の検討について話し合っている

【Part 4】
- 社長が全従業員に向けてプラハに新しい支店を開くことを伝え、今後ヨーロッパでの市場開拓へのステップとすることを宣言。新支店で働く意欲のある社員を数名募集するというアナウンス

【Part 5】
- 昨日IGF社は、アジアへの市場進出を正式に行うことを発表した
- Grand Stream社では毎週役員会議を行うことにしている
- Leeさんの提案による社内全体にわたる従業員の配置転換は、昨日役員会からの承認を受けた
- 社内アンケートの結果、ほぼすべての社員が売り上げ目標に関して納得しているようだ

> **ワンポイントアドバイス**
> TOEICに登場する企業は、地域に根差した家族経営の小さな会社（お店）から、世界規模で展開を行っている大企業までさまざまです。Czech Republic（チェコ共和国）のPrague（プラハ）やNigeria（ナイジェリア）、Chile（チリ）など、さまざまな国・都市に展開する企業が登場します。

Chapter 12

ボランティア

081 ボランティア

イメージアップ戦略第1弾～ボランティア活動で地域に貢献します。

プラチナフレーズ

MP3 ▶ 102

ボランティア活動に参加する	engage in volunteer activities
お年寄りと子ども	senior citizens and children
福祉計画	outreach program
慈善活動	philanthropic activities
ホームレスの保護施設	a shelter for the homeless
恵まれない子どもたちを支援する	support underprivileged children
中古のぬいぐるみを寄贈する	donate secondhand stuffed toys
見返りを期待せずに	without expecting something in return
強い信念から生まれる	stem from their strong belief

会話

喜んでお手伝いします。	I'm happy to assist you.

#	語	意味
1281	**engage** [ɪngéɪdʒ]	動 参加する、従事する 名 engagement(出席の約束、予定)
1282	**volunteer** [vɑ̀ləntíər]	名 ボランティア、志願者　動 (〜を)進んで引き受ける ☞ アクセントに注意　形 voluntary(自発的な)　副 voluntarily(自発的に)
1283	**senior** [síːnjər]	形 ①年上の(⇔junior)　②〈役職などが〉上級の(⇔junior) ☞「お年寄り」はthe elderlyと表すこともできる　名 seniority(年功序列)
1284	**citizen** [sítəzn]	名 ①住民、市民　②国民 関 citizenship(市民権)
1285	**outreach** [áʊtriːtʃ]	名 福祉活動、奉仕活動
1286	**philanthropic** [fìlənθrɑ́ːpɪk]	形 慈善(事業)の 関 philanthropist(慈善家)
1287	**shelter** [ʃéltər]	名 ①保護施設、避難所(≒sanctuary)　②住居　動 〜を保護する ☞ 大型のテントなど、一時的に人を収容できるようにする場所もshelter
1288	**support** [səpɔ́ːrt]	動 〜を支援する、支える　名 支えること、支援 形 supportive(協力的な、支持する)
1289	**underprivileged** [ʌ̀ndərprívəlɪdʒd]	形 恵まれない 関 privilege(特権)
1290	**donate** [dóʊnèɪt]	動 〜を寄贈する、寄付する 名 donation(寄付)　関 donor(寄贈者)
1291	**secondhand** [sékəndhænd]	形 中古の(≒used)
1292	**stuffed** [stʌft]	形 詰め物入りの 名 stuff(物、こと)
1293	**expect** [ɪkspékt]	動 ①〜を期待する　②〜を予想する 名 expectation(期待)　形 expectant(期待を示す)　副 expectantly(期待して)
1294	**in return**	熟 お返しに
1295	**stem** [stém]	動 生じる、起因する　名 茎
1296	**I'm happy to do 〜.**	会 喜んで〜します。

Chapter 12　ボランティア

082 チャリティー

> イメージアップ戦略第2弾 ～ 寄付やチャリティーオークションで貧しさに苦しむ人たちを支援します。

プラチナフレーズ

MP3 ▶ 103

多額のお金を寄付する	contribute a large sum of money
慈善団体	a charity organization
慈善事業を行う	practice charity
義援金を求める	ask for monetary donations
社会的な使命	a social mission
学生への資金援助	financial aid for students
自らすすんで援助する	be willing to help out
資金集めキャンペーンを始める	initiate fund-raising campaigns
骨董品をチャリティーオークションに寄贈する	donate an antique item to a charity auction
彼女の入札を受け入れる	receive her bid

会話

「チャリティーオークションをやってはどうでしょう」
「それはいい考えですね」

"How about holding a charity auction?"
"That sounds like a great idea."

1297	**contribute** [kəntríbju:t]	動 ①〈金など〉を寄付する、与える (≒donate) ②貢献する 名 contribution(寄付、貢献) 関 contributor(寄付する人)
1298	**sum** [sʌ́m]	名 ①金額 ②合計
1299	**charity** [tʃǽrəti]	名 ①慈善(活動)、施し ②慈善団体 ☞ 例 charitable foundation(慈善団体)
1300	**organization** [ɔ̀:rgənəzéɪʃən | ɔ̀:rgənaɪzéɪʃən]	名 団体、組織 動 organize(〜を組織する、準備する) 形 organizational(組織の)
1301	**practice** [prǽktis]	動 ①〜を実行する、実践する ②〜を練習する 名 慣例、やり方 形 practical(実用的な) 副 practically(実際的に、ほとんど)
1302	**monetary** [mɑ́:nətèri]	形 金銭的な、金融の、財政(上)の 名 money(金)
1303	**donation** [doʊnéɪʃən]	名 寄付 ☞ 例 food donation(食料の寄付) 動 donate(〜を寄付する)
1304	**mission** [míʃən]	名 使命、任務
1305	**aid** [éɪd]	名 援助 動 〜を援助する、助ける
1306	**be willing to do**	熟 進んで〜する 関 willing(快く〜する) 関 willingness(快く〜すること)
1307	**initiate** [ɪníʃièɪt]	動 〈計画など〉を始める、着手する 形 initial(初めの) 名 initiation(開始) 名 initiative(主導権、構想)
1308	**fund-raising** [fʌ́ndrèɪzɪŋ]	形 資金集めの (≒funding) 関 fundraiser(資金集めのパーティー) 関 fund(資金、基金)
1309	**antique** [æntí:k]	形 骨董(品)の 名 骨董品
1310	**auction** [ɔ́:kʃən]	名 オークション 動 〜を競りにかける
1311	**bid** [bíd]	名 入札、つけ値 動 (競売・入札で)値をつける 名 bidding(入札、競り) 関 bidder(入札者)
1312	**sound like**	熟 〜のように聞こえる

Chapter 12　ボランティア

083 環境・エネルギー

イメージアップ戦略第3弾 ～ 環境問題に取り組み、環境にやさしい企業を目指します。

プラチナフレーズ　MP3 ▶ 104

環境破壊の問題	the problem of environmental destruction
貴重な天然資源	valuable natural resources
生態系のバランス	balance of ecosystem
資源の持続可能性	resource sustainability
化石燃料	fossil fuel
環境に重大な影響を与える	have a significant impact on the environment
環境への負荷を減らす	lessen the burden on the environment
大気汚染を防ぐ	prevent air pollution
二酸化炭素の排出を減らす	reduce carbon emission
代替エネルギー	alternative energy
太陽光発電	solar power

会話

すぐに何らかの対策を取らなければならない。	It is imperative that some measures be taken immediately.

1313	**destruction** [dɪstrʌ́kʃən]	名 破壊 形 destructive（破壊的な） 動 destroy（〜を破壊する）
1314	**resource** [ríːsɔːrs]	名 資源
1315	**ecosystem** [ékoʊsìstəm]	名 生態系
1316	**sustainability** [səstéɪnəbləti]	名 持続可能性 動 sustain（〜を維持する）
1317	**fossil** [fɑ́ːsl]	名 化石
1318	**significant** [sɪgnífɪkənt]	形 ①重大な、重要な ②（数量が）かなりの、著しい 副 significantly（著しく） 名 significance（意義、重要性）
1319	**impact** [ímpækt]	名 ①影響（力） ②衝撃（≒collision, crash）
1320	**environment** [ɪnváɪərənmənt]	名 ①自然環境 ②（周囲の）環境 形 environmental（環境の）
1321	**lessen** [lésn]	動 〜を減らす、少なくする（≒diminish） 形 less（より少ない） 関 lesser（〈程度・価値などが〉劣った）
1322	**prevent** [prɪvént]	動 〜を防ぐ、抑える 形 preventive（予防の） 名 prevention（回避） 関 preventable（避けられる）
1323	**pollution** [pəlúːʃən]	名 汚染 動 pollute（〜を汚染する）
1324	**carbon** [kɑ́ːrbən]	名 炭素 ☞ 例 carbon offset（カーボンオフセット） 関 carbonation（炭素化）
1325	**emission** [ɪmíʃən]	名 放出、排出 動 emit（〜を排出する）
1326	**alternative** [ɔːltə́ːrnətɪv]	形 代わりの、代替の（≒alternate） 名 代わり、代替物 副 alternatively（代わりに、代替案として）
1327	**solar** [sóʊlər]	形 太陽の ☞ 例 solar panel（ソーラーパネル）
1328	**imperative** [ɪmpérətɪv]	形 必須の、欠かせない ☞ It is imperative that 〜.のthat節中は動詞は原形

Chapter 12 ボランティア

084 動物

> イメージアップ戦略第4弾 〜 環境問題に取り組み、生き物にやさしい企業を目指します。

プラチナフレーズ

MP3 ▶ 105

調査旅行に参加する	take part in an expedition
熱帯林	tropical forest
湿地帯の動物を観察する	observe animals in the wetland
希少種を捜す	search for rare species
絶滅の危機に瀕した	in danger of extinction
絶滅危惧種の保護を提唱する	advocate conservation of endangered animals
野生生物の生息地域	the habitat of wildlife
野生生物保護区	a wildlife sanctuary
海洋生物	aquatic species
好奇心をかき立てる動物たち	intriguing animals

会話

これらの動物はめったに目にすることはできません。

We can seldom see these animals.

#	見出し語	意味
1329	**expedition** [èkspədíʃən]	名 遠征、探検、(ある目的のための)旅行 動 expedite(〜を迅速に遂行する)
1330	**tropical** [trápɪkl]	形 熱帯の
1331	**observe** [əbzə́ːrv]	動 ①〜を観察する ②〈規則など〉に従う(≒follow) ③〜を述べる(≒remark) 名 observation(監視) 名 observance(従うこと) 関 observer(監視者)
1332	**wetland** [wétlænd]	名 湿地、沼沢地
1333	**rare** [réər]	形 希少な、まれな 副 rarely(めったに〜ない)
1334	**species** [spíːʃiːz]	名 (生物学の)種
1335	**extinction** [ɪkstíŋkʃən]	名 絶滅 形 extinct(絶滅した)
1336	**advocate** [動 ǽdvəkèɪt 名 ǽdvəkət]	動 〜を提唱する、主張する 名 主張者、支持者
1337	**conservation** [kɑ̀nsərvéɪʃən]	名 保護、保存(⇔destruction) 動 conserve(〜を保存する) 形 conservative(保守的な)
1338	**endangered** [ɪndéɪndʒərd]	形 (絶滅の)危機に瀕した
1339	**habitat** [hǽbətæ̀t]	名 (動物の)生息地
1340	**wildlife** [wáɪldlàɪf]	名 野生生物[動物]
1341	**sanctuary** [sǽŋktʃuèri]	名 自然保護区
1342	**aquatic** [əkwɑ́ːtɪk]	形 ①水生の ②水の、水中の 関 underwater(水中の、水中用の)
1343	**intriguing** [ɪntríːgɪŋ]	形 好奇心をかき立てる
1344	**seldom** [séldəm]	副 めったに〜ない(⇔often)

Chapter 12 ボランティア

出題パターンチェック

TOEICに登場するチャリティー、ボランティア、環境・動物に関する出題の中では、特に自然環境に関するものがPart 4とPart 7に多く見られます。動物に関する話題も多く、中でも鳥に関する内容のものが比較的多めです。

【Part 4】
- 環境保護団体のメンバーから環境関連イベントへのボランティア参加者にあてた、晩餐会の会場変更を伝える留守電メッセージ

> 設問と正解の例
>
> What is the purpose of the dinner? (この夕食会の目的は何ですか)
> → To thank the volunteers (ボランティアたちに感謝する)
>
> What has changed on the today's event?
> (今日のイベントで変更になったのは何ですか)
> → The location of the meeting (開催場所)

【Part 6】
- ある教授が書いた鳥の進化に関する論文が、本に掲載されることになったことを本人に伝える手紙

【Part 7】
- 俳優が森林保護のプロジェクトを支援することを表明し、有名なスポーツ選手やミュージシャンたちと一緒にイベントに参加、その収益を森林保護プロジェクトに充てることが決定したということを伝える新聞記事
- 国際的な動物研究組織による、年次会議の開催のお知らせ
- 自然保護地域の利用方法(予約方法、利用規則など)に関するお知らせ
- 自然愛好家として有名な博士が執筆した本の宣伝と、その本の内容に対する読者によるレビュー
- 自然愛好家を対象とする雑誌の目次一覧
- 自然センターがオープンするというお知らせと、施設の紹介、今後開催予定のイベントなどに関するお知らせ

Chapter 13

企画・マーケティング

085 コンペ

> イメージアップ戦略第5弾 ～ 新商品の斬新な広告！ そこで広告代理店を募ってコンペを開催することになりました。説明会にはケンたちの姿も…。

プラチナフレーズ

MP3 ▶ 106

コンペの説明会に出席する	attend a briefing about a competition
プロジェクトの概要を説明する	provide an overview of the project
プロジェクトの主要な目的	the primary purpose of the project
競争力を高める	increase their competitive edge
市場シェアを拡大する	expand its market share
新商品のアイデアを募る	solicit ideas for a new item
新商品を発売する	launch a new item
ポーラーベア社のアイスクリームの広告	an advertisement for Polar Bear Corporation's ice cream
大規模なPRキャンペーン	a major public relations campaign
特別な販売促進を行う	have a special promotion

会話

現在、既にいくつかのプロジェクトが進行しています。	Some projects are already underway.

1345 briefing
[bríːfɪŋ]

名 ①打ち合わせ ②(簡潔な)指示
動 brief(〜を要約する)

1346 competition
[kàmpətíʃən]

名 ①競技会 ②競争
動 compete(競争する)　形 competitive(競争の)

1347 overview
[óuvərvjùː]

名 概観、概要(≒survey)

1348 primary
[práɪmèri]

形 主要な
副 primarily(主として、第一に)

1349 purpose
[pə́ːrpəs]

名 目的
熟 on purpose(わざと、故意に)

1350 competitive
[kəmpétətɪv]

形 ①競争の ②競争力のある、(値段が)安い
副 competitively(競争的に)　名 competitiveness(競争力)

1351 expand
[ɪkspǽnd]

動 (〜を)拡張する
名 expansion(拡大)

1352 solicit
[səlísət]

動 〈援助・金銭など〉を請い求める、懇請する
名 solicitation(懇請)

1353 launch
[lɔ́ːntʃ]

動 ①〈製品など〉を売り出す、発売する ②〜を始める　名 (事業などの)開始
☞ 発音に注意

1354 advertisement
[ǽdvərtàɪzmənt]

名 広告、宣伝(≒ad)
動 advertise(〜を宣伝する)　関 advertising(広報、宣伝(活動))

1355 major
[méɪdʒər]

形 主要な、一流の、大がかりな(⇔minor)　動 専攻する　名 専攻(科目)
名 majority(大多数)

1356 public relations

名 宣伝[広報]活動、PR

1357 campaign
[kæmpéɪn]

名 キャンペーン、運動

1358 special
[spéʃəl]

形 特別な
関 specialty(自慢の料理、得意なもの)

1359 promotion
[prəmóuʃən]

名 ①販売促進 ②昇進
動 promote(〜を促進する)　形 promotional(昇進の、販売促進の)

1360 underway
[ʌ̀ndərwéɪ]

形 進行中で、(事が)始まって

086 アンケート

> コンペで勝つためには、説得力のある新商品の広告案を打ち出す必要があります。ケンたちは市場調査に乗り出しました。

プラチナフレーズ

MP3 ▶ 107

市場調査をする	carry out market research
消費者動向を調査する	explore consumer attitude
アンケートを配る	distribute questionnaires
商品を試食する	sample products
合計500名の調査の回答者	500 survey respondents altogether
20歳から30歳の女性顧客	20 to 30 year-old female clientele
考えに合う欄に印を付ける	check the box that matches your opinion
地域の人口	the area's population
市場テストのためのフォーカスグループ	focus groups for a market test
消費者の反応	consumers' reaction
顧客フィードバックを得る	obtain customer feedback

会話

「アンケートに答えていただけますか」
「ええ、もちろん」

"Can you fill out the questionnaire?"
"Yes, of course."

1361 carry out
[熟] 実行する、行う (≒administer)

1362 research
[ríːsəːrtʃ, rɪsəːrtʃ]
[名] 調査、研究　[動] 〜を調査する、研究する
☞ 不可算名詞　例 conduct research (調査を行う)

1363 explore
[ɪksplɔ́ːr]
[動] ①〜を調べる、検討する (≒examine)　②〜を探索する
[名] exploration (調査)

1364 consumer
[kənsjúːmər]
[名] 消費者 (⇔producer)
[動] consume (〜を消費する)　[関] consumption (消費)

1365 questionnaire
[kwèstʃənéər]
[名] アンケート

1366 sample
[sǽmpl]
[動] 〜を試食[試飲]する　[名] ①見本　②試供品

1367 survey
[[名]sə́ːrveɪ [動]sərvéɪ]
[名] (綿密な)調査　[動] 〜を(綿密に)調査する
☞ 名詞のsurvey/studyは可算名詞、researchは不可算名詞なので注意

1368 respondent
[rɪspɑ́ːndənt]
[名] 回答者
[動] respond (答える)

1369 altogether
[ɔ̀ːltəɡéðər]
[副] ①全体で　②まったく

1370 clientele
[klàɪəntél]
[名] [集合的に] 顧客、常連、依頼人
☞ 集合的に「常連客」を意味する

1371 match
[mǽtʃ]
[動] 〜に一致する、調和する　[名] 試合 (≒game)

1372 population
[pɑ̀ːpjəléɪʃən]
[名] 人口、(動物の)個体数

1373 focus group
[名] フォーカスグループ
☞ 製品などについて市場の反応を予測するため討議をしてもらう少人数グループ

1374 reaction
[riǽkʃən]
[名] 反応、反響
[動] react (反応する)

1375 feedback
[fíːdbæ̀k]
[名] (利用者などからの)反応、意見、感想
☞ 不可算名詞

1376 of course
[熟] もちろん
☞ Sure. / Certainly. / No problem. などの答え方もある

Chapter 13　企画・マーケティング

087 分析

調査の結果を分析してみたケンたち。どうやら商品の顧客層について重要な発見をしたようです。

プラチナフレーズ

最新の販売統計	latest sales statistic
消費者の好みの分析	the analysis of consumer preference
商品の購買者の比率	a proportion of buyers of the item
仮説と検証	hypothesis and test
驚くべき調査結果	surprising research findings
急激な上昇	a sudden surge
大きな割合を占める	account for a large portion
一貫して増えている	be consistently increasing
徐々に減少する	gradually decline
大きな振れ幅で変動する	fluctuate within a wide range
さまざまな要因を考慮する	consider various factors

会話

彼らが潜在顧客であることがわかった。
It turned out that they are potential customers.

#	語	発音	意味
1377	**statistic**	[stətístɪk]	名 統計（値）
1378	**analysis**	[ənǽləsɪs]	名 分析 動 analyze（〜を分析する）
1379	**preference**	[préfərəns]	名 ①好み、選択　②優先 動 prefer（〜のほうを好む）
1380	**proportion**	[prəpɔ́ːrʃən]	名 比率、割合
1381	**hypothesis**	[haɪpάːθəsɪs]	名 仮説 ☞ 複数形はhypotheses　アクセントに注意
1382	**surprising**	[sərpráɪzɪŋ]	形 驚くべき（≒astonishing） 動 surprise（〜を驚かせる）　副 surprisingly（驚くべきことに）
1383	**finding**	[fáɪndɪŋ]	名 結論、発見されたもの
1384	**surge**	[sə́ːrdʒ]	名 高まり、急上昇、急増
1385	**account for**		熟 ①〈割合など〉を占める　②〜の理由を説明する
1386	**portion**	[pɔ́ːrʃən]	名 ①部分、一部（≒part）　②（食べ物などの）一人分
1387	**consistently**	[kənsístəntli]	副 いつも、絶えず、一貫して 形 consistent（着実な、一貫性のある）　名 consistency（一貫性）
1388	**gradually**	[grǽdʒuəli]	副 徐々に 形 gradual（段階的な）
1389	**fluctuate**	[flʌ́ktʃuèɪt]	動 〈水準・物価などが〉変動する（≒change） 名 fluctuation（変動）
1490	**various**	[véəriəs]	形 さまざまな、種々の 名 variety（多様さ）　動 vary（変わる）
1391	**factor**	[fǽktər]	名 要素、要因
1392	**It turns out that 〜.**		会 〜であることがわかる。

Chapter 13　企画・マーケティング

088 マーケティング 1

> 新商品のアイスを好むのは若い世代だということが分かりました。そこでケンたちは若者層をターゲットにすることにしました。

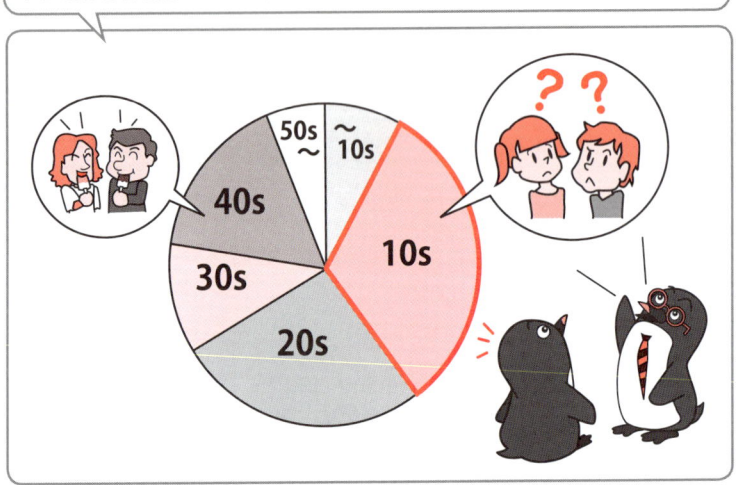

プラチナフレーズ

市場セグメント	the segment of the market
消費者の明確なカテゴリー	distinct category of consumers
若い女性に狙いを定める	aim at young female adults
若者層をターゲットにする	target the younger demographic
潜在顧客を特定する	identify potential customers
新たな見込み客を引きつける	lure new prospective clients
長期的な顧客ロイヤルティ	long-term customer loyalty
今の顧客を遠ざけない	not alienate current customers
顧客維持率	customer retention rate
裕福層の住む地域	affluent neighborhood

会話

彼らはまだこの人々に訴求できていない。	They have yet to appeal to these people.

1393	**segment** [ségmənt]	名 セグメント、階層
1394	**distinct** [dɪstíŋkt]	形 はっきりと異なる、明確な
1395	**category** [kǽtəgɔ̀ːri]	名 範疇、カテゴリー 動 categorize（カテゴリーに分ける）
1396	**aim** [éɪm]	動 ①目ざす、ねらう　②〜のねらいを（…に）向ける 名 目標、ねらい
1397	**female** [fíːmeɪl]	形 女性の（⇔male）　名 女性（⇔male）
1398	**demographic** [dèməgrǽfɪk]	名 販売対象層　形 人口統計の
1399	**identify** [aɪdéntəfàɪ]	動 ①〜を特定する　②〜の身元を確認する 名 identification（特定）
1400	**potential** [pəténʃəl]	形 可能性のある、潜在的な　名 可能性、潜在能力、素質 ☞ 潜在顧客はpossible customerとも言う　副 potentially（潜在的に）
1401	**lure** [lúər]	動 〜を誘惑する、引きつける
1402	**prospective** [prəspéktɪv]	形 予想される、見込みのある（≒potential） 関 possible customer（潜在顧客）
1403	**long-term** [lɔ́ːŋtə́ːrm]	形 長期の（⇔short-term）
1404	**loyalty** [lɔ́ɪəlti]	名 忠実さ、誠実さ、ロイヤルティ ☞ royalty（印税）と区別できるようにしておこう　形 loyal（忠実な、誠実な）
1405	**alienate** [éɪliənèɪt]	動 〈友人・支持者など〉を遠ざける
1406	**retention** [rɪténʃən]	名 保持、保有、維持 動 retain（〜を保つ、保持する）
1407	**affluent** [ǽfluənt]	形 ①裕福な（≒rich, wealthy）　②豊富な
1408	**have yet to do**	熟 まだ〜していない

Chapter 13　企画・マーケティング

089 マーケティング2

どうすればより効果的に新商品を知ってもらうことができるのか…。戦略を練らなければなりません。

プラチナフレーズ

MP3 ▶ 110

顧客の要求に応える	respond to a customer's request
消費者の要求を満たす	meet consumer demand
客の認識を変える	change customer perceptions
新しい隙間市場を狙う	target a new niche
商品のイメージを伝える	convey the image of the product
商品の認知度を高める	raise awareness of the product
新たな販促戦略	a new promotional strategy
商品をほかのものから差別化する	differentiate the product from others
商品の長所	the advantages of the product
味と並んで	along with taste
新しい価値を生み出す	generate a new value

会話

したがって、この人々をターゲットにするべきだ。

Therefore, we should target these people.

1409 **respond** [rɪspɑ́:nd]	動 ①返答する、答える (≒reply)　②反応する (≒react) 名 response (返答、反応)
1410 **request** [rɪkwést]	名 依頼、要請　動 〜を頼む、依頼する
1411 **demand** [dɪmǽnd]	名 ①要求　②需要 (⇔supply)　動 〜を要求する 形 demanding (〈仕事などが〉きつい、要求の多い)
1412 **perception** [pərsépʃən]	名 ①認識、理解　②知覚
1413 **target** [tɑ́:rgət]	動 〜を対象にする　名 到達目標、目標額
1414 **niche** [nítʃ | ní:ʃ]	名 市場の隙間、ニッチ
1415 **convey** [kənvéɪ]	動 〜を伝える
1416 **raise** [réɪz]	動 ①〈料金・賃金など〉を上げる (⇔reduce) ②〈金〉を集める、調達する　名 値上げ
1417 **awareness** [əwéərnəs]	名 自覚[認識]すること、意識 関 be aware of (〜に気づいている)
1418 **promotional** [prəmóʊʃənl]	形 (販売)促進の 動 promote (〜を促進する)　名 promotion (販売促進)
1419 **strategy** [strǽtədʒi]	名 戦略、ストラテジー 形 strategic (戦略の、戦略的な)　副 strategically (戦略的に)
1420 **differentiate** [dìfərénʃièɪt]	動 〜を差別化する 形 different (違った、異なった、別の)　名 difference (差異、相違)
1421 **advantage** [ədvǽntɪdʒ]	名 利点、強み、長所 (⇔disadvantage) 形 advantageous (有利な、有益な)
1422 **along with**	熟 〜と並んで、〜とともに
1423 **generate** [dʒénərèɪt]	動 〜を生み出す、発生させる (≒produce) 名 generation (世代)
1424 **therefore** [ðéərfɔ̀:r]	副 したがって、それゆえに

Chapter 13　企画・マーケティング

090　ブレスト

アイデアをどんどん出し合うブレスト。フェニックス広告代理店の会議室からは、熱のこもった声が聞こえてきます。

プラチナフレーズ

MP3 ▶ 111

ブレストでアイデアを引き出す	brainstorm ideas
生産的な話し合い	a productive discussion
討論をする	have an argument
アイデアを遠慮なく言う	not hesitate to share his idea
話し合いに積極的に参加する	actively participate in the discussion
議論に集中する	concentrate on the discussion
さまざまな可能性を示す	show different possibilities
さまざまなアプローチを検討する	examine various approaches
素晴らしいアイデア	a brilliant idea
問題の本質	the nature of the problem
アイデアを出し尽くす	exhaust their ideas

会話

例えば、大きな広告看板はどうだろう。　For example, how about big billboards?

#	単語	発音	意味
1425	brainstorm	[bréɪnstɔ̀ːrm]	動 ①〈意見など〉を引き出す ②～についてブレインストーミングを行う 名 ひらめき、ブレインストーム
1426	productive	[prədʌ́ktɪv]	形 実りの多い、生産的な 副 productively(生産的に) 名 productivity(生産性)
1427	argument	[áːrgjəmənt]	名 議論、論争、口論 動 argue(議論する)
1428	hesitate	[hézətèɪt]	動 (～するのを)ためらう、躊躇する 名 hesitation(ためらい、躊躇) 関 be hesitant to do(～するのをためらう)
1429	share	[ʃéər]	動 ①～を言う、伝える ②～を共有する 名 (市場)占有率 ☞「株(式)」の意味も覚えておこう
1430	actively	[ǽktɪvli]	副 活発に、積極的に 形 active(活発な)
1431	participate in		熟 ～に参加する (≒take part in) 関 participation(参加) 関 participative(参加型の)
1432	concentrate	[kɑ́ːnsəntrèɪt]	動 集中する 名 concentration(集中)
1433	different	[dífərnt]	形 ①さまざまな ②違った、異なった、別の ☞ 例 be different from(～と異なる) 名 difference(違い) 動 differ(異なる)
1434	possibility	[pɑ̀səbíləti]	名 可能性、起こり得ること 形 possible(可能な)
1435	examine	[ɪgzǽmən]	動 ～を調査する、検査する (≒investigate) 名 examination(診察、検査、試験)
1436	approach	[əpróʊtʃ]	名 取り組み方、接近方法 動 ～に近づく、接近する
1437	brilliant	[bríljənt]	形 ①素晴らしい、優秀な (≒marvelous) ②光り輝く
1438	nature	[néɪtʃər]	名 ①性質、本質 ②自然 形 natural(自然の)
1439	exhaust	[ɪgzɔ́ːst]	動 ①～を使い果たす (≒use up) ②～を疲れ果てさせる (≒tire out) 名 排気 形 exhaustive(徹底的な)
1440	for example		熟 例えば (≒for instance)

091 苦労

新広告案を考え続けるケン。でもなかなかこれ！というアイデアが浮かびません。時間ばかりがむなしく過ぎてゆきます。

プラチナフレーズ

新しいアイデアを考え出そうと苦労する	struggle to think of new ideas
さまざまな要素を考慮する	take various factors into consideration
多くの時間を費やす	spend a lot of time
一時的に挫折する	have a temporary setback
最初の案に戻る	revert to the original plan
最初からやり直す	redo from scratch
企画に修正を加える	make an amendment to the proposal
最初の案を何度も書き直す	rewrite the original plan countless times
アプローチを徹底的に変更する	alter the approach radically
打開策が見つからない	find no breakthrough

会話

この計画では問題外だ。　This plan is out of the question.

#	見出し	意味
1441	**struggle** [strʌ́gl]	動 (〜しようと)もがく、奮闘する　名 もがき、苦闘
1442	**take A into consideration**	熟 Aを考慮する (≒consider、take A into account)
1443	**a lot of**	熟 多くの〜、たくさんの〜 (≒lots of)
1444	**temporary** [témpərèri]	形 ①一時的な、臨時の (⇔permanent)　②暫定的な (≒provisional)　副 temporarily(一時的に)　関 contemporary(同時代の、現代の)
1445	**setback** [sétbæk]	名 つまずき、後退
1446	**revert** [rɪvə́ːrt]	動 ①(…に)戻る　②〈病気などが〉再発する
1447	**redo** [rìːdúː]	動 〜をやり直す
1448	**from scratch**	熟 最初から、ゼロから
1449	**amendment** [əméndmənt]	名 修正、訂正　動 amend(〜を修正する、訂正する)
1450	**rewrite** [rìːráit]	動 ①〜を書き直す　②〜を書き換える
1451	**original** [ərídʒənl]	形 ①最初の、元の、当初の　②独創的な、独自の　名 原本、原物　副 originally(元々)　名 originality(独創性)
1452	**countless** [káʊntləs]	形 無数の、数え切れない
1453	**alter** [ɔ́ːltər]	動 〜を変える、改める (≒change)　名 alteration(変更、修正)
1454	**radically** [rǽdɪkli]	副 根本的に、徹底的に　形 radical(根本的な、徹底的な)
1455	**breakthrough** [bréɪkθrùː]	名 進展、打開
1456	**out of the question**	熟 問題外の、考えられない、不可能な (≒impossible)

Chapter 13　企画・マーケティング

092 ランチミーティング

> 行きづまった時には気分転換するのが一番。「みんなでランチを食べに行きましょう！」

プラチナフレーズ　　MP3 ▶ 113

昼食会ミーティング	a **luncheon** meeting
気の合う同僚たち	**congenial** colleagues
他のスタッフとの関係	**relationship** with other staff
チームワークの重要性	**importance** of **teamwork**
親身になって	with **tender care**
タイミングよく	in a **timely manner**
惜しみないアドバイスをする	offer **generous** advice
いくつかのヒントを与える	give him some **tips**
ケンがストレスに対処するのに役立つ	help Ken **cope with stress**
ケンが気楽に働けるようにする	**enable** Ken **to** work **easily**

会話

社食で食べるのではなく、外に昼を食べに出ない？

Why don't we go out for lunch instead of eating in the cafeteria?

1457	**luncheon** [lʌ́ntʃən]	名 昼食会
1458	**congenial** [kəndʒíːniəl]	形 気の合う、同じ性分の (≒cozy)
1459	**relationship** [rɪléɪʃənʃɪp]	名 関係、結びつき (≒relation) 動 relate (〜を関係づける)
1460	**importance** [ɪmpɔ́ːrtns]	名 重要性 形 important (重要な)　副 importantly (重大に)
1461	**teamwork** [tíːmwə̀ːrk]	名 チームワーク、協力
1462	**tender** [téndər]	形 優しい、親切な
1463	**care** [kéər]	名 世話、手当て、ケア　動 〜を気にする
1464	**timely** [táɪmli]	形 時を得た、タイムリーな ☞「タイミングよく」はin a timely fashionとも言う
1465	**manner** [mǽnər]	名 ①方法、やり方 (≒way)　②[mannersで] 行儀、作法
1466	**generous** [dʒénərəs]	形 ①物惜しみしない、気前のよい　②寛大な 名 generosity (気前のよさ、寛大さ)　副 generously (気前よく)
1467	**tip** [típ]	名 助言、ヒント、警告
1468	**cope with**	熟 〈問題など〉に(うまく)対処する (≒manage)
1469	**stress** [strés]	名 ストレス、緊張　動 〜を強調する 形 stressful (ストレスのたまる)
1470	**enable A to do**	熟 Aが〜できるようにする
1471	**easily** [íːzəli]	副 容易に 形 easy (容易な)
1472	**Why don't we 〜?**	会 〜するのはどうですか。(≒How about doing 〜?)

Chapter 13　企画・マーケティング

093 ひらめく

街をぶらぶらと歩いていたケンは一枚のポスターを目にします。そこにはある有名な映画女優の写真が。「こ…これだ！」

プラチナフレーズ

MP3 ▶ 114

歩道をぶらぶら歩いているときに	when strolling on the walkway
たまたまポスターを見る	happen to glance at a poster
新しいアイデアを思いつく	come up with a novel idea
着想を得る	get inspiration
新たな視点から	from a fresh perspective
企画を映画と結び付けて考える	associate a plan with a movie
他の会社と協力する	collaborate with another company
異業種	another industry
映画とのタイアップ	tie-up with a movie
有名人を使う	use a celebrity
効果的な広告	an effective advertisement

会話

これは間違いなくすごいアイデアだ。　I have no doubt it's a great idea.

#	見出し	意味
1473	**stroll** [stróul]	動 ぶらつく、散歩する
1474	**walkway** [wɔ́:kwèɪ]	名 歩道、散歩道
1475	**happen to do**	熟 たまたま〜する
1476	**glance** [glǽns]	動 ちらっと見る 例 He's glancing at his watch.（彼は腕時計をちらりと見ている）
1477	**come up with**	熟 〜を思いつく、考え出す
1478	**novel** [nɑ́:vl]	形 新しい、新奇な（≒original）
1479	**idea** [aɪdí:ə]	名 考え、思いつき、アイデア 形 ideal（理想的な）　副 ideally（理想的に）
1480	**inspiration** [ìnspəréɪʃən]	名 着想、ひらめき、インスピレーション 動 inspire（〜を鼓舞する）
1481	**perspective** [pərspéktɪv]	名 ①観点、見方　②見通し、展望
1482	**associate** [動 əsóuʃièɪt 名形 əsóuʃiət]	動 〜を関連づける　名 従業員、同僚　形 補助の、副〜
1483	**collaborate** [kəlǽbərèɪt]	動 協力する 例 collaborate on（〜を共同で行う）　名 collaboration（協力）　形 collaborative（協力的な）
1484	**industry** [índəstri]	名 産業、業界 形 industrial（産業の）
1485	**tie-up** [táɪʌp]	名 提携、協力、タイアップ
1486	**celebrity** [səlébrəti]	名 有名人、セレブ 関 celebrated（名高い、有名な）
1487	**effective** [ɪféktɪv]	形 効果的な（⇔ineffective） 副 effectively（効果的に）　名 effectiveness（有効性）　関 effect（効果）
1488	**I have no doubt 〜.**	会 疑いなく〜、間違いなく〜 単純にcertainly、absolutelyなどと言い換えることもできる

094 企画書

> ケンはすぐに企画書の作成に取りかかりました。アイデアを単なるアイデアで終わらせないために、計画を入念に練り上げます。

プラチナフレーズ　MP3▶115

入念な計画	an elaborate plan
テーマを絞る	focus on a theme
コンセプトを明確にする	define the concept
イラストや写真を含む	include illustrations and photographs
プロジェクトの概要	the summary of the project
企画の最大の目玉	the centerpiece of the plan
暫定的なスケジュール	a tentative timeline
年間の販売予測を示す	show annual sales projections
考えられる障害を評価する	assess likely obstacles
彼らのニーズに合わせて解決策を調整する	tailor a solution to their needs
レポートを仕上げる	complete the report

会話

彼女ならきっとうまくやってくれる。　Undoubtedly, she'll do well.

1489	**elaborate** [形 ɪlǽbərət 動 ɪlǽbərèɪt]	形 手の込んだ、精巧な 動 ①詳しく述べる ②~を精巧に作り上げる
1490	**focus on**	熟 ~に集中する、重点的に取り組む
1491	**define** [dɪfáɪn]	動 ~を定義する、明確にする 名 definition(定義) 形 definite(一定の、明確な) 副 definitely(明確に)
1492	**concept** [kɑ́:nsept]	名 概念、着想、コンセプト
1493	**illustration** [ìləstréɪʃən]	名 イラスト、説明図 動 illustrate(~を説明する、例証する)
1494	**summary** [sʌ́məri]	名 要約、概略 (≒digest) 動 summarize(~を要約する)
1495	**centerpiece** [séntərpì:s]	名 最も重要なもの、目玉
1496	**tentative** [téntətɪv]	形 仮の、試験的な、暫定的な (≒provisional) 副 tentatively(仮に、試験的に)
1497	**timeline** [táɪmlàɪn]	名 予定表
1498	**projection** [prədʒékʃən]	名 予測
1499	**assess** [əsés]	動 ①~を評価する、鑑定する (≒judge) ②~の金額を査定する 名 assessment(評価、査定)
1500	**obstacle** [ɑ́:bstəkl]	名 障害
1501	**tailor** [téɪlər]	動 ~を(…に合わせて)調整する 名 仕立て屋
1502	**need** [ní:d]	名 [needsで]ニーズ、必要なもの 動 ~を必要とする
1503	**complete** [kəmplí:t]	動 ~を仕上げる、完成させる 形 完全な、完成した (⇔incomplete) 名 completion(完成、完了) 副 completely(完全に)
1504	**undoubtedly** [ʌndáʊtɪdli]	副 きっと、確かに、疑問の余地なく

Chapter 13 企画・マーケティング

095 経歴

ケンのアイデアとは、若者に大人気の映画女優リンダとのコラボレーションでした。社内でリンダの経歴について説明します。

プラチナフレーズ

著名な俳優	a notable performer
注目の的	the center of attention
若者の間で人気だ	popular among the youth
オーディションに参加してデビューする	attend an audition and make a debut
演劇学校を卒業する	have a diploma of a drama school
いくつかの映画で主役を演じる	star in some films
多才な女優	a versatile actress
生まれながらの素晴らしい才能がある	have amazing natural talent
際立ったファッションセンス	distinctive fashion sense
伝説のスターと共演する	perform with a legendary star
いろいろな楽器を演奏する	play various musical instruments

会話

「彼女は10代のころモデルをやってたんですよね?」
「そう聞いています」

"She was a fashion model in her teens, wasn't she?"
"That's what I heard."

#	語	発音	意味
1505	**notable**	[nóʊtəbl]	形 ①著名な（≒eminent, noted, famous, well-known） ②注目に値する 動 note（〜に注意する、注目する）
1506	**attention**	[əténʃən]	名 ①注意、注目 ②配慮、考慮 動 attend（〜に出席する） 形 attentive（注意深い）
1507	**popular**	[pápjələr]	形 人気がある、評判がよい 名 popularity（人気） 動 popularize（〜を大衆化する、普及させる）
1508	**youth**	[júːθ]	名 [the youthで]若い人たち 形 young（若い）
1509	**audition**	[ɔːdíʃən]	名 オーディション、審査
1510	**debut**	[deɪbjúː]	名 デビュー、初演
1511	**diploma**	[dɪplóʊmə]	名 （高校や大学などの）卒業証書
1512	**star**	[stáːr]	動 ①〈俳優などが〉主演する ②〜を主演させる 名 スター、花形
1513	**versatile**	[vɚ́ːrsətl]	形 ①（人が）多面的な才能がある ②（道具などが）用途の広い、多目的な
1514	**amazing**	[əméɪzɪŋ]	形 素晴らしい（≒astonishing） 動 amaze（〜を驚かせる、感心させる）
1515	**natural**	[nǽtʃərəl]	形 ①生まれながらの ②自然の、天然の 名 nature（自然）
1516	**talent**	[tǽlənt]	名 才能 形 talented（才能のある）
1517	**distinctive**	[dɪstíŋktɪv]	形 特徴的な、特有の（≒unique） 名 distinction（区別）
1518	**legendary**	[lédʒəndèri]	形 伝説の、伝説的な 名 legend（伝説）
1519	**instrument**	[ínstrəmənt]	名 ①楽器 ②道具、器具 形 instrumental（助けになる、役に立つ）
1520	**That's what I heard.**		会 そう聞いています。

Chapter 13 企画・マーケティング

出題パターンチェック

企画・マーケティングに関連する場面です。企画段階の新商品や、すでに発売されている商品の試飲会・試食会では、協力者たちに数種類の商品をテイスティングしてもらい、意見や感想を聞いたりします。協力者は無料で試飲・試食ができるだけでなく、場合によってはクーポン券や販促コード（ウェブ上で入力すると商品を手に入れることができる）をもらえることもあります。

【Part 2】
- 「マーケティング計画に関する決定事項はありますか」
  →「もう一度メンバーの間で見直しをすることになっています」
- 「Soniaさんはいつ企画会議を開きますか」→「来週の木曜日に行います」

【Part 5】
- マーケティング調査のおかげで、競合会社の状況や顧客の動向を企業は把握することができる
- 地域で競合していけるように、わが社は今年度のマーケティング予算を1.5倍に増やすことにした
- 販促用の予算はマーケティング部内の課に均等に配分されることになっている

【Part 7】
- プレゼンの前に、マーケティング部門の責任者が電話会議を行うことが決定したことを伝えるメール

  > 設問と正解の例
  >
  > Why was this e-mail sent to Ms. Kim?（なぜこのメールがキムさんに送られたのですか）
  > → To notify her of a conference date（彼女に会議の日程を知らせるため）
  >
  > When is the presentation scheduled?（プレゼンはいつ予定されていますか）
  > → On October 30（10月30日）

- マーケティングスタッフに向けた、ベストセラー・リストと他社の販売戦略に対する感想を求めるメモ。他社の売れ筋商品を研究し、自社の販促に生かすようにしてほしいという上司からの指示

Chapter 14

プレゼン

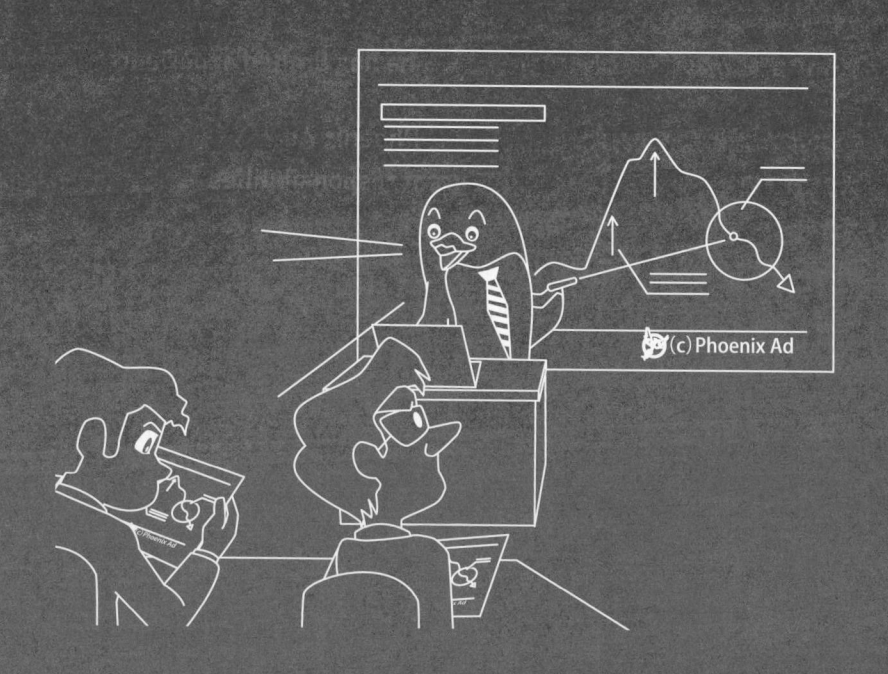

096 プレゼンの準備

企画の発案者として、ケンはコンペのプレゼンを任されました。大抜擢で肩に力が入っているようです。

プラチナフレーズ

MP3 ▶ 117

その仕事を彼に任せる	delegate the task to him
大仕事を引き受ける	take on a challenge
限られた経験しかないにもかかわらず	even though he has limited experience
フェニックス広告代理店を代表して	on behalf of Phoenix Ad
大きな責任を負う	assume great responsibilities
緊張する	feel nervous
落ち着こうとする	try to calm down
いつも通りにふるまう	behave as usual
プレゼンの準備をする	prepare for a presentation
質問を想定する	anticipate questions
徹底的にリハーサルを行う	rehearse the presentation thoroughly
何とか準備を終える	manage to finish the preparation

会話

プレゼンの準備を手伝ってもらえませんか。	I'm wondering if you could help me with the presentation preparation.

1521	**delegate** [動 déligèit 名 déligət]	動 〜を任せる、委任する　名 代表団 名 delegation（委任）
1522	**take on**	熟 〈仕事・責任など〉を引き受ける
1523	**challenge** [tʃǽləndʒ]	名 ①難題、課題　②挑戦　動 〜に挑む 形 challenging（（困難だが）やりがいのある）
1524	**even though 〜**	熟 〜にもかかわらず
1525	**on behalf of**	熟 ①〜を代表して ②〜の代わりに、代理として（≒in place of）
1526	**assume** [əsjúːm]	動 ①〈責任〉を引き受ける　②〜を（前提として）想定する（≒presume） 例 assuming that（〜だと仮定すれば）　名 assumption（想定）
1527	**nervous** [nɚ́ːrvəs]	形 緊張して、不安な
1528	**calm down**	熟 落ち着く、冷静になる
1529	**behave** [bihéiv]	動 ふるまう 名 behavior（行動）
1530	**prepare for**	熟 〜の準備をする 関 be prepared for（〜に備える）
1531	**anticipate** [æntísəpèit]	動 〜を予想する 名 anticipation（予想、期待）
1532	**rehearse** [rihɚ́ːrs]	動 ①〜のリハーサルをする　②〈言いたいこと〉を思い描いて練習する 名 rehearsal（予行演習）
1533	**thoroughly** [θɚ́ːrouli]	副 徹底的に、完全に 形 thorough（徹底的な、完全な）
1534	**manage to do**	熟 なんとか〜する
1535	**preparation** [prèpəréiʃən]	名 準備、用意 動 prepare（準備する）　形 preparatory（予備の）　関 unprepared（準備できていない）
1536	**I'm wondering if you could do 〜.**	会 〜していただけないでしょうか。

Chapter 14　プレゼン

097 プレゼン 1

いよいよコンペ当日。周到な準備のかいあって、プレゼンは順調に進行していきます。ケンの声にも自信がみなぎっています。

プラチナフレーズ

MP3 ▶ 118

プレゼンをする	give a presentation
資料を配る	hand out the materials
大きな声で話す	speak in a loud voice
プロジェクターを使う	use a projector
スライドショーを見せる	present a slide show
画面を切り替える	switch the images
グラフを指し示す	point at a graph
レーザーポインターで	with a laser pointer
次のチャートを見る	look at the following chart
書類に言及する	refer to a document
時間が気になる	be concerned about the time
時計をちらりと見る	take a look at the clock

会話

正直なところ、緊張しました。　　To be honest, I was very nervous.

1537	**presentation** [prèzəntéɪʃən]	名 発表、プレゼンテーション ☞ 例 make a presentation（プレゼンを行う）　動 present（〜を提出する、発表する）
1538	**hand out**	熟 〜を配る（≒distribute）
1539	**material** [mətíəriəl]	名 ①資料、題材　②材料
1540	**loud** [láʊd]	形 ①〈声・音が〉大きい　②うるさい 副 loudly（大声で）　例 speak loudly（大声で話す）
1541	**projector** [prədʒéktər]	名 投射機、プロジェクター 動 project（〜を投影する）
1542	**slide** [sláɪd]	名 スライド（写真）　動 ①滑る　②〜を滑らせる
1543	**switch** [swítʃ]	動 〜を切り替える　名 （電気器具などの）スイッチ
1544	**point at**	熟 〜を指さす、指し示す
1545	**graph** [grǽf]	名 図式、グラフ
1546	**laser pointer**	名 レーザーポインター
1547	**following** [fá:loʊɪŋ]	形 次の、下記の（≒subsequent）　名 次のもの、下記のもの 動 follow（〜に従う）
1548	**chart** [tʃá:rt]	名 図表、チャート
1549	**refer to**	熟 ①〜に言及する　②〜を参照する、〜に照会する　③〜に関連する 関 reference（身元保証書、参照）
1550	**be concerned about**	熟 〜について気にかける、心配する
1551	**take a look at**	熟 〜をちらりと見る
1552	**to be honest**	熟 正直なところ

Chapter 14　プレゼン

098 プレゼン２

快調に説明を続けるケン。具体的に、論理的に、明晰に。審査員たちの反応はなかなかいいようです。

プラチナフレーズ

MP3 ▶ 119

論点をはっきりさせる	clarify the points
重要な点を強調する	emphasize the important points
論理的に説明する	give a logical explanation
具体的な数字を挙げる	cite specific figures
確かなデータに基づく	be based on solid data
包括的な提案	a comprehensive proposal
正確で簡潔な	precise and concise
細心の注意を払って	with meticulous care
広告主に訴えかける	appeal to advertisers
企画を彼らに納得させる	convince them of his plan

会話

「プレゼンはどうだった？」
「思ったよりよかったわ」

"How did you like the presentation?"
"Better than I expected."

1553	**clarify** [klǽrəfài]	動 〈意味など〉を明らかにする 名 clarification(明確化)　関 clarity(明確さ)
1554	**emphasize** [émfəsàɪz]	動 ～を強調する、重視する 名 emphasis(強調、重視)
1555	**logical** [lάːdʒɪkl]	形 論理的な、筋が通った
1556	**explanation** [èksplənéɪʃən]	名 説明 動 explain(～を説明する)　形 explanatory(説明的な)
1557	**cite** [sáɪt]	動 (例として)～を挙げる、引用する
1558	**specific** [spəsífɪk]	形 ①具体的な、詳細な　②特定の 動 specify(～を具体的に述べる)　副 specifically(明確に、はっきりと)
1559	**figure** [fígjər]	名 ①数値、数　②人物　動 ～と思う、考える
1560	**be based on**	熟 ～に基づく、基礎を置く(≒be on the basis of)
1561	**solid** [sάːləd]	形 ①堅実な、確かな　②固い、固形の 動 solidify(～を固める)
1562	**comprehensive** [kὰmprɪhénsɪv]	形 包括的な、総合的な 副 comprehensively(包括的に)
1563	**precise** [prɪsáɪs]	形 正確な 副 precisely(正確に)　名 precision(正確さ)
1564	**concise** [kənsáɪs]	形 簡潔な 副 concisely(簡潔に)
1565	**meticulous** [mətíkjələs]	形 細心の、入念な、几帳面な 副 meticulously(几帳面に)
1566	**appeal** [əpíːl]	動 (心に)訴えかける、(人の)気をひく　名 魅力 形 appealing(魅力的な)
1567	**convince** [kənvíns]	動 ～を確信させる、納得させる ☞ 〈convince+人+that ～/of〉(人に～を納得させる)
1568	**Better than I expected.**	会 思っていたよりもよかったです。

Chapter 14　プレゼン

099 プレゼン3

> 次はケンのライバル・ペガサス広告代理店のジョージによるプレゼンです。おや？ 反応はあまり芳しくないようです。

プラチナフレーズ

MP3 ▶ 120

プロらしい態度	his professional demeanor
自信たっぷりに	with much confidence
難解で誤解を招くような説明	complicated and misleading explanation
既成概念に基づいている	be based on stereotypes
しゃべりすぎる傾向がある	tend to talk too much
ほとんど理解できない	hardly understandable
プレゼンの途中で	in the middle of the presentation
データの不備を発見する	find some flaws in the data
データの矛盾	contradiction of data
情報を修正する必要がある	need to correct information
いつになく動揺する	be unusually upset
彼の報告の信ぴょう性を疑う	suspect the truth of his report

会話

私たちの要請とは何の関係もない。
It has nothing to do with our request.

#	英単語	意味
1569	**demeanor** [dɪmíːnər]	名 態度、ふるまい (≒attitude, behavior)
1570	**confidence** [kánfədəns]	名 ①自信 ②信頼、信用 形 confident (自信に満ちた)　副 confidently (確信して)
1571	**complicated** [kámpləkèɪtɪd]	形 ①複雑な　②困難な 動 complicate (〜を複雑にする)
1572	**misleading** [mìslíːdɪŋ]	形 誤解を招くような 動 mislead (誤解を招く)
1573	**stereotype** [stériətàɪp]	名 固定観念、既成概念
1574	**tend to do**	熟 〜する傾向がある 関 tendency (傾向)
1575	**hardly** [háːrdli]	副 ほとんど〜ない (≒barely)
1576	**understandable** [ʌ̀ndərstǽndəbl]	形 理解できる 副 understandably (もっともなことだが)
1577	**in the middle of**	熟 〜の真ん中に、最中に
1578	**flaw** [flɔ́ː]	名 (製品などの) 欠陥、不備 関 flawless (傷のない、欠陥のない)
1579	**contradiction** [kà:ntrədíkʃən]	名 矛盾 動 contradict (〜と矛盾する)
1580	**correct** [kərékt]	動 〈誤りなど〉を訂正する　形 正しい、正確な (⇔incorrect) 名 correction (訂正)　副 correctly (正しく)
1581	**unusually** [ʌnjúːʒuəli]	副 いつになく、珍しく 形 unusual (普通でない、まれな)
1582	**upset** [ʌpsét]	形 腹を立てた、取り乱した　動 〜の心を乱す
1583	**suspect** [səspékt]	動 (〜を) 疑う、怪しいと思う 形 suspicious (怪しい、疑い深い)
1584	**have nothing to do with**	熟 〜と何の関係もない

Chapter 14 プレゼン

100 勝利

> それでは審査の結果を発表します。ポーラーベア社新商品の広告は…、フェニックス広告代理店さんにお願いすることに決定いたしました！

プラチナフレーズ

審査団	a panel of judges
適切な計画	an appropriate plan
新人であるにもかかわらず	in spite of being a newcomer
高く評価される	be highly evaluated
間違いなく実現可能だと思われる	seem absolutely feasible
役員会の同意を得て	with the consent of the board
結論に達する	reach a conclusion
満場一致で	by a unanimous vote
ケンの案を採用することを決める	decide to adopt Ken's plan
ペガサス広告代理店をしのぐ	outperform Pegasus Ad
予期せぬ勝利	unexpected victory
大規模なプロジェクト	a large-scale project

会話

小さなミスを除けば、君のプレゼンは申し分なかった。

Aside from some minor mistakes, your presentation was great.

1585	**judge** [dʒʌ́dʒ]	名 審査員、審判　動 ①〜を審査する　②〜を判断する、見積もる 名 judgment (判断)
1586	**appropriate** [əpróʊpriət]	形 適切な、ふさわしい (⇔inappropriate) 副 appropriately (適切に)
1587	**in spite of**	熟 〜にもかかわらず (≒despite)
1588	**evaluate** [ɪvǽljuèɪt]	動 〜を評価する 名 evaluation (評価)
1589	**absolutely** [ǽbsəlù:tli]	副 非常に、完全に 形 absolute (絶対的な)
1590	**feasible** [fí:zəbl]	形 実現可能な 名 feasibility (実現可能性)
1591	**consent** [kənsént]	名 同意、承認、許可　動 同意する
1592	**conclusion** [kənklú:ʒən]	名 結論、決定 動 conclude (結論を出す)
1593	**unanimous** [ju:nǽnəməs]	形 全員一致の、満場一致の 副 unanimously (満場一致で)
1594	**vote** [vóʊt]	名 投票　動 ①(〜を)投票で決める　②〜に投票する 関 voter (投票者)
1595	**decide** [dɪsáɪd]	動 〜を決める、決心する 名 decision (決定)　副 decisively (決定的に)
1596	**adopt** [ədá:pt]	動 〜を採用する
1597	**outperform** [àʊtpərfɔ́:rm]	動 〜をしのぐ、〜に勝る
1598	**victory** [víktəri]	名 勝利
1599	**large-scale** [lá:rdʒskéɪl]	形 大規模の (⇔small-scale)
1600	**aside from**	熟 〜を除いて、別として (≒except for、besides)

Chapter 14　プレゼン

出題パターンチェック

プレゼンに関連する場面です。

【Part 2】
- 「どのようにプレゼンをすればよいかについてアドバイスをいただきたいのですが」
  →「もちろんです、この仕事が終わったら手が空きます」
- 「私の発表に関してどなたかご意見はありますか」
  →「非常に素晴らしい内容だったと思います」
- 「Thomasのプレゼンは具体的でとてもわかりやすかったですね」
  →「はい、彼は人に伝えるのが上手ですね」

【Part 3】
- 幼児教育の専門家によるプレゼンと、プレゼンの前に行われる講習会への参加に関する会話。今回初めて参加する人は、できるだけ事前の講習会に参加するよう勧めている
- クライアントからの契約書が届いているかどうかを同僚に確認し、その契約書に早く上司のサインをもらえるように手配を依頼している場面。まだ届いていないので、届き次第すぐに上司にサインをもらうと答えている

> 設問と正解の例
> What is the problem?（何が問題ですか）
> → Some contracts have not been received yet.
>   （いくつかの契約書がまだ受け取られていない）
> Why does the meeting have to be held today?
> （ミーティングはなぜ今日行われるのですか）
> → The manager won't be at the office tomorrow.（部長が明日会社にいない）

【Part 5】
- Christopher McVeyは、オースティンで行われる医療機器関連の会議で、新製品のプレゼンをすることになっている
- プレゼンの時間があまり長いとお客様の負担になるので、今回は一つのプレゼンにつき20分以内で行っていただきます

【Part 7】
- 科学に関する世界的な団体が主催する会議で、大学教授がプレゼンを行う。早期申込割引の特典を案内した上で、会員にそのプレゼンへ観客として参加するよう促す手紙

Chapter 15

交渉・契約

101 予算・見積もり

> ポーラーベア社新商品の広告を任されたケンたち。正式な契約を結ぶために、予算を計算して見積書を作成します。

プラチナフレーズ

MP3 ▶ 122

プロジェクトの大まかな予算を立てる	make a rough budget for the project
総原価を計算する	calculate the overall cost
人件費を管理する	manage payroll costs
予算の制約	budget constraints
帳簿をつける	do bookkeeping
正確な数字を出す	give accurate figures
採算がとれる	become profitable
均等に予算を割り当てる	allocate the budget equally
リスクを評価する	assess the risk
プロジェクトの見積書	an estimate for the project
現実的なスケジュールを作成する	create a realistic schedule

会話

「見積書を作りましょうか」
「いいえ、自分でやります」

"Would you like me to make the estimate?"
"No, I'll do it myself."

1601	**budget** [bʌ́dʒət]	名 予算、経費　動〈時間・金額〉を割り当てる
1602	**calculate** [kǽlkjəlèɪt]	動 〜を計算する　名 calculation（計算）
1603	**overall** [形 óʊvərɔ̀ːl 副 òʊvərɔ́ːl]	形 総合の、全体の、全部の　副 全体として
1604	**cost** [kɔ́ːst]	名 費用、経費、原価　動〈金額・費用が〉かかる　形 costly（費用のかかる）　関 cost-effective（割のいい）
1605	**manage** [mǽnɪdʒ]	動 ①〜を管理する、経営する（≒operate）②〜をうまく扱う ③〜をやり遂げる　名 management（管理、経営）　形 manageable（扱いやすい）
1606	**payroll** [péɪroʊl]	名 ①給与 ②給料支払い簿、従業員名簿
1607	**constraint** [kənstréɪnt]	名 制限、制約（≒restriction）
1608	**bookkeeping** [bʊ́kkìːpɪŋ]	名 簿記、帳簿
1609	**accurate** [ǽkjərət]	形 正確な（⇔inaccurate）　名 accuracy（正確さ）　副 accurately（正確に）
1610	**profitable** [prɑ́ːfətəbl]	形 利益のある、収益性の高い（⇔unprofitable）　名 profit（利益）　名 profitability（収益性）　副 profitably（有益に）
1611	**allocate** [ǽləkèɪt]	動 〜を割り当てる、配分する　名 allocation（割り当て、配分）
1612	**equally** [íːkwəli]	副 等しく、同様に、均一に　形 equal（等しい、平等な）
1613	**risk** [rísk]	名 危険、恐れ（≒danger, hazard）　動 〜を危険にさらす
1614	**estimate** [名 éstəmət 動 éstəmèɪt]	名 見積もり（≒quotation）　動 〜を見積もる、評価する　関 underestimate（〜を過小評価する）
1615	**realistic** [rìːəlístɪk]	形 現実的な、妥当な　副 realistically（現実的に）
1616	**Would you like me to do 〜?**	会 〜しましょうか。

Chapter 15　交渉・契約

102 契約

いよいよポーラーベア社との契約。条件交渉はビジネスの力の見せ所です。

プラチナフレーズ

MP3 ▶ 123

商取引をする	make a business deal
わが社の部長と先方の相手	our manager and his counterpart
値下げについて交渉する	negotiate a price reduction
主導権を握る	seize the initiative
受け入れ可能な提案	an acceptable proposal
要求された条件	the conditions stipulated
手ごわい交渉人	a tough negotiator
申し出を受け入れる	accept the offer
妥協点を見出す	reach a compromise
合意に達する	reach an agreement
契約書に署名する	sign the contract
共通の目標を持つ	have some common goals

会話

一緒に仕事ができるのを楽しみにしています。

I'm looking forward to working with you.

1617	**deal** [díːl]	名 取引、契約 関 dealer（業者）　関 transaction（商取引）
1618	**counterpart** [káʊntərpɑ̀ːrt]	名 同等の人、相手
1619	**negotiate** [nəɡóʊʃièɪt]	動 ①〜について交渉する　②交渉する 名 negotiation（交渉）　形 negotiable（交渉の余地がある）
1620	**reduction** [rɪdʌ́kʃən]	名 減少、削減 動 reduce（〜を減少させる）
1621	**seize** [síːz]	動 ①〜をつかむ、奪い取る　②〜を押収する、差し押さえる ☞ 発音に注意
1622	**initiative** [ɪníʃətɪv]	名 ①主導権、イニシアチブ　②（新しい）構想、計画
1623	**acceptable** [əkséptəbl]	形 受け入れ可能な、無難な 副 acceptably（受け入れられるように）
1624	**stipulate** [stípjəlèɪt]	動 〜を要求する、規定する、明記する 名 stipulation（規定、条項）
1625	**tough** [tʌ́f]	形 ①（人が）粘り強い、したたかな　②困難な、きつい
1626	**accept** [əksépt]	動 ①〜を受け入れる　②〈仕事など〉を引き受ける（⇔refuse） 名 acceptance（採用、受け入れ）
1627	**offer** [ɔ́ːfər]	名 提案、申し出　動 ①〜を提供する　②〜を提案する ☞ 〈offer＋人＋物〉〈offer＋物＋to＋人〉（人に物を提供する）
1628	**compromise** [kɑ́mprəmàɪz]	名 妥協、和解　動 ①〜を危うくする、損なう　②妥協する ☞ 発音に注意
1629	**agreement** [əɡríːmənt]	名 ①（意見などの）一致　②協定、契約 動 agree（意見が一致する）
1630	**contract** [名 kɑ́ntrækt　動 kəntrǽkt]	名 契約、契約書　動 契約する
1631	**common** [kɑ́mən]	形 ①共通の　②一般的な、ありふれた 副 commonly（共通に）
1632	**look forward to**	熟 〜を楽しみに待つ ☞ toの後ろに動詞がくる場合はdoingの形になる

Chapter 15　交渉・契約

出題パターンチェック

交渉・契約に関連する場面です。

【Part 2】
- 「契約書にはもう目を通しましたか」→「できるだけ早く目を通します」

  > A : Have you looked over the contract?
  > B : I'll get to it as soon as possible.

- 「建物の立ち入り調査の日程を設定したいのですが」
  →「すぐに対応いたしますのでしばらくお待ちいただけますか」
- 「どうして契約交渉は中止になったのですか」
  →「両社がお互いの提案を受け入れなかったからです」

【Part 3】
- 新しくビルを建てようとしている人と、建築デザイナーの会話。図面をチェックした依頼主が、もう少し入口の数を増やさないとピーク時に混雑してしまうのではないかと懸念を伝えている

  > 設問と正解の例
  > What does the woman suggest?（女性は何を示唆していますか）
  > → Contacting the man's supervisor（男性の上司に連絡する）
  >
  > What did the woman send the man last week?
  > （女性は先週、男性に何を送りましたか）
  > → A construction schedule（建設のスケジュール）
  >
  > What does the man want to do?（男性は何をしたいですか）
  > → He wants to add another entrance.（もう1つ入口を増やす）

【Part 5】
- Jazmineさんが提案した交渉内容の変更は、役員会から全会一致の承認を受けた

Chapter 16

出張・移動

103 出張準備

> 私はリンダ。世界が認める女優よ。これからアメリカでひと仕事なの。新作映画の撮影と、ある商品のCM撮影よ。

プラチナフレーズ

旅行代理店に電話する	call a travel agency
パリ発ロンドン経由ニューヨーク行きの便	a flight from Paris to New York via London
ニューヨーク行きの直行便を予約する	book a direct flight to New York
宿泊の手配をする	make accommodation arrangements
予約の確認をする	confirm the reservation
書面で予約を変更する	change the reservation in writing
往復切符を得る	get a round-trip ticket
100ドルの燃油サーチャージを含む	include a $100 fuel surcharge
出張の旅程表	the itinerary for the business trip
不測の事態に備える	prepare for any contingency

会話

「あなたが留守の間、だれが鳥にえさをやるんですか」
「ジムに頼んだわ」

"Who's feeding your birds while you're away?"
"I asked Jim to do it."

1633 agency
[éɪdʒənsi]
名 代理店
関 agent(代理人)

1634 flight
[fláɪt]
名 航空便、フライト

1635 via
[víːə, váɪə]
前 ①〜を経由して(≒by way of)
②〜によって、〜を使用して

1636 book
[búk]
動 〈切符・座席・部屋など〉を予約する(≒reserve)　名 本、著書
名 booking(予約)

1637 direct
[dərékt]
形 直接の、直通の　動 ①〈電話〉をつなぐ、〜を向ける　②〜を指導する
副 directly(直接に)　名 direction(方向)

1638 accommodation
[əkɑ̀ːmədéɪʃən]
名 宿泊設備
動 accommodate(〜を収容できる)　形 accommodating(好意的な、親切な)

1639 confirm
[kənfə́ːrm]
動 〜を確認する、固める
名 confirmation(確認)

1640 reservation
[rèzərvéɪʃən]
名 ①予約、指定　②疑い、不安
☞ 例 have reservations about(〜に懸念を感じている)　動 reserve(〜を予約する)

1641 in writing
熟 文書で、書面で

1642 round-trip
[ráʊndtríp]
形 往復の

1643 fuel
[fjúːəl]
名 燃料
関 refuel(燃料を補給する)

1644 surcharge
[sə́ːrtʃɑ̀ːrdʒ]
名 追加料金、サーチャージ
関 airfare(航空運賃)

1645 itinerary
[aɪtínərèri]
名 旅程(表)、旅行計画

1646 business trip
名 出張
☞「出張で、商用で」はon business

1647 contingency
[kəntíndʒənsi]
名 不測の事態、偶発事故
形 contingent(偶発の)

1648 ask A to do
熟 Aに〜するように頼む
☞ 〈tell A to do〉(Aに〜するよう言う)〈want A to do〉(Aに〜してほしい)

104 搭乗

空港で手荷物検査を受けるリンダ。荷物のあまりの多さに係員もびっくりです。

プラチナフレーズ

MP3 ▶ 125

マイレージサービス	frequent flier mileage
手荷物検査を受ける	go through the security check
搭乗ゲートに進む	proceed to the boarding gate
少なくとも離陸の30分前	at least 30 minutes before takeoff
個人の手荷物	her personal belongings
いくつもの便	multiple flights
パリを発つ	originate from Paris
ニューヨーク行き	bound for NY
出発時間	departure time
最終目的地	her final destination
重量超過手荷物	overweight luggage
間もなく離陸する	take off shortly

会話

ご乗客の皆さまは、9時15分までにゲートにお越しください。

All passengers are requested to be at the gate by 9:15.

1649	**mileage** [máɪlɪdʒ]	名 総マイル数、マイレージ
1650	**security** [sɪkjúərəti]	名 警備、セキュリティ 形 secure(安全な)
1651	**proceed** [prəsíːd]	動 ①進む ②続ける 名 収益
1652	**board** [bɔ́ːrd]	動 〜に乗り込む、搭乗する 名 ①板、掲示板 ②役員会、重役 関 boarding pass(搭乗券)
1653	**at least**	熟 少なくとも (⇔at most) ☞ little(原級)-less(比較級)-least(最上級)
1654	**takeoff** [téɪkɔ̀ːf]	名 (飛行機などの)離陸 関 take off(離陸する)
1655	**belonging** [bɪlɔ́ːŋɪŋ]	名 ①[belongingsで]所有物、手荷物 ②所属するもの、付属物 動 belong(〜に所属する、付属する)
1656	**multiple** [mʌ́ltəpl]	形 複数の 動 multiply(〜を増やす、掛け算をする)
1657	**originate** [ərídʒənèɪt]	動 〜から出発する、〜を起点とする
1658	**bound for**	熟 (飛行機・電車などが)〜行きの
1659	**departure** [dɪpɑ́ːrtʃər]	名 出発 (⇔arrival) 動 depart(出発する)
1660	**final** [fáɪnl]	形 ①最後の、最終的な ②決定的な 副 finally(ついに、最後に) 動 finalize(〜を完結させる)
1661	**destination** [dèstənéɪʃən]	名 目的地、行き先 動 destine(〜を目的地とする)
1662	**overweight** [òuvərwéɪt]	形 (規定の)重量を超過した
1663	**shortly** [ʃɔ́ːrtli]	副 間もなく、近いうちに (≒soon)
1664	**be requested to do**	熟 〜しなければならない、〜することが求められる

空港

airport	[éərpɔ̀ːrt]	空港	
terminal	[tə́ːrmənl]	(空港)ターミナル	
jet plane		ジェット機	
concourse	[káːnkɔːrs]	コンコース	
check-in counter		チェックイン・カウンター	
departure lounge		出発ロビー	
arrival lobby		到着ロビー	関 carousel（回転式コンベヤー）
boarding gate		搭乗ゲート	
quarantine	[kwɔ́ːrəntìːn]	検疫	
money exchange		両替所	
traveler's check		トラベラーズチェック	
duty-free shop		免税店	exempt from taxes（税を免除された）という表現も覚えておこう
air traffic controller		航空管制官	
runway	[rʌ́nwèɪ]	滑走路	関 taxi（航空機が地上走行する）
airline	[éərlàɪn]	航空会社	
aircraft	[éərkræ̀ft]	航空機	関 craft（飛行機、船）
wing	[wíŋ]	翼	
cabin	[kǽbɪn]	客室	
pilot	[páɪlət]	パイロット	
flight attendant		客室乗務員	類 cabin attendant

ジャンル別ボキャブラリー

MP3 ▶ 126

105　機内

> リンダは機内で客室乗務員に飲み物を注文しているようです。「お客様、申し訳ございませんが、ヴィンテージものはご用意いたしておりません…」

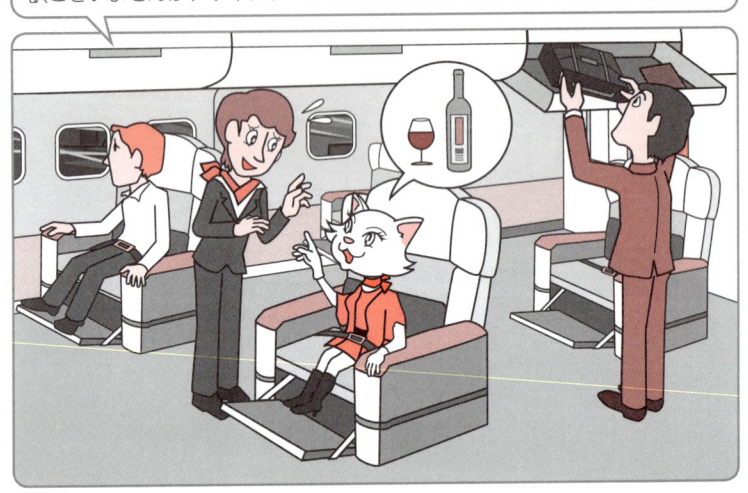

プラチナフレーズ　MP3 ▶ 127

すべての持ち込み手荷物	all carry-on luggage
頭上の収納棚	the overhead compartment
シートベルトを締める	fasten her seat belt
飛行機に乗っている乗客	passengers on board an airplane
巡航高度に達する	reach cruising altitude
飛行時間	duration of the flight
座席を倒す	recline the seat
座席を真っすぐの位置に戻す	return seat to an upright position
ひどい乱気流にあう	encounter heavy turbulence
悪天候のために遅れる	be delayed due to inclement weather

会話

ニューヨーク行きの当機にご搭乗いただき、ありがとうございます。
Welcome aboard our flight to New York.

1665 **carry-on luggage**	名 持ち込み手荷物
1666 **overhead** [óuvərhèd]	形 頭上の、高架の　名 諸経費 例 overhead cost（諸経費）
1667 **compartment** [kəmpáːrtmənt]	名 区画、(容器などの)仕切った部分
1668 **fasten** [fǽsn]	動 ～を固定する、締める 発音に注意
1669 **on board**	熟 〈船・飛行機など〉に乗って、搭乗中の(≒aboard)
1670 **cruise** [krúːz]	動 巡航する、巡遊する　名 巡航、船旅、クルージング
1671 **altitude** [ǽltətjùːd]	名 高さ、高度
1672 **duration** [djuréɪʃən]	名 (時間の)継続
1673 **recline** [rɪkláɪn]	動 ①〈いすなどの背〉を傾ける　②(～に)もたれる
1674 **upright** [ʌ́práɪt]	形 直立した、真っすぐに立った 関 horizontal（水平の）
1675 **encounter** [ɪnkáʊntər]	動 〈困難など〉にあう、遭遇する　名 遭遇
1676 **turbulence** [tə́ːrbjələns]	名 ①(大気の)乱れ、乱気流　②動乱、騒乱
1677 **delay** [dɪléɪ]	動 ①～を遅らせる　②～を延期する、延ばす 名 遅延、延期
1678 **due to**	熟 ～のために、～が原因で (≒because of、owing to、on account of)
1679 **inclement** [ɪnklémənt]	形 〈天候が〉荒れ模様の
1680 **Welcome aboard.**	会 ご搭乗[ご乗車、ご乗船]ありがとうございます。

106 入国

> リンダはついにアメリカの地に降り立ちました。「さあ、お仕事といきましょうか！ …その前に荷物、荷物」

プラチナフレーズ

2国の国境	the border between two countries
着陸許可を受ける	receive clearance to land
飛行機から降りる	disembark from the plane
税関に申告する	declare to customs
入国審査を受ける	go through immigration
乗り継ぎ客	transit passengers
パスポートを見せる	show her passport
空の旅	airplane voyage
現地時間午後1時に到着する	arrive at 1:00 P.M. local time
時差ぼけする	have jet lag
手荷物受取所でスーツケースを受け取る	pick up her suitcase at the baggage claim
はるばるパリから	all the way from Paris

会話

「フライトはどうでしたか」
「乱気流にあいましたが、問題ありませんでした」

"How was your flight?"
"It was OK, though we had some turbulence."

1681 **border** [bɔ́ːrdər]	名 境界、国境　動 ～に縁をつける
1682 **clearance** [klíərəns]	名 (～する)許可
1683 **land** [lænd]	動 着陸する (⇔take off)　名 土地、陸
1684 **disembark** [dɪsəmbάːrk]	動 (船・飛行機から)降りる (⇔embark)
1685 **declare** [dɪkléər]	動 ①〈課税品〉を申告する　②～を宣言する 名 declaration(宣言)
1686 **custom** [kʌ́stəm]	名 ①[customsで]関税、税関　②習慣、慣例　形 オーダーメイドの 形 customary(習慣の、普段の)　副 customarily(普段)
1687 **immigration** [ɪmɪɡréɪʃən]	名 ①入国(管理)　②移住、移民 動 immigrate(移住する)　関 immigrant(移民)
1688 **transit** [trǽnsət]	名 ①通過、通行　②運送、輸送 関 layover(乗り継ぎ)
1689 **passenger** [pǽsəndʒər]	名 乗客、旅客
1690 **passport** [pǽspɔ̀ːrt]	名 旅券、入場券
1691 **voyage** [vɔ́ɪɪdʒ]	名 (特に船・空の長い)旅 ☞ 発音に注意
1692 **local time**	名 現地時間
1693 **jet lag**	名 時差ぼけ 関 time difference(時差)
1694 **baggage claim**	名 手荷物受取所 関 carousel(荷物引渡用コンベヤー)
1695 **all the way**	熟 ①ずっと、はるばる　②始めから終わりまで、完全に
1696 **How was your flight?**	会 フライトはどうでしたか。

107 車

> 空港からホテルまでは車で移動です。車内でくつろぐリンダ。

プラチナフレーズ

MP3 ▶ 129

空港へリンダを迎えに行く	pick up Linda at the airport
運転している	be behind the wheel
車線を変更する	change lanes
道路標識を見る	look at the road signs
多くの歩行者	a lot of pedestrians
交差点で通りを渡る	cross the street at the intersection
車を歩道に寄せて停める	pull over to the curb
駐車場	a parking lot
指定された場所に	in the designated area
駐車禁止区域	the no-parking zone
車を違法駐車する	park a car illegally
レッカー移動される	be towed

会話

「ホテルまで車でどれくらいかかるでしょう」
「1時間ほどです」

"How long does it take to drive to the hotel?"
"Approximately one hour."

1697	**pick up**	熟 ①〜を車で迎えに行く　②〜を拾い上げる　③〈景気などが〉よくなる
1698	**wheel** [wíːl]	名 ハンドル、車輪　動 ①〈車輪のあるもの〉を動かす　②〜を〈手押し車で〉運ぶ ☞「ハンドル」はsteering wheelとも言う
1699	**lane** [léɪn]	名 ①車線、レーン　②細道、小道
1700	**road sign**	名 道路標識
1701	**pedestrian** [pədéstriən]	名 歩行者　形 歩行者(用)の
1702	**cross** [krɔ́ːs]	動 ①〜を渡る、横切る　②〜を交差させる、組み合わせる
1703	**intersection** [ìntərsékʃən]	名 交差点
1704	**pull over**	熟 車を片側に寄せる、〈車が〉片側に寄る
1705	**curb** [kə́ːrb]	名 (歩道の)縁石
1706	**parking lot**	名 駐車場 ☞ lotは「区画、用地」
1707	**designate** [dézɪgnèɪt]	動 〜を指定する、任命する 名 designation(指定、任命)
1708	**zone** [zóʊn]	名 区域、地帯(≒area)
1709	**park** [pɑ́ːrk]	動 〜を駐車する　名 公園 名 parking(駐車すること、駐車場所)
1710	**illegally** [ɪlíːgli]	副 違法に 形 illegal(違法な)　反 legal(法的な、合法の)
1711	**tow** [tóʊ]	動 〜をけん引する ☞ Part1でボートが車にけん引されている写真が出題されることもある
1712	**How long does it take to do 〜?**	会 〜するのにどれくらい時間がかかりますか。

ジャンル別ボキャブラリー

街・道路

ジャンル別ボキャブラリー

MP3 ▶ 130

avenue	[ǽvən(j)ùː]	大通り	略はAve.もしくはAv.
overpass	[óʊvərpæ̀s]	高架交差路、陸橋	
footbridge	[fʊ́tbrìdʒ]	歩道橋	
pole	[póʊl]	柱	
slope	[slóʊp]	坂	
sidewalk	[sáɪdwɔ̀ːk]	歩道	
bicyclist	[báɪsəklɪst]	自転車に乗る人	
motorist	[móʊtərɪst]	自動車に乗る人	
signpost	[sáɪnpòʊst]	道路標識	
lamppost	[lǽmppòʊst]	街灯柱	
guardrail	[gáːrdrèɪl]	ガードレール	
pay phone		公衆電話	
corner	[kɔ́ːrnər]	角	
crosswalk	[krɔ́(ː)swɔ̀ːk]	横断歩道	類 crossing
traffic sign(al)		信号機	単にsignalとも言う
bicycle shed		自転車置き場	
taxi stand		タクシー乗り場	
monument	[máːnjəmənt]	モニュメント、記念碑	
curve	[kə́ːrv]	(道路などの) カーブ	carve (彫刻する) と混同しないように
square	[skwéər]	広場	

108 事故

> ラジオから交通情報が流れてきました。運転手がリンダに知らせます。「どうやらこの先で衝突事故があったようです」

プラチナフレーズ

MP3 ▶ 131

ラジオ5000に合わせておく	stay tuned to radio 5000
高周波	high-frequency wave
1時間おきの交通情報	hourly traffic report
順調に流れる	move smoothly
突然の事故で	because of a sudden accident
衝突事故	collision accident
視聴者に交通事故への注意を促す	alert listeners to a traffic accident
事故に巻き込まれる	be involved in the accident
50号線に向かう	head for Highway 50
高速道路への出入道路にやってくる	drive up the ramp
料金所を通る	pass through a toll gate

会話

どうやら事故があったようです。　Apparently, there was an accident.

1713 **tune** [tjúːn]	動〈テレビ・ラジオ〉を(特定のチャンネルに)合わせる 名 曲、メロディー
1714 **high-frequency** [háɪfríːkwənsi]	形 高周波の
1715 **hourly** [áʊərli]	形 1時間ごとの 関 hour-long(1時間続く)
1716 **traffic** [trǽfɪk]	名 交通、交通量
1717 **smoothly** [smúːðli]	副 順調に、円滑に 形 smooth(順調な、円滑な)
1718 **because of**	熟 〜のために(≒on account of, owing to, due to)
1719 **sudden** [sʌ́dn]	形 突然の 副 suddenly(突然に)
1720 **accident** [ǽksədənt]	名 事故 形 accidental(偶然の) 副 accidentally(偶然に、誤って)
1721 **collision** [kəlíʒən]	名 衝突 関 collide against/with(〜と衝突する)
1722 **alert** [ələ́ːrt]	動 〜に注意を促す、警告する 名 alertness(用心深さ)
1723 **be involved in**	熟 ①〜に巻き込まれている、かかわっている ②〜に夢中になっている 関 involve(〜に関わらせる) 関 involvement(関与)
1724 **head** [héd]	動 ①向かう ②〜を率いる 名 (組織の)長、頭
1725 **highway** [háɪwèɪ]	名 幹線道路、主要道路 関 expressway(高速道路) 関 freeway(高速道路)
1726 **ramp** [rǽmp]	名 (高速道路などの)ランプ、傾斜路
1727 **toll** [tóʊl]	名 通行料(≒price) 関 toll-free(無料の)
1728 **apparently** [əpǽrəntli]	副 見たところは〜らしい 形 apparent(見たところ、明白な)

出張・移動

Chapter 16

109 渋滞

> 事故のため渋滞にはまってしまったリンダたち。「迂回しましょう」ところが迂回先では工事が行われていました。

プラチナフレーズ

MP3 ▶ 132

道路閉鎖	a road closure
渋滞にはまる	be stuck in a traffic jam
インターまでずっと渋滞している	be backed up all the way to the interchange
道路を通れなくする	obstruct the road
回り道を余儀なくされる	be forced to make a detour
工事のため通行止めになった	be blocked by construction
工事現場を避ける	avoid a construction site
近道をする	take a shortcut
別の道を行くよう促される	be urged to take an alternate route
渋滞を緩和する	alleviate traffic jam

会話

失礼ですが、一体いつになったらホテルに到着するのでしょう?

Pardon me, but when will we arrive at the hotel?

1729 **closure** [klóʊʒər]	名 閉鎖、閉店 動 close (〜を閉める、閉鎖する)	
1730 **stick** [stík]	動 ①〈車など〉を動けなくする ②〜を(のりで)貼りつける 名 棒、棒状のもの	
1731 **traffic jam**	名 交通渋滞 ☞ traffic congestionの形でもよく出題される	
1732 **back up**	熟 ①〈交通〉を渋滞させる ②〈車など〉を後退させる ③〜のバックアップを取る	
1733 **obstruct** [əbstrʌ́kt]	動 ①〈道など〉を通れなくする、ふさぐ(≒block) ②〈進行など〉を妨げる(≒hinder) 名 obstruction (妨げ、妨害すること)	
1734 **be forced to do**	熟 〜することを余儀なくされる	
1735 **detour** [díːtʊər]	名 回り道、遠回り 関 bypass (〜を迂回する)	
1736 **block** [blɑ́ːk]	動 〈道路・交通など〉をふさぐ(≒obstruct) 名 ①街区、区画、ブロック ②かたまり	
1737 **avoid** [əvɔ́ɪd]	動 〜を避ける ☞ 動詞を目的語に取るときは、doingの形	
1738 **construction** [kənstrʌ́kʃən]	名 建設(⇔destruction) 動 construct (〜を建設する) 形 constructive (建設的な)	
1739 **site** [sáɪt]	名 ①場所、用地 ②(インターネットの)サイト 関 Web site (ウェブサイト)	
1740 **shortcut** [ʃɔ́ːrtkʌ̀t]	名 ①近道 ②(手っ取り早い)簡単な方法	
1741 **urge** [ə́ːrdʒ]	動 〜に強く勧める	
1742 **alternate** [ɔ́ːltərnət]	形 代わりの(≒alternative)	
1743 **alleviate** [əlíːvièɪt]	動 〜を軽減する、緩和する(≒ease)	
1744 **Pardon me,**	会 ①失礼ですが ②ごめんなさい	

110 工事

> ただいま道路の工事中です。たいへんご迷惑をおかけいたしますが、安全第一で作業中でございます。ご協力をお願いいたします。

プラチナフレーズ

MP3 ▶ 133

進行中の道路工事	ongoing roadwork
工事中だ	be under construction
工事作業員	construction crew
柵の向こうに	behind the barriers
道路の表面を舗装する	pave the surface of the road
コンクリートを注いで平らにする	pour and level concrete
砂利をシャベルですくう	shovel gravel
コーンを1つずつ重ねる	stack cones on top of one another
工具を手押し車の上に置いておく	leave a tool on the wheelbarrow
上下水道	sewer and water
水漏れしたパイプ	leaking pipes

会話

仕事に行く途中、工事現場にぶつかりました。

I hit a construction site on my way to work.

1745
ongoing [Ángòʊɪŋ]
形 進行[継続]している

1746
roadwork [róʊdwə̀ːrk]
名 道路工事

1747
under construction
熟 工事中で、建設中で

1748
crew [krúː]
名 ①(技術的な作業の)一団、チーム　②乗務員、乗組員

1749
barrier [bǽriər]
名 柵、防壁

1750
pave [péɪv]
動 〈道路など〉を舗装する
☞ 例 pave the way for (〜のための道を開く)　関 pavement (舗装道路)

1751
surface [sə́ːrfəs]
名 ①表面、水面　②グラウンド　形 表面の
☞ 発音に注意

1752
level [lévl]
動 〜を平らにする、なめらかにする
名 ①レベル、水準、段階　②(水平面の)高さ

1753
shovel [ʃʌ́vl]
動 〜をシャベルですくう　名 シャベル

1754
gravel [grǽvl]
名 砂利

1755
cone [kóʊn]
名 (道路に置く)コーン

1756
on top of one another
熟 1つずつ重ねて(3つ以上)
☞ Part 1に頻出の表現　one on top of anotherの形でも使う

1757
wheelbarrow [wíːlbèroʊ]
名 手押し車
☞ Part 1に頻出

1758
sewer [súːər]
名 下水道、下水管

1759
leak [líːk]
動 ①漏れる　②〜を漏えいする　名 漏えい
形 leaky (漏れる)

1760
on my way to
熟 〜に行く途中で

111 ビルの建設

> その隣りではビルが建てられています。「私たちはバリアフリー志向の新しいビルを建設しています。竣工は来年の春を予定しております」

プラチナフレーズ

MP3 ▶ 134

設計図を描く	draw up the blueprint
斬新な建築	innovative architecture
建築許可を得る	be granted a construction permit
新しい建物の際立った特徴	prominent features of the new building
車いすが通れる	be wheelchair accessible
古い建築物を取り壊す	demolish the old structure
がれきの撤去	debris removal
頑丈な鋼鉄のフレーム	sturdy steel frames
地区の再開発	redevelopment of the district
現在進行中の	currently in progress

会話

このビルの着工は2か月前でした。 — They broke ground on this building two months ago.

1761	**draw up**	熟 ①〈文書など〉を作成する ②〈計画など〉を練る、立案する
1762	**blueprint** [blúːprìnt]	名 青写真
1763	**innovative** [ínəvèɪtɪv]	形 斬新な、刷新的な 動 innovate (〜を刷新する)
1764	**architecture** [áːrkətèktʃər]	名 建築 形 architectural (建築の)
1765	**grant** [grǽnt]	動 〜を与える ☞〈grant+人+物〉〈grant+物+to+人〉(人に物を与える)
1766	**permit** [名 pə́ːrmɪt 動 pərmít]	名 許可、許可証　動 〜を許可する ☞〈permit A to do〉(Aに〜することを許可する)　名 permission (許可)
1767	**prominent** [prάːmənənt]	形 ①目立つ、際立った (≒noticeable)　②卓越した (≒famous, eminent) 副 prominently (目立って、顕著に)
1768	**wheelchair** [wíːltʃèər]	名 車いす ☞ 例 She's pushing a wheelchair. (彼女は車いすを押している)
1769	**demolish** [dɪmάːlɪʃ]	動 〈建物〉を取り壊す (≒pull down, destroy) 名 demolition (取り壊し、解体)
1770	**structure** [strʌ́ktʃər]	名 ①建造物、建物 (≒building)　②構造　動 〜を構築する 形 structural (構造(上)の)
1771	**debris** [dəbríː]	名 破片、がれき ☞ 発音に注意
1772	**sturdy** [stə́ːrdi]	形 頑丈な、丈夫な (≒heavy-duty)
1773	**frame** [fréɪm]	名 フレーム、枠組み
1774	**redevelopment** [rìːdɪvéləpmənt]	名 再開発 動 redevelop (〜を再開発する)
1775	**in progress**	熟 進行中で (≒underway)
1776	**break ground**	熟 ①着工する、建築を始める　②土地を耕す

ジャンル別ボキャブラリー

街・道路

boulevard	[búləvàːrd]	広い並木道	略はBlvd.
alley	[ǽli]	裏道	
roadside	[róʊdsàɪd]	道路沿い	
street	[stríːt]	通り	略はSt.もしくはSt
trail	[tréɪl]	小道	
driveway	[dráɪvwèɪ]	私有車道	
commercial area		商業地域	
storefront	[stɔ́ːrfrʌ̀nt]	店先	
stall	[stɔ́ːl]	(駐車場の)区画	
outskirt	[áʊtskə̀ːrt]	場末	
grave	[gréɪv]	墓	

建築

beam	[bíːm]	はり	
peg	[pég]	くぎ	
pillar	[pílər]	支柱	
log	[lɔ́(ː)g]	丸太	
tile	[táɪl]	タイル	
brick	[brík]	レンガ	
ridge	[rídʒ]	棟	
scaffold	[skǽfld]	足場、やぐら	
crane	[kréɪn]	クレーン車	

latch	[lǽtʃ]	掛け金	
brace	[bréɪs]	留め具	
foreman	[fɔ́ːrmən]	監督、主任	
constructor	[kənstrʌ́ktər]	建設業者	類 builder
carpenter	[káːrpəntər]	大工	関 carpentry（大工仕事）
architect	[áːrkətèkt]	建築家	

出題パターンチェック

出張・移動に関連する場面です。

【Part 1】
- 旅行者たちがスーツケースを持ってターミナルを歩いている

【Part 2】
- 「Chicago行きの電車はどこで乗れますか」→「上の階に進んでください」
- 「この辺りでは、タクシーはすぐにつかまりますか」
  →「今の時間帯であれば大丈夫だと思います」
- 「駅まで車で送りましょうか」→「自分で運転するので大丈夫です」

【Part 3】
- 列車の切符を買おうとした客が満席だと伝えられ、後続の列車の切符を購入することになるという会話
- 機内に持ち込める手荷物の数を確認する電話をかけた際の会話。規則の変更で一つしか持ち込めないことになったため、乗客は荷物を詰め直すことにする

【Part 4】
- 急行列車内での、乗客に停車駅や荷物の置く場所に関する指示を伝えるアナウンス

> 設問と正解の例
> What change does the speaker say?(話し手は何の変更について話していますか)
> → Passengers should use only assigned seats.
> 　（乗客は指定された座席しか利用できない）
> What does the speaker mention about tickets?
> （話し手はチケットについて何と述べていますか）
> → They can't be purchased at the ticket counters.
> 　（チケットカウンターでは買うことができない）

【Part 7】
- 出張に必要な飛行機とホテルの手配を依頼するメールと、出張中の予定をまとめたメモ

ワンポイントアドバイス

Part 4によく登場する話題が交通情報です。ある道路が混雑しているので、迂回路を通るか公共の交通手段を使うことを勧める場合が多いです。また、混雑の理由としては、工事や天候による道路や橋の閉鎖が多く、大きなお祭りが行われていることが渋滞の理由になることもあります。
TOEICの世界では、飛行機が遅れたとき、もしくは欠航したときには、搭乗予定だった人たちにはしばしば航空割引券やホテルのクーポン券、ラウンジを使用する権利、食事券のいずれかが与えられます。遅れや欠航の理由としては、悪天候、機械系統のトラブル、遅れの理由としては空港上空の混雑などが挙げられます。

Chapter 17

ホテル

112 ホテルに泊まる

> リンダはアメリカ滞在中に泊まるホテルにやってきました。「あら、ステキな眺めね。気に入ったわ♪」

プラチナフレーズ

MP3 ▶ 136

景勝地にある豪華なホテル	a luxury hotel in a scenic area
部屋の鍵を受け取る	receive a room key
ホテルにチェックインする	check in at a hotel
1000人まで収容できる	accommodate up to 1,000 guests
街を見渡せる部屋	a room that overlooks the city
さまざまな設備を提供する	provide various amenities
スタッフの素晴らしい丁重さと親切心	wonderful courtesy and kindness of the staff
壮大な海の景色を誇る	boast a spectacular view of the ocean
スイートルームに泊まる	stay in a suite
手厚いもてなしに満足する	be satisfied with the hospitality

会話

「お荷物を部屋までお持ちいたします」
「ありがとう」

"I'll bring your luggage to your room."
"I'd appreciate that."

1777	**luxury** [lʌ́gʒəri]	形 豪華な、ぜいたくな (≒deluxe)　名 豪華さ、ぜいたく(品) 形 luxurious(豪華な、ぜいたく好きの)
1778	**scenic** [síːnɪk]	形 景色のよい、景勝の 名 scenery(景色、風景)
1779	**key** [kíː]	名 ①(扉などの)鍵　②(解決の)手がかり
1780	**check in**	熟 チェックインする(⇔check out)
1781	**accommodate** [əkɑ́mədèɪt]	動 ①〈〜人分〉を収容できる、宿泊させる　②〈人〉の便宜を図る、〈要望〉に応じる 名 accommodation(宿泊設備、収容能力)
1782	**up to**	熟 ①〜まで　②〈人〉の責任で、〈人〉次第で 例 It's up to you.(それはあなた次第です)
1783	**overlook** [òʊvərlúk]	動 ①〜を見下ろす、見渡す　②〜を見落とす、見過ごす
1784	**amenity** [əménəti]	名 生活設備、生活を快適にするもの
1785	**courtesy** [kə́ːrtəsi]	名 ①礼儀(正しさ)、丁重さ(≒politeness)　②好意 形 courteous(礼儀正しい)
1786	**boast** [bóʊst]	動 〜を誇る、自慢する
1787	**spectacular** [spektǽkjələr]	形 壮大な、目を見張る、見ごたえのある 関 gorgeous(素晴らしい)、panoramic(広大な)、breathtaking(息を飲むような)
1788	**view** [vjúː]	名 ①眺め、景色　②見解、意見　動 〜を見る、考える 関 viewer(視聴者)
1789	**suite** [swíːt]	名 スイートルーム
1790	**satisfied** [sǽtəsfàɪd]	形 満足した 名 satisfaction(満足)　関 dissatisfy(〜に不満を抱かせる)
1791	**hospitality** [hɑ̀ːspətǽləti]	名 手厚いもてなし、接待
1792	**I'd appreciate that.**	会 ありがとうございます。感謝します。

113 レストラン

夜は高級レストランでお食事です。「ちょっと、私に肉を出すなんてどういうつもり？ 魚を出してちょうだいな」

プラチナフレーズ

高級グルメレストラン	an upscale gourmet restaurant
フランス料理	French cuisine
メニューを見て注文する	order from the menu
3種類の主菜から選ぶ	have a choice of three entrees
そのレストランの名物料理	a specialty dish of the restaurant
無料の前菜	a complimentary appetizer
さまざまな種類のお酒	different types of alcoholic beverages
高級ワインを飲む	drink a vintage wine
シェフに食材について尋ねる	ask the chef about the ingredients
彼女にデザートを出す	serve desserts to her
本格的なフランス料理を楽しむ	enjoy authentic French dishes

会話

「ケーキをもう1切れいかがですか」
「いえ、もう十分です」

"Would you like another piece of cake?"
"No. That's enough."

1793 **upscale** [ʌ́pskèɪl]	形 高級な、上流階級の (≒high-end)
1794 **gourmet** [ɡuərméɪ]	名 美食家、グルメ
1795 **cuisine** [kwɪzíːn]	名 料理
1796 **menu** [ménjuː]	名 メニュー、献立表
1797 **choice** [tʃɔ́ɪs]	名 選択 動 choose (〜を選ぶ)
1798 **entree** [áːntreɪ]	名 ①主菜　②入場
1799 **specialty** [spéʃəlti]	名 ①(店などの)名物、特製品、得意料理　②専門、専攻 形 special (特別な、専門の)　動 specialize (〜を専門にする)
1800 **complimentary** [kàːmpləméntəri]	形 無料の、優待の
1801 **appetizer** [ǽpətàɪzər]	名 前菜
1802 **alcoholic** [ælkəháːlɪk]	形 アルコールの ☞ 発音に注意　名 alcohol (アルコール)
1803 **vintage** [víntɪdʒ]	形 高級な、極上の、ビンテージものの
1804 **chef** [ʃéf]	名 シェフ、料理長
1805 **ingredient** [ɪnɡríːdiənt]	名 成分、材料、食材
1806 **serve** [sə́ːrv]	動 ①〈食べ物〉を出す、〈人〉に食事を出す　②〈客〉に応対する　③〈職務・任期〉を務める 名 service (サービス、業務)
1807 **authentic** [ɔːθéntɪk]	形 本物の、真の (≒genuine)
1808 **That's enough.**	会 それで十分です。

Chapter 17　ホテル

ジャンル別ボキャブラリー

ホテル

front desk		フロント	
receptionist	[rɪsépʃənɪst]	受付係	
concierge	[kà:nsiéərʒ]	コンシェルジュ	
housekeeping	[háʊskì:pɪŋ]	客室係、ハウスキーピング部	
single occupancy		1人部屋	「2人部屋」ならdouble occupancy
twin beds		ツインベッド	
floor lamp		フロアランプ	
armchair	[á:rmtʃèər]	ひじ掛けいす	
wake-up call		モーニングコール	
ballroom	[bɔ́:lrù:m]	ダンスルーム	
banquet hall		宴会ホール	
annex	[ǽneks]	別館、離れ	
bar	[bá:r]	バー	
swimming pool		プール	
court	[kɔ́:rt]	(テニスなどの)コート	

料理

bread	[bréd]	パン
cereal	[síəriəl]	シリアル
salad	[sǽləd]	サラダ
soup	[sú:p]	スープ
steak	[stéɪk]	ステーキ

ジャンル別ボキャブラリー

MP3 ▶ 138

noodle	[núːdl]	めん類	
ham	[hǽm]	ハム	
bacon	[béɪkən]	ベーコン	
sausage	[sɔ́(ː)sɪdʒ]	ソーセージ	
butter	[bʌ́tər]	バター	
cheese	[tʃíːz]	チーズ	
yogurt	[jóʊgərt]	ヨーグルト	
dessert	[dɪzə́ːrt]	デザート	
strawberry	[strɔ́ːbèri]	いちご	
grape	[gréɪp]	ブドウ	
cherry	[tʃéri]	さくらんぼ	
peach	[píːtʃ]	桃	
pineapple	[páɪnæ̀pl]	パイナップル	
mango	[mǽŋgoʊ]	マンゴー	
raspberry	[rǽzbèri]	ラズベリー	
pastry	[péɪstri]	(パイやタルトなどの)ペストリー	
cookie	[kʊ́ki]	ビスケット	
candy	[kǽndi]	あめ	

ワンポイントアドバイス

料理に関する話題はTOEICテストには頻出です。レストラン自体が会話の場面になることも多く、料理の専門学校や料理コンテスト、有名なレストランやシェフの紹介に関する話題が登場します。また、シェフを紹介する記事などではhis specialty(彼の得意料理・十八番)という表現が使われることがあるので知っておくとよいでしょう。

114 トラブル

> リンダは室内でさまざまなトラブルに見舞われました。「ニャ〜〜〜！！」

プラチナフレーズ

MP3 ▶ 139

不測の事態	unexpected events
空調システムが故障する	have trouble with the air-conditioning system
インターネット接続の不具合	an Internet connection malfunction
修理工を待つ	wait for a repairman
電子部品を点検する	check electronic components
沈殿物の詰まった排水管	drains clogged with a sediment
浴室のパイプの破裂	a burst pipe in the bathroom
すぐに配管工に連絡する	contact a plumber right away
真ちゅうのバルブを取り換える	replace the brass valve
予約超過だ	be overbooked
法外なインターネット代を請求する	charge an outrageous fee for the Internet

会話

その部屋はもはや使用することができません。　The room can no longer be available.

1809 **unexpected** [ʌnɪkspéktɪd]	形 予期しない、思いがけない、不測の (≒unforeseen ⇔expected) 副 unexpectedly (思いがけなく、突然に)
1810 **air-conditioning** [éərkəndìʃənɪŋ]	名 空調、冷房
1811 **malfunction** [mælfʌ́ŋkʃən]	名 不調 動 うまく機能しない
1812 **repairman** [rɪpéərmæn]	名 修理工
1813 **electronic** [ɪlèktrɑ́:nɪk]	形 電子工学の、電子の 副 electronically (電子的に、コンピューターを用いて)
1814 **component** [kəmpóunənt]	名 ①部品 ②構成要素、成分
1815 **drain** [dréɪn]	名 排水管 動 ①〈水気〉を切る ②〈人材など〉を流出させる 名 drainage (排水)
1816 **clog** [klɑ́:g]	動 ①〈管など〉を詰まらせる ②〜の動きを鈍らせる
1817 **sediment** [sédəmənt]	名 沈殿物、おり、かす
1818 **burst** [bə́:rst]	名 破裂、爆発 動 破裂する、爆発する
1819 **plumber** [plʌ́mər]	名 配管工 ☞ 発音に注意 関 plumbing (配管工事)
1820 **brass** [brǽs]	名 真ちゅう
1821 **valve** [vǽlv]	名 弁、バルブ
1822 **overbook** [òuvərbúk]	動 予約を取りすぎる 名 overbooking (予約超過)
1823 **outrageous** [àutréɪdʒəs]	形 常軌を逸した、法外な
1824 **no longer**	熟 もはや〜ない

Chapter 17 ホテル

出題パターンチェック

ホテルに関連する場面です。

【Part 2】
- 「どちらに滞在予定ですか」→「New Hampshireホテルです」

【Part 4】
- 環境保護財団の主催する晩餐会の会場のホテルが変更になったことを伝える電話メッセージ
- 造園業者に対してホテルの経営者が仕事を依頼する内容の電話メッセージ。駐車場とホテルの庭の間に、目隠しとなるように低木の植え込みを作ってほしいと依頼している

> 設問と正解の例
> Where most likely does the caller work?
> （電話のかけ手はどこで働いていると考えられるか）
> → At a hotel（ホテルで）
>
> What does the caller want to do?（電話のかけ手は何をしたいのですか）
> → Arrange for yard maintenance（庭の手入れの手配）

【Part 5】
- チェックアウトする客は、フロントでインターネット使用料を支払うことになっている
- 自分でホテルと航空券を手配することができれば、費用がかなり安くなることが分かった
- そのホテルは素晴らしい海の景色を望めるだけでなく、ビーチや繁華街も近い
- Splendidホテルでは、最高のお食事とビジネス会議に必要なもののすべてを備えている

【Part 7】
- ホテルの経営者から経営コンサルタントにあてた、懸案事項に関する打ち合わせの機会を持ちたいということを伝える手紙。経営者は伝統ある競合他社に負けないようなサービスを打ち出したいと考えている

Chapter 18

広告制作

115 撮影

新作映画の撮影が行われています。舞台はどうやら裁判所のようです。リンダは一体どんな法廷ドラマを見せてくれるのでしょうか？

プラチナフレーズ　MP3▶140

映画の出演者	the cast of the movie
映画のあらすじ	the plot of the film
どこか深みのあるストーリー	a somewhat profound story
ロマンスとサスペンスのミックス	mix of romance and suspense
非常に多くの言語に翻訳される	be translated into numerous languages
有名な映画監督	a renowned movie director
申し分のないロケ地	a perfect location
風景のシーンを撮影する	shoot footage of landscape
ドラマチックなシーン	a dramatic scene
中心的な役割を演じる	play a pivotal role

会話

「どちらのロケ地がよろしいですか」
「どちらもいいわね」

"Which location do you prefer?"
"Either is fine."

Chapter 18 広告制作

1825 cast [kǽst]
- 名 出演者、キャスト 動 〈光・影など〉を投げかける
- ☞ 例 cast a shadow (影を投げかける)

1826 plot [plɑ́:t]
- 名 (小説・劇などの)あらすじ、プロット
- 関 scenario (筋書き、シナリオ)

1827 somewhat [sʌ́mwʌ̀t]
- 副 いくぶん、多少

1828 profound [prəfáʊnd]
- 形 ①深い、深みのある ②〈影響などが〉重大な

1829 mix [míks]
- 名 ミックス、混合物 動 ~を混ぜる (≒blend)
- 名 mixture (混合(物)) 形 mixed (混じり合った)

1830 romance [roʊmǽns]
- 名 ロマンス、恋愛
- 形 romantic (ロマンチックな)

1831 translate [trǽnsleɪt]
- 動 ~を翻訳する
- 名 translation (翻訳) 関 translator (翻訳家)

1832 numerous [njú:mərəs]
- 形 非常に多くの、多数の
- 副 numerously (多く、豊富に) 関 numerical (数字の)

1833 renowned [rɪnáʊnd]
- 形 有名な、名高い (≒famous, celebrated, distinguished, highly-respected)
- 名 renown (名声)

1834 perfect [pə́:rfɪkt]
- 形 ①申し分のない、完全な、完ぺきな ②最適の (≒ideal)
- 副 perfectly (完全に、まったく)

1835 shoot [ʃú:t]
- 動 ①(~を)撮影する ②~を撃つ、射る 名 撮影

1836 footage [fʊ́tɪdʒ]
- 名 (映画の)シーン、映画

1837 landscape [lǽndskèɪp]
- 名 風景、景色 動 庭師をする、~を美化する
- 関 landscaper (庭師、造園家)

1838 dramatic [drəmǽtɪk]
- 形 ドラマチックな、劇的な
- 副 dramatically (劇的に)

1839 pivotal [pívətl]
- 形 とても重要な

1840 Either is fine.
- 会 どちらでも結構です。

116 スタジオ

> 今日はCMナレーションの収録です。リンダの完ぺきな英語にスタッフも大満足の様子です。

"Polar Bear's ice cream!"

プラチナフレーズ

MP3 ▶ 141

テレビコマーシャルを制作する	create a TV commercial
スタジオで	at a studio
スポット広告の放送時間	airtime for advertising spots
全国で放映される	be broadcast nationwide
有名な映画スターを起用する	feature an eminent movie star
レコーディングを行う	make a recording
英語でナレーションをする	narrate in English
魅力的な声で	in a fascinating voice
英語が堪能だ	be fluent in English
まるで英語話者のように	as if she were a native English speaker
正確に言葉を発する	articulate words properly

会話

子供のころ、しばらくロンドンに住んでいたことがあります。

I used to live in London for a while when I was a child.

1841	**create** [kriéɪt]	動 〈新しいもの〉を制作する、創造する 名 creation（創造）　形 creative（創造的な）
1842	**commercial** [kəmə́:rʃəl]	名 コマーシャル　形 商業上の 名 commerce（商業）　副 commercially（商業上）
1843	**studio** [stjú:dioʊ]	名 ①スタジオ　②仕事場、アトリエ　③ダンス練習場
1844	**airtime** [éərtàɪm]	名 放送時間
1845	**spot** [spɑ́t]	名 ①（テレビ・ラジオの）短い広告　②場所、地点 動 〜を見つける
1846	**nationwide** [néɪʃənwàɪd]	副 全国的に　形 全国的な 関 worldwide（世界中で）
1847	**eminent** [émənənt]	形 ①有名な、著名な（≒famous）　②すぐれた
1848	**recording** [rɪkɔ́:rdɪŋ]	名 レコーディング、録音、録画 動 record（〜を録音する、録画する、記録する）
1849	**narrate** [nǽreɪt]	動 ナレーションをする 関 narrator（ナレーター）　関 narrative（物語）
1850	**fascinating** [fǽsənèɪtɪŋ]	形 魅力的な 動 fascinate（〜を魅了する）
1851	**fluent** [flú:ənt]	形 流ちょうな 名 fluency（流ちょうさ）　副 fluently（流ちょうに）
1852	**as if 〜**	熟 まるで〜のように（≒as though）
1853	**native** [néɪtɪv]	形 ①（ある土地に）生まれた、その土地の　②母国の　名 （ある土地の）出身者 例 be native to（〜原産の）
1854	**articulate** [動 ɑ:rtíkjəlèɪt 形 ɑ:rtíkjələt]	動 〜をはっきり発音する　形 考えをはっきり述べる
1855	**properly** [prɑ́pərli]	副 正確に、適切に、きちんと 形 proper（適切な）
1856	**used to do**	熟 （かつて）〜していた be used to doing（〜するのに慣れている）との違いに注意

117 書籍編集

> 雑誌にも新商品の広告を打ちます。編集チームによる作業が手際よく進められていきます。

プラチナフレーズ

MP3▶142

トップの雑誌出版社	the premier publisher of magazines
雑誌を出版する	publish a magazine
業界誌	trade journal
雑誌でその映画を特集する	feature that film in the magazine
雑誌編集者	periodical editors
5人で構成されているチーム	the team consisted of five people
原稿を編集する	edit a script
原稿を校正する	proofread a manuscript
誤植を見つける	find some typographical errors
著作権を保護する	protect copyrights
印刷に間に合うように	in time for printing

会話

出版の準備ができた。	It's ready for publication.

1857
premier [prɪmíər]
形 トップの、一流の、主要な

1858
publisher [pʌ́blɪʃər]
名 出版社
動 publish(〜を出版する)　名 publishing(出版業)

1859
publish [pʌ́blɪʃ]
動 ①〜を出版する　②〜を発表する、公表する
名 publishing(出版業)　関 publisher(出版社)

1860
journal [dʒə́:rnl]
名 (専門的な)定期刊行物、雑誌
関 journalism(ジャーナリズム)　関 journalist(ジャーナリスト)

1861
feature [fí:tʃər]
動 〜を特集する、呼び物にする(≒profile)　名 ①特徴(≒characteristic)　②特集
☞ 人物を特集する内容がPart4と7に登場する

1862
editor [édətər]
名 編集者
動 edit(〜を編集する)　形 editorial(編集の)

1863
consist [kənsíst]
動 〜から成り立つ(≒be made up of)
☞ 例 consist in (〜にある)　形 consistent(一貫した)

1864
edit [édət]
動 〜を編集する、〈原稿〉を校正する
名 edition((本の)版)　関 editor(編集者)

1865
script [skrípt]
名 ①原稿、脚本　②計画

1866
proofread [prú:frì:d]
動 〜を校正する
関 proofreader(校正者)

1867
manuscript [mǽnjəskrìpt]
名 (手書き・タイプの)原稿

1868
typographical [tàɪpəgrǽfɪkl]
形 印刷の

1869
copyright [ká:piràit]
名 著作権、版権

1870
in time for
熟 〜に間に合う

1871
printing [príntɪŋ]
名 ①印刷、印刷業　②印刷物、版
動 print(〜を印刷する)

1872
be ready for
熟 〜の準備ができた

118 デザイン

新商品アイスの広告がデザインされています。興味深げにのぞき込むケンとチーフ。

プラチナフレーズ

チラシをデザインする	design a flyer
仕事を外部委託する	outsource the work
フリーランスのウェブデザイナー	an independent freelance Web designer
自分の事務所を構える	have his own office
天才として知られている	be known as a genius
とても頼りになる	be highly reliable
販売用パンフレットのレイアウト	layout for the sales brochure
会社ロゴ	the corporate logo
若い顧客を引きつける	attract young people
ポスター用の写真を拡大する	enlarge a photograph for the poster
ポスターの最終版	the final version of the poster

会話

「若者受けしそうですね」
「私もそう思います」

"It looks like it would be well received by young people." "I suppose you're right."

1873 **design** [dɪzáɪn]	動 ①〜をデザインする、設計する ②〜をするよう計画する 名 デザイン、設計 関 designer（デザイナー）
1874 **outsource** [áʊtsɔ̀ːrs]	動〈業務の一部〉を（外部に）委託する 関 in-house（社内の、社内で）
1875 **independent** [ɪ̀ndɪpéndənt]	形 独立した（⇔dependent） 名 independence（独立） 副 independently（独立して）
1876 **freelance** [fríːlæns]	形 フリーランスの
1877 **own** [óʊn]	形 自分自身の、独自の 動 〜を所有する ☞ on one's own（自力で、独力で） 関 owner（所有者）
1878 **be known as**	熟 〜として知られている
1879 **highly** [háɪli]	副 ①非常に ②高く 形 high（高い）
1880 **reliable** [rɪláɪəbl]	形 頼りになる、信頼できる（⇔unreliable） 名 reliability（信頼性） 副 reliably（確実に） 動 rely（頼る）
1881 **layout** [léɪàʊt]	名 ①レイアウト、割り付け ②地取り、配置、設計
1882 **brochure** [broʊʃʊ́ər | bróʊʃə]	名 パンフレット、小冊子 ☞ 小冊子になったものをpamphlet、1枚のちらしをleafletと言う
1883 **logo** [lóʊgoʊ]	名 ①ロゴ ②合言葉、モットー
1884 **attract** [ətrǽkt]	動 〜を引きつける、魅了する（⇔distract） 形 attractive（魅力的な） 名 attraction（魅力、呼び物）
1885 **enlarge** [ɪnlɑ́ːrdʒ]	動 ①〈写真など〉を拡大する、引き伸ばす ②〈建物・事業など〉を大きくする 名 enlargement（拡大）
1886 **poster** [póʊstər]	名 ポスター、広告びら
1887 **version** [və́ːrʒən]	名 版、バージョン
1888 **suppose** [səpóʊz]	動 〜だと思う

Chapter 18 広告制作

119 ウェブ

ロバートたちは、新商品の専用ページを作ることにしました。消費者から直接に商品の感想を聞くことができます。

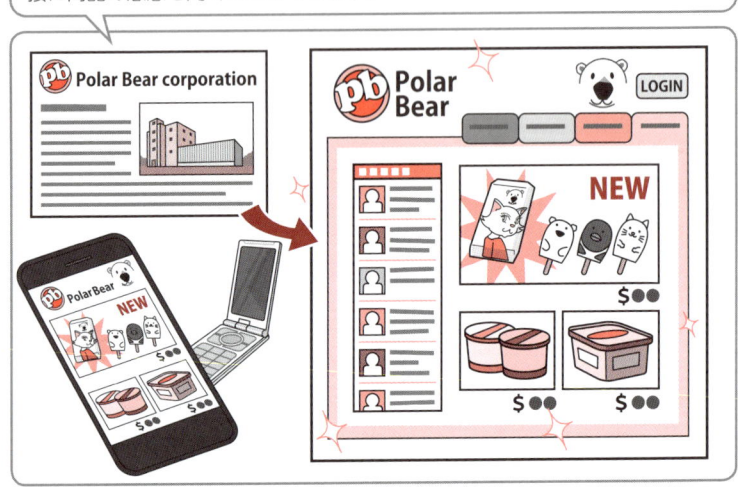

プラチナフレーズ

MP3 ▶ 144

ウェブサイトの新しいコンテンツ	new contents of the Web site
ウェブサイトへのリンク	a link to a Web site
携帯電話の代わりに	instead of a cell phone
お客さんと交流する手段として	as the means to communicate with customers
サイトにログオンする	log on to a Web site
ファイルをダウンロードする	download a file
ネットで商品を買う	buy items online
既存のサイトを整備する	modify the existing site
一定の間隔でサイトを更新する	update the site at regular intervals
ウィルスの感染を疑う	suspect virus infection
求められていないメールをブロックする	block unsolicited e-mails
脅威を取り除く	eliminate threats

会話

詳しくは、弊社ウェブサイトPolarBear.comをご覧ください。

For more information, please visit our Web site at PolarBear.com.

1889 content [kάntent]	名 ①（コンピュータの）コンテンツ　②中身、内容
1890 link [líŋk]	名 ①（コンピュータの）リンク　②（電車などの）連絡線　③つながり
1891 instead of	熟 ～の代わりに、～しないで
1892 cell phone	名 携帯電話 ☞ cellular phone、mobile phoneとも言う。スマートフォンはsmart phone
1893 means [mí:nz]	名 手段、方法
1894 communicate [kəmjú:nəkèit]	動 意思疎通をする 名 communication（コミュニケーション）
1895 log on to	熟 ～にログインする、アクセスする（≒log in to）
1896 download [dáʊnlòʊd]	動 ～をダウンロードする（⇔upload） 形 downloadable（ダウンロードできる）
1897 online [á:nláɪn]	副 ネットで　形 ①オンライン上の　②ネットに接続している 関 virtual（ネット上の、仮想の）
1898 modify [mάdəfàɪ]	動 ～を（部分的に）変更する 名 modification（変更）
1899 existing [ɪgzístɪŋ]	形 既存の、現在の 動 exist（存在する、生存する）
1900 interval [íntərvl]	名 間隔
1901 infection [ɪnfékʃən]	名 感染 動 infect（感染する）
1902 unsolicited [ʌ̀nsəlísətɪd]	形〈贈り物・電話などが〉望まれていない 関 solicit（〈金銭などを〉請求する）
1903 threat [θrét]	名 脅威 動 threaten（～を脅かす）
1904 For more information,	会 詳しくは

Chapter 18　広告制作

出題パターンチェック

広告制作に関連する場面です。Part 4やPart 7には、雑誌や情報誌への原稿・写真の募集（場合によってはコンテスト）に関する話題が登場します。「応募者はある期限までに、未発表の作品を提出してください」という内容のものがよく出題され、コンテストの場合は、入賞者・優秀者には賞品や賞金が贈られるか、雑誌（情報誌など）への掲載が約束されたりします。

【Part 1】
- 女性がスタジオ内にある制御盤の前に座っていて、その操作を行っている最中だ

> She is sitting in front of a control panel.（女性が制御盤の前に座っている）

【Part 3】
- コンサートツアーを終えた有名ミュージシャンへの、ツアーの感想と今後の抱負についてのインタビュー。そのミュージシャンは音楽学校を開校しようと考えている

> 設問と正解の例
> Who most likely is the man?（男性は何者だと考えられますか）
> → An accomplished artist（熟練したアーティスト）
> What will the man do next month?（男性は来月何をする予定ですか）
> → Release a new album（新しいアルバムをリリースする）
> What is the man going to do in the near future?
> （男性は近い将来何をする予定ですか）
> → He's going to open his own music school.（自分の音楽学校を開校する）

- 新しく出版する書籍のカバーデザインを依頼するアーティストを誰にするかを相談している、出版社の社員同士の会話。本の内容にふさわしいデザイナーに心当たりがあるので、その人に頼んでみることにする

【Part 5】
- アドバンスト・ビーコン・テクノロジー社は、私たちの提案した新規販促キャンペーンの広告内容を好意的に受け入れた
- 飛行機の到着が遅れたため、Akira Yashimaは禁猟区でのドキュメンタリーの撮影を中止しなければならなくなった
- Abby Theatreの広告戦略は、主にデジタルメディアを中心としたものになりつつある

【Part 7】
- 新規開店するコンピューターショップを紹介する記事と、記事の感想を伝えると同時に新規に雑誌に掲載するためのインタビューの依頼を新店長に行うためのメール。話題の新型PCの発売とお店のオープンの日程が重なっているため、店長は幸先のいいスタートが切れそうだと期待している

Chapter 19

製造・流通

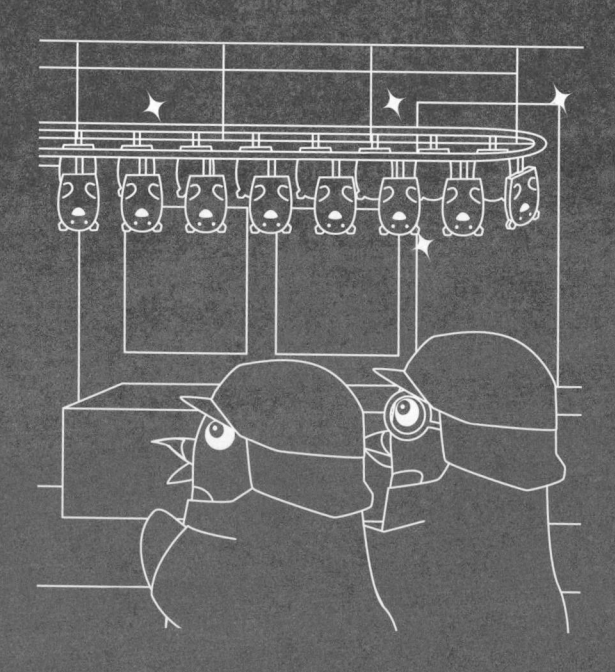

120 工場

> ここはポーラーベア社の工場内。最先端の技術を駆使して新商品のアイスが生産されています。

プラチナフレーズ

MP3 ▶ 145

辺ぴな地域の工場	a factory in a remote area
広大な敷地	its vast grounds
制服を着る	put on a uniform
機械を操作する	operate the machinery
先進技術を要する	require advanced technology
最新式の設備	state-of-the-art facility
産業用ロボットを配置する	deploy industrial robots
新しい機器を導入する	install a new device
工場の生産能力	the plant's production capacity
工場の生産量	the factory's output
生産性を高める	improve productivity

会話

注意：工場内では必ずヘルメット着用のこと

Caution: Wear a helmet at all times in the factory.

1905	**factory** [fǽktəri]	名 (大量生産の)工場(≒plant、mill) ☞ plantは近代設備の整った工場、millは原材料加工の工場
1906	**remote** [rimóut]	形 ①辺ぴな、遠く離れた(≒distant、outlying) ②(可能性などが)わずかな 副 remotely(遠くで、ちっとも)
1907	**vast** [vǽst]	形 広大な、広い 副 vastly(広大に、おおいに)
1908	**uniform** [jú:nəfɔ̀:rm]	名 制服、ユニフォーム 形 一様な 副 uniformly(一様に、均一に)
1909	**operate** [ápərèit]	動 ～を操作する、運転する 名 operation(操作、運転) 形 operational(運転できる、操作上の)
1910	**machinery** [məʃí:nəri]	名 機械類 ☞ 集合的に機械類を指すので、複数形にはならない 名 machine(機械)
1911	**advanced** [ədvǽnst]	形 ①進歩的な、進歩した(≒up-to-date) ②上級の、高等の(⇔elementary) 動 advance(～を進める、前進させる) 名 advancement(促進、昇進)
1912	**technology** [tekná:lədʒi]	名 科学技術、工業技術 形 technological(科学技術の、工業技術の)
1913	**facility** [fəsíləti]	名 設備、施設
1914	**deploy** [diplɔ́i]	動 ①～を配置する、配備する ②〈議論など〉を効果的に展開する
1915	**industrial** [indʌ́striəl]	形 産業の、工業の 名 industry(産業) 関 industrious(勤勉な、熱心な)
1916	**device** [diváis]	名 機器、装置 動 devise(～を工夫する)
1917	**capacity** [kəpǽsəti]	名 ①能力(≒ability) ②収容力、容量 ☞ capacityは「(潜在的な)能力」という意味で、abilityは能力一般を指す
1918	**output** [áutpùt]	名 生産量、生産高(≒production)
1919	**productivity** [pròudʌktívəti]	名 生産性 形 productive(実りの多い、生産的な)
1920	**caution** [kɔ́:ʃən]	名 警告、注意 形 cautious(注意深い) 副 cautiously(注意深く)

121 工場見学

> 工場見学中のケンとピーター。普段なかなか目にすることができない光景に興味津々の様子です。

プラチナフレーズ

MP3 ▶ 146

工場見学	the factory tour
工場の敷地内では	on factory premises
マスクを着用する	wear masks
製造工程	the production process
アイスクリームを製造する	produce ice cream
工場長の監督の下で	under the factory manager's supervision
自動組み立てライン	automated assembly line
製品をベルトコンベヤーに載せる	put products onto the conveyor belt
原料を混ぜたもの	mixture of ingredients
絶えず点滅する計器	indicators that flash continuously
正常に作動する	function properly
エラーを検出する	detect errors

会話

あなた方に私たちの工場をご案内することができて光栄です。

It's my pleasure to guide you on a tour of our factory.

1921	**tour** [túər]	名 見学、(観光)旅行 (≒trip)　動 ～を見学する、旅行する　関 tourism(観光業)　関 tourist(観光客)
1922	**premise** [prémɪs]	名 [premisesで]建物、構内、土地
1923	**mask** [mǽsk]	名 マスク　関 shield(防御物、盾)
1924	**process** [prɑ́:sès]	名 工程、過程　動 ～を処理する　名 processing(処理)　関 processor(加工機、処理装置)
1925	**produce** [動 prədjú:s 名 próud(j)u:s]	動 ～を製造する、生産する　名 農産物　名 production(製造、生産)　名 product(製品)
1926	**supervision** [sù:pərvíʒən]	名 監督、管理　動 supervise(～を監督する)　形 supervisory(監督の)　関 supervisor(監督者)
1927	**automated** [ɔ́:təmèɪtɪd]	形 オートメーション化されている　動 automate(～をオートメーション化する)
1928	**assembly line**	名 (大量生産の)組み立てライン　関 assemble(～を組み立てる)
1929	**conveyor belt**	名 ベルトコンベヤー
1930	**mixture** [míkstʃər]	名 混合(物)　動 mix(～を混ぜる)
1931	**indicator** [índəkèɪtər]	名 計器、インジケーター　動 indicate(～を示す)
1932	**flash** [flǽʃ]	動 点滅する、ぴかっと光る　名 (カメラの)フラッシュ
1933	**continuously** [kəntínjuəsli]	副 絶えず、継続的に　動 continue(～を続ける)　形 continuous(絶え間ない)
1934	**function** [fʌ́ŋkʃən]	動 ①作動する、働く (≒work) ②機能を果たす　名 機能、働き　☞ 例 function room(大会会場)　形 functional(作動できる、機能を果たせる)
1935	**detect** [dɪtékt]	動 ～を見つける、検出する
1936	**It's my pleasure to do ～.**	会 ～して光栄です。

Chapter 19　製造・流通

122 品質検査

食品の品質管理には細心の注意を払います。厳しい基準をクリアした商品だけが市場に出荷されるのです。

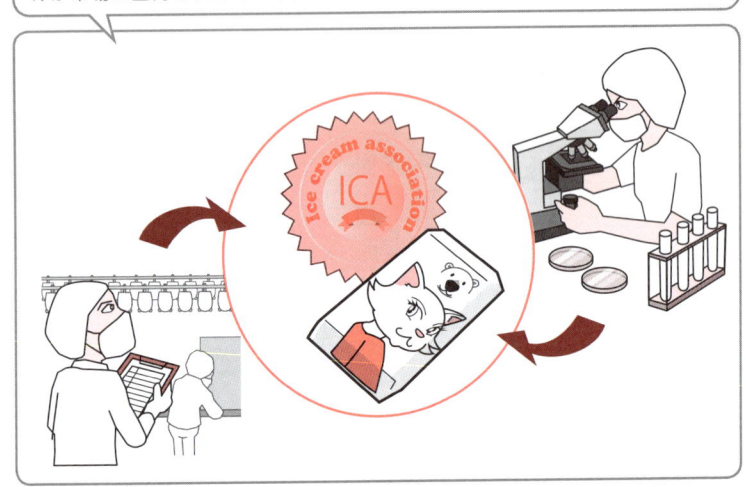

プラチナフレーズ

MP3▶147

工場を定期的に視察する	inspect the factory regularly
資格を持った検査官	a certified inspector
無作為に製品を取り上げる	pick up items at random
常に監視されている	be monitored at all times
厳しい品質管理	strict quality control
基準を満たす	meet the standard
傷みやすい食品	perishable food
衛生基準を順守する	observe sanitary regulations
公式に認められたアイスクリーム	officially endorsed ice cream
アイスクリーム協会	Ice Cream Association

会話

この商品は品質保持期間が短めです。 This item has a shorter shelf life.

1937 **inspect** [ɪnspékt]	動 ～を調べる、検査する (≒examine) 名 inspection (検査) 関 inspector (検査官)
1938 **regularly** [régjələrli]	副 ①定期的に ②頻繁に 形 regular (定期的な) 動 regularize (～を規則正しくする)
1939 **certified** [sə́ːrtəfàɪd]	形 公認の、資格を持った 動 certify (～を証明する) 名 certification (証明、認証)
1940 **inspector** [ɪnspéktər]	名 調査[検査]官 動 inspect (～を詳しく調べる)
1941 **at random**	熟 無作為に、ランダムに (≒randomly)
1942 **monitor** [mάnətər]	動 ～を監視する、観察する 名 ①(コンピュータの)モニター ②監視装置、監視員
1943 **at all times**	熟 いつも、常に (≒always)
1944 **strict** [stríkt]	形 厳しい、厳密な (≒stringent, rigorous) 副 strictly (厳しく)
1945 **quality control**	名 品質管理 関 quality (質) 関 quantity (量)
1946 **standard** [stǽndərd]	名 基準、標準 形 標準の、普通の (≒usual, normal) 動 standardize (～を規格化する、標準化する)
1947 **perishable** [périʃəbl]	形 傷みやすい、腐りやすい 関 spoil (～を腐らせる、駄目にする)
1948 **sanitary** [sǽnətèri]	形 衛生の 名 sanitation (公衆衛生) 関 hygiene (衛生状態)
1949 **officially** [əfíʃəli]	副 公式に、正式に 形 official (公式の)
1950 **endorse** [ɪndɔ́ːrs]	動 ～を公に支持する、保証する 名 endorsement (認証)
1951 **association** [əsòʊsiéɪʃən]	名 会、協会 動 associate (～を関連づける)
1952 **shelf life**	名 品質保持期間、貯蔵期間

Chapter 19 製造・流通

123 ごみの処理

> 環境への配慮を大切に考えているポーラーベア社にとっては、ごみの処理も重要な課題です。

プラチナフレーズ

ペットボトル飲料を捨てる	throw away a bottled drink
ごみ入れの中に	in the rubbish bin
ごみ処理の規則	garbage disposal rules
ごみ条例	a litter ordinance
法律に従って	in compliance with the law
有害物質の使用を最小限にする	minimize the use of hazardous material
牛乳パックをリサイクルする	recycle milk cartons
リサイクル用のごみ箱	a recycling bin
ごみの量を減らすよう努める	strive to reduce waste
再生原料	reused materials

会話

我々は環境への影響を考慮に入れなければならない。

We must take into consideration impact on the environment.

1953	**throw away**	熟 ～を捨てる (≒discard ⇔pick up)
1954	**bin** [bín]	名 ふた付きの大箱、貯蔵容器
1955	**disposal** [dɪspóuzl]	名 ①処分、処理 ②処分の自由、自由裁量 関 dispose(～を処分する)
1956	**litter** [lítər]	名 ごみ、くず、散らかったもの 動 (～を)散らかす
1957	**ordinance** [ɔ́ːrdənəns]	名 (地方自治体の)条例
1958	**in compliance with**	熟 〈要求・命令〉に従って
1959	**law** [lɔ́ː]	名 法律 ☞ 例 law office(法律事務所) 関 lawyer(弁護士)
1960	**minimize** [mínəmàɪz]	動 ～を最小限にする (⇔maximize) 形 minimal(最小限の) 副 minimally(最小限に)
1961	**hazardous** [hǽzərdəs]	形 有害な、危険な (≒harmful) 名 hazard(危険(要素))
1962	**carton** [káːrtn]	名 紙パック
1963	**recycle** [rɪsáɪkl]	動 ～を再生利用する、リサイクルする ☞ cycleは「循環」 recycleは「再循環させること」
1964	**strive** [stráɪv]	動 努力する、努める (≒try)
1965	**reduce** [rɪdjúːs]	動 ～を減少させる、削減する 名 reduction(減少、削減)
1966	**waste** [wéɪst]	名 ①ごみ、廃棄物 ②浪費、無駄使い 動 ～を浪費する、無駄に使う 形 wasteful(無駄の多い、浪費的な)
1967	**reuse** [rìːjúːz]	動 〈廃物など〉を再利用する (≒recycle)
1968	**take into consideration**	熟 ～を考慮する

Chapter 19 製造・流通

124 倉庫

生産された商品は倉庫に保管されます。倉庫の中では在庫の点検が行われています。

プラチナフレーズ

卸売業者	the wholesale distributor
倉庫の中の在庫品	stocks in the warehouse
在庫を管理する	manage inventory
数量を確認する	verify quantity
量をコントロールする	control the volume
最適量	optimal amount
ラックに積まれる	be piled on the racks
一時的に在庫切れだ	be temporarily out of stock
新商品のために場所を空ける	make room for new products
単位あたりの価格	price per unit
手数料をとる	charge a commission

会話

そのアイスは入荷待ちです。　　The ice cream is on backorder.

1969 **wholesale** [hóʊlsèɪl]	形 卸売りの 関 retail(小売りの)
1970 **distributor** [dɪstríbjətər]	名 配給業者 動 distribute(～を分配する) 名 distribution(分配、流通) 形 distributional(流通の)
1971 **stock** [stάːk]	名 ①在庫 ②株 動 ～を仕入れる
1972 **warehouse** [wéərhàʊs]	名 倉庫
1973 **inventory** [ínvəntɔ̀ːri]	名 ①在庫 ②目録、一覧表
1974 **verify** [vérəfàɪ]	動 ①～を確かめる ②～を証明する、立証する 名 verification(確認、証明)
1975 **volume** [vάljʊm]	名 ①量、数量 ②音量
1976 **optimal** [άːptəml]	形 最適の(≒ideal) 名 最適の度合い
1977 **pile** [páɪl]	動 ①～を積み重ねる ②積み重なる、積もる 名 積み重ね、(書類などの)山
1978 **temporarily** [tèmpəréərəli]	副 一時的に、仮に 形 temporary(一時的な)
1979 **out of stock**	熟 在庫がない、品切れの
1980 **room** [rúːm]	名 ①余地、空き ②部屋
1981 **per** [pər]	前 ～につき、～ごとに
1982 **unit** [júːnɪt]	名 ①(構成)単位 ②装置[設備]一式 ③(機械などの)部分
1983 **commission** [kəmíʃən]	名 ①手数料、歩合 ②委員会 動 ～に委託する 動 commit(～に託す) 名 committee(委員会)
1984 **on backorder**	熟 入荷待ちで

Chapter 19 製造・流通

125 出荷

> 倉庫から各地の販売店へと商品が配送されます。海の上を、陸の上を、ロバートたちの商品が大切に運ばれていきます。

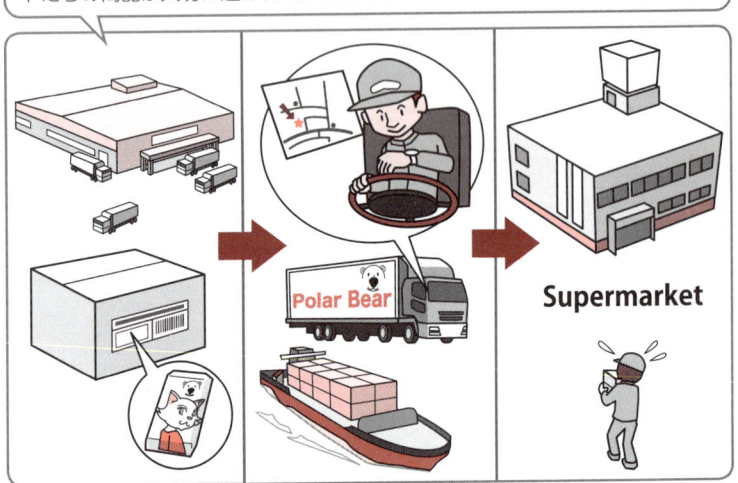

プラチナフレーズ

MP3 ▶ 150

配送の準備ができた	be prepared for dispatch
小売店への分配	distribution to retail outlets
物流センター	a logistics center
出荷ラベル	a shipping label
トラックに積み込まれる	be loaded onto a truck
地図上の場所を指し示す	indicate a place on the map
移動時間に余裕をみる	allow for extra travel time
船便で	by surface mail
配送中に破損する	be damaged during the shipment
大きな貨物を降ろす	dump large cargo
集荷サービス	pickup service

会話

今のところ、すべてスケジュール通りに進んでいます。

Things are going as scheduled at this point.

№	見出し	意味
1985	**dispatch** [dɪspǽtʃ]	名 送付、配送　動 ～を発送する、送る
1986	**retail** [ríːtèɪl]	形 小売りの　動 小売りされる ☞ 例 retail store（小売店）
1987	**outlet** [áʊtlèt]	名 ①直販店、アウトレット　②コンセント、差し込み口
1988	**logistics** [ləʤístɪks]	名 物流の管理、ロジスティクス 形 logistic(al)（物流の）
1989	**label** [léɪbl]	名 札、ラベル　動 ～にラベルを貼る ☞ 発音に注意
1990	**load** [lóʊd]	動（車・船などに）〈荷〉を積む（⇔unload）　名 積み荷
1991	**indicate** [índəkèɪt]	動 ～を示す、述べる 名 indication（指示）　形 indicative（示す、指標となる）
1992	**allow for**	熟 ～を考慮に入れる、～のために余裕を取っておく
1993	**extra** [ékstrə]	形 余分の、割増しの（≒additional）
1994	**surface mail**	名（海上・地上）輸送郵便 ☞ airmail（航空郵便）に対して
1995	**damage** [dǽmɪʤ]	動 ～に損害［損傷］を与える　名 損害、損傷、被害 ☞ 発音に注意
1996	**shipment** [ʃípmənt]	名（貨物の）積み込み、出荷、配送
1997	**dump** [dʌ́mp]	動 ①〈積み荷〉を降ろす　②～を捨てる
1998	**cargo** [kɑ́ːrgoʊ]	名 積み荷、貨物（≒freight）
1999	**pickup** [píkʌp]	名 ①集荷、収集、受け取り　②ピックアップトラック
2000	**at this point**	熟 今の時点で（は）

Chapter 19　製造・流通

ジャンル別ボキャブラリー

科学技術

semiconductor	[sèmikəndʌ́ktər]	半導体	
microchip	[máɪkroʊtʃɪp]	マイクロチップ	
nuclear power		原子力	
integrated circuit		集積回路	
interface	[íntərfèɪs]	インターフェイス	
electron microscope		電子顕微鏡	
circuit	[sə́:rkət]	電気回路	
ultrasonic wave		超音波	
Fahrenheit	[férənhàɪt]	(温度の)カ氏	

物質

metal	[métl]	金属	
platinum	[plǽtɪnəm]	プラチナ、白金	
gold	[góʊld]	金	
silver	[sílvər]	銀	
copper	[kɑ́:pər]	銅	関 bronze (青銅)
iron	[áɪərn]	鉄	
steel	[stí:l]	鋼鉄	
aluminum	[əlú:mənəm]	アルミニウム	
alloy	[ǽlɔɪ]	合金	
mineral	[mínərəl]	鉱物、ミネラル	

流通

packing	[pǽkɪŋ]	梱包	
depot	[díːpoʊ, dépoʊ]	(貨物の)倉庫、貯蔵庫	
vessel	[vésl]	大型船	
air transportation		空輸	
container train		貨車	
haul	[hɔ́ːl]	積荷、貨物	「運ぶ」という動詞の意味もある
refinery	[rɪfáɪnəri]	製鉄所、製油所	
customs clearance		通関手続き	
tariff	[tǽrɪf]	関税	
registered mail		書留郵便	
cash on delivery		代金引換	略はCOD
zip code		郵便番号	

出題パターンチェック

製造・流通に関連する場面です。

【Part 1】
- 何人かの人が実験器具の調節を行っている

  > Some people are adjusting some laboratory equipment.

【Part2】
- 「来週行われる安全に関する講義は、すべての従業員にとって必要ですか」
  →「工場の責任者は全員必修です」

【Part 3】
- 工場の空調設備が消費するエネルギーの消費量が多すぎるため、新しい設備の導入に関して同僚と相談している際の会話

  > 設問と正解の例
  >
  > Where most likely are the speakers?(話し手はどこにいると考えられますか)
  > → At a plant(工場)
  >
  > What is the problem with the assembly line equipment?
  > (組み立てラインの装置の何が問題ですか)
  > → It often breaks down.(よく故障する)
  >
  > What does the man suggest to the woman?
  > (男性は女性にどうするよう言っていますか)
  > → Changing the air-conditioning system(空調システムを変える)

【Part 4】
- 工場に隣接する駐車場の改修工事が行われることと、工事期間中はどこに駐車すればいいのかを従業員に伝えるお知らせ

【Part 6】
- 電子部品工場の全従業員に対する、機械の配置換えに関するお知らせ

【Part 7】
- 注文を受けてから発送までにかかる期間(国内配送・国外配送によって異なる)や問い合わせ先などの情報が掲載されているホームページ

ワンポイントアドバイス

電化製品や家具を扱っているお店のホームページに関する問題は、Part 7で頻出です。商品の価格、色、サイズなどの情報はもちろんのこと、払い戻しに関する規約、商品に関する問い合わせ先、店舗所在地などの情報が掲載されています。

Chapter 20

販売

126 店

ついに新商品アイスがお店に到着しました。さまざまな商品の中で、ロバートたちのアイスは注目を集めることができるのでしょうか？

プラチナフレーズ

MP3 ▶ 152

最大のスーパーマーケットチェーン	the largest supermarket chain
冷凍食品売り場	frozen food section
幅広い商品	a wide range of products
商品の多様性	product diversity
商品に値札を貼る	attach price tags to merchandise
ケースに陳列される	be displayed in the case
新しい商品を販売する	put brand-new products on sale
常連客	a frequent customer
閉店時刻	the closing time
営業時間を延長する	extend business hours
ラックを補充する	refill the racks
ケースの中に置かれる	be placed in the case

会話

特価品の販売は先着順になります。

The sale of bargain items is on a first-come, first-served basis.

2001 **chain** [tʃéin]	名 ①チェーン店 ②鎖
2002 **section** [sékʃən]	名 部門、セクション
2003 **range** [réindʒ]	名 ①範囲 (≒scope) ②(料理用の)レンジ 動 (範囲内で)変化する
2004 **diversity** [dəvə́:rsəti, daɪvə́:səti]	名 ①多様(性) ②相違(点) (≒difference) 形 diverse(異なる、多様な) 動 diversify(～を多様化する、多角化する)
2005 **price tag**	名 値札
2006 **merchandise** [mə́:rtʃəndàɪz]	名 商品 (≒goods) ☞ 不可算名詞
2007 **display** [dɪspléɪ]	動 ～を展示する、陳列する 名 展示、展示品
2008 **brand-new** [brǽndnjúː]	形 真新しい
2009 **frequent** [frí:kwənt]	形 ①常習的な、いつもの ②たびたびの、頻繁な 副 frequently(しばしば) 名 frequency(頻度)
2010 **closing** [klóʊzɪŋ]	形 締めくくりの、閉店の 名 閉じること、終了 動 close(～を閉じる)
2011 **extend** [ɪksténd]	動 ①〈期間など〉を延ばす、延長する ②～を広げる、拡張する 名 extension(延長、拡張) 形 extensive(広範囲にわたる)
2012 **business hours**	名 営業時間
2013 **refill** [動 rìːfíl 名 ríːfìl]	動 ～を再び満たす、補充する、詰め替える (≒replenish、restock) 名 詰め替え品、補充品、スペア
2014 **rack** [rǽk]	名 棚、ラック
2015 **place** [pléɪs]	動 ～を置く、位置づける 名 場所
2016 **on a first-come, first-served basis**	熟 先着順で

127 接客・会計

> 今日もスーパーはたくさんの買い物客でにぎわっています。

プラチナフレーズ

MP3 ▶ 153

親切で礼儀正しい店員	an accommodating and courteous shop clerk
平日シフト	weekday shift
接客をする	wait on customers
丁寧に応対する	respond politely
笑顔であいさつする	greet with a smile
愛顧に感謝する	acknowledge the patronage of the store
商品を紙で包む	wrap the item in paper
現金かクレジットカードで	by cash or credit card
バーコードを読み取る	read the bar code
15%の割引券	15% discount coupon
引換券を商品に換える	redeem a coupon
1年間有効だ	be valid for one year

会話

できれば、プレゼント用に包んでほしいのですが。

I'd like you to gift-wrap this, if possible.

#	単語	意味
2017	**accommodating** [əkɑ́:mədèitɪŋ]	形 好意的な、親切な 動 accommodate(〜を収容する)　名 accommodation(収容設備)
2018	**courteous** [kə́:rtiəs]	形 礼儀正しい、丁寧な 名 courtesy(礼儀(正しさ))
2019	**clerk** [klə́:rk]	名 ①店員　②事務員 形 clerical(事務の、事務職の)
2020	**shift** [ʃíft]	名 (勤務の)シフト、勤務時間　動 〜を移す、動かす
2021	**wait on**	熟 ①〈客〉に応対する(≒attend to)　②〈情報など〉を待つ
2022	**politely** [pəláitli]	副 丁寧に、礼儀正しく 形 polite(丁寧な)　名 politeness(丁寧さ)
2023	**greet** [grí:t]	動 あいさつする
2024	**acknowledge** [əknɑ́:lɪdʒ]	動 ①〜に感謝する　②〜を受け取ったことを知らせる　③〜を認める 名 acknowledgement(承認)
2025	**wrap** [rǽp]	動 〜を包む　名 包むもの、ラップ
2026	**cash** [kǽʃ]	名 現金、お金　動 〈小切手など〉を現金に換える
2027	**credit** [krédɪt]	名 ①信用、信用貸し　②預金残高 動 〜に[を]信用貸しする
2028	**code** [kóʊd]	名 ①記号、番号　②規約、規則
2029	**coupon** [kú:pɑ:n]	名 割引券、(商品)引換券、クーポン 関 gift certificate(商品券)
2030	**redeem** [rɪdí:m]	動 〜を引き換える、交換する 関 redeemable(換金できる)
2031	**valid** [vǽlɪd]	形 ①有効な(⇔invalid)　②妥当な 名 validity(有効性)
2032	**if possible**	熟 できれば、可能なら

Chapter 20　販売

128 価格

多くの人たちに食べてもらい商品の味を知ってもらうために、発売から一週間は特別価格で売り出します。

プラチナフレーズ　MP3 ▶ 154

定価で	at the fixed price
商品の仕入れ値	the purchase price of the product
30%の割引で提供する	offer a 30% discount
驚くべき低価格	incredibly low prices
類似商品と匹敵する価格	a comparable price to similar products
余りを安く売り払う	sell off surplus
かなりお手ごろである	be quite reasonable
はるかに安い	by far the cheapest
特別価格で	at bargain prices
季節割引	a seasonal discount
日曜日まで続く	last until Sunday
同じ価格のままである	remain the same price

会話

「このアイスはいくらですか」
「1ドルです」

"What's the price of this ice cream?"
"One dollar."

2033 fixed [fíkst]
形 固定した、定着した、一定の

2034 purchase [pə́ːrtʃəs]
名 購入、購入物　動 ～を購入する
☞ 発音に注意　名 purchasing（企業の資材購入）

2035 discount [dískaʊnt]
名 割引　動 ～を割引する

2036 incredibly [ɪnkrédəbli]
副 信じられないほど
形 incredible（驚くべき）　関 credible（信じられる）

2037 low [lóʊ]
形 ①低い（⇔high）　②少ない、低量の
動 lower（～を下げる、低くする）　関 low-cost（安価な）

2038 comparable [kəmpéərəbl]
形 比較できる、類似の（⇔incomparable）
動 compare（～を比較する）　副 comparably（比較できるほどに）

2039 similar [símələr]
形 同様の、似た
名 similarity（類似（点））

2040 sell off
熟 ～を安く売り払う

2041 surplus [sə́ːrplʌs]
名 余り、過剰（⇔deficit）　形 余った、過剰の、余分の

2042 reasonable [ríːznəbl]
形 ①（値段が）手ごろな、程よい　②道理に適った、分別のある
名 reason（理由）　副 reasonably（程よく、賢明に）

2043 by far
熟 はるかに

2044 bargain [bɑ́ːrgən]
名 特価品、掘り出し物

2045 seasonal [síːznl]
形 季節の
名 season（季節）　副 seasonally（季節的に）　関 seasoned（熟練した）

2046 last [lǽst]
動 続く　形 ①最後の（⇔first）　②この前の

2047 remain [rɪméɪn]
動 ～のままである

2048 What's the price of ～?
会 ～の値段はいくらですか。

Chapter 20

販売

出題パターンチェック

販売に関連する場面です。洋品店や靴店は毎年恒例のセールを行うことがあります。セールを行う理由の主なものとしては、新作商品(次の季節向け)用のスペースを作る必要がある、といったことが挙げられます。

【Part 2】
- 「店舗の営業時間はどうなっていますか」
  →「平日の午前10時から午後8時までとなっております」
- 「サービスカウンターは何階にありますか」→「2階にございます」

> 店舗での客と店員のやり取りがPart 3では頻出です。服や靴を購入する場合には、サイズや色、デザインなどが話題になります。客のニーズがお店にある商品と微妙に合わないことも多く、その場合店員は入荷待ちを依頼するか、系列店の別店舗に問い合わせをする、もしくは客の希望に近い別の商品を勧めることになったりします。

【Part 4】
- 週末に開催予定の毎年恒例のセールの案内。新商品用のスペースを空けるため、店内全商品が30パーセント引きになることなどを伝える宣伝

【Part 5】
- Lee衣料品店では、今週の土日に限り全商品を15パーセント引きで提供する予定だ

【Part 7】
- 家族で経営している地元密着型の楽器店。楽器の販売だけでなく、付属品の販売やレンタル、個人レッスンなども行っていることの宣伝広告

  設問と正解の例
  What is available in the South City store?
  (サウス・シティー・ストアでは何を入手することができますか)
  → Used instruments (中古の楽器)
  When is it NOT possible to try an instrument?
  (楽器を弾いてみることができないのはいつですか)
  → On Saturday (土曜日)
  What is inferred about Enos Music?
  (Enos音楽店についてどんなことが推測されますか)
  → It is owned by a family. (家族で経営されている)

- 新発売の健康飲料の試飲品を提供するという案内。対象は今までにこのお店のオンラインショップから商品を購入した人で、このメールに書かれている販促コードを入力すると試飲品を受け取ることができる
- レストラン宣伝用の、20パーセント割引になるクーポン券。提供している料理、店内の様子、バンドの生演奏があること、そして使える曜日と有効期限が記載されている

Chapter 21

広報

129 プレスリリース

新商品の発売は、メディアを通して大々的に告知します。慣れない晴れの舞台に緊張気味のロバート社長。

プラチナフレーズ

MP3 ▶ 155

発表を行う	make an announcement
記者会見を開く	hold a press conference
報道発表の目的	the purpose of the press release
新商品を公表する	publicize a new product
会社の広報担当者	a corporate spokesperson
テレビや新聞のジャーナリスト	TV and newspaper journalists
商品の特徴を強調する	highlight the characteristics of the product
ステージに現れる	appear on stage
リンダと一緒に	alongside Linda
メディアに大きく取り上げられる	widely covered by the media
無料の景品を配る	offer free giveaways

会話

食べてみる価値があると思うよ。　　I guess it's worth eating.

2049	**announcement** [ənáunsmənt]	名 ①発表、公表　②案内、連絡 動 announce（〜を公表する、告知する）
2050	**press conference**	名 記者会見
2051	**press release**	名 公式発表、プレスリリース
2052	**publicize** [pʌ́bləsàɪz]	動 〜を公表する、広告[宣伝]する 名 publicity（公表、広報）
2053	**spokesperson** [spóʊkspə̀ːrsn]	名 広報担当者、スポークスマン
2054	**journalist** [dʒə́ːrnəlɪst]	名 報道記者、ジャーナリスト
2055	**highlight** [háɪlàɪt]	動 〜を強調する、際立たせる　名 呼び物、目玉
2056	**characteristic** [kèrəktərístɪk]	名 特徴 動 characterize（〜を特徴づける）
2057	**appear** [əpíər]	動 ①現れる、(新聞などに)載る　②〜のように見える 名 appearance（外見）
2058	**stage** [stéɪdʒ]	名 ①舞台、ステージ　②(発達・発展などの)段階
2059	**alongside** [əlɔ́ːŋsàɪd]	前 ①〜と一緒に、〜と共に　②〜と並んで
2060	**widely** [wáɪdli]	副 ①大いに　②幅広く 名 width（幅）　動 widen（〜を広げる）　関 widening（拡大）
2061	**media** [míːdiə]	名 [the mediaで]マスメディア（≒mass media）
2062	**free** [fríː]	形 ①無料の　②ひまな、手が空いている（⇔busy）
2063	**giveaway** [gívəwèɪ]	名 景品、サービス品
2064	**I guess 〜.**	会 〜だと思います。

Chapter 21

広報

130 評判

「なんだこのアイスは!?」「おいしい!」「かわいい!」「まいったな、こんなの初めてだよ…」「やるじゃないか、ポーラーベア」

プラチナフレーズ

MP3 ▶ 156

アイスの食感	the texture of the ice cream
暑さからの解放	relief from the heat
人工甘味料を含まない	contain no artificial sweetener
他のアイスとは違って	unlike other ice creams
客の満足を保証する	ensure customer satisfaction
あらゆる年代の消費者	consumers of all ages
新商品を受け入れる	embrace the new item
高い評価を得る	earn a good reputation
好意的な反応を得る	receive favorable feedback
非常に高い人気を得る	gain tremendous popularity
圧倒的な需要	overwhelming demand
一時的に手に入らない状態だ	be temporarily unavailable

会話

伝えられるところによると、そのアイスはものすごくおいしいらしい。

Reportedly, the ice cream tastes absolutely great.

2065
texture [tékstʃər]
名 (食べ物などの)食感、舌ざわり

2066
relief [rilíːf]
名 ①(苦痛・心配などの)除去、緩和　②安心　③(税金の)軽減
動 relieve(〜をやわらげる)　例 provide relief(緩和する、安心感を与える)

2067
contain [kəntéin]
動 〜を含む、〜が入っている
関 container(コンテナ、容器)

2068
artificial [ὰːrtəfíʃəl]
形 ①人工の(⇔natural)　②不自然な、わざとらしい

2069
unlike [ʌnláik]
前 〜と違って、〜に似ていない

2070
ensure [inʃúər]
動 〜を確実にする、保証する
☞ ensureは直後に人を目的語にとらないことを押さえておこう

2071
satisfaction [sæ̀təsfǽkʃən]
名 満足
動 satisfy(〜を満足させる)　形 satisfactory(満足な)

2072
age [éidʒ]
名 ①世代、年代　②年齢、年　動 年をとる

2073
embrace [imbréis]
動 〜を受け入れる、採用する

2074
reputation [rèpjətéiʃən]
名 ①評判、うわさ　②名声
形 reputable(評判のよい)

2075
favorable [féivərəbl]
形 好意的な(⇔unfavorable)
副 favorably(好意的に)　動 favor(〜を好む)

2076
tremendous [triméndəs]
形 すさまじい、ものすごい
副 tremendously(ものすごく)

2077
popularity [pὰːpjəlérəti]
名 人気
形 popular(人気がある、評判がよい)

2078
overwhelming [òuvərwélmiŋ]
形 圧倒的な
動 overwhelm(〜を圧倒する)　副 overwhelmingly(圧倒的に)

2079
unavailable [ʌnəvéiləbl]
形 ①利用できない、入手できない(⇔available)
②会うことができない

2080
Reportedly,
会 伝えられるところでは〜

Chapter 21

広報

131 映画館

> ケンとリンダは観客の反応を確認するため映画館にやって来ました。

プラチナフレーズ

MP3 ▶ 157

チケット売り場で	at a box office
自由席のチケット	general admission tickets
大人2人で20ドル	$20 for two adults
チケットの半券	ticket stub
観客席の最大座席数	the maximum seating capacity of the auditorium
一番後ろの列の席に着く	take a seat in the last row
隣に並んで座る	be seated next to each other
すぐに満席になる	be filled up quickly
観客で埋め尽くされる	be occupied by the audience
映画の予告	a movie preview
幕間に	during the intermission
売店でポップコーンを買う	buy popcorn at the concession stand

会話

「座席を替わっていただけますか」
「構いませんよ」

"Would you mind changing seats?"
"Not at all."

2081	**box office**	名 切符売場
2082	**general** [dʒénərəl]	形 ①一般的な、全体的な ②総〜 動 generalize（〜を一般化する） 副 generally（一般的に）
2083	**adult** [ədʌ́lt]	名 大人、成人（⇔child） 形 大人の
2084	**stub** [stʌ́b]	名 （切符・入場券などの）半券
2085	**maximum** [mǽksəməm]	形 最大限の、最高の（⇔minimum） 名 最大限 動 maximize（〜を最大にする）
2086	**auditorium** [ɔ̀ːdətɔ́ːriəm]	名 ①観客席 ②講堂、ホール
2087	**take a seat**	熟 座る、席に着く（≒have a seat） 例 Please have a seat.（どうぞお掛けください）
2088	**row** [róu]	名 （横に並んだ）列 縦に並んだ列はline
2089	**next to each other**	熟 互いに並んで
2090	**fill up**	熟 〈劇場など〉を満席にする
2091	**occupy** [ɑ́ːkjəpàɪ]	動 〜を占有する 名 occupation（職業） 形 unoccupied（使用されていない）
2092	**audience** [ɔ́ːdiəns]	名 聴衆 「多くの[少ない]聴衆」はa large [small] audienceと表す
2093	**preview** [príːvjùː]	名 ①（映画などの）予告 ②（映画の）試写会
2094	**intermission** [ìntərmíʃən]	名 （劇場などの）休憩時間、幕あい
2095	**concession** [kənséʃən]	名 ①場内売場 ②（場内売場で売る）品物
2096	**Not at all.**	熟 ①構わないですよ。 ②どういたしまして。

132 裁判

> リンダ扮する弁護士は正義のため、弱き者のため、今日も法廷に立ちます。「異議あり！」

プラチナフレーズ

MP3 ▶ 158

敏腕弁護士	a competent lawyer
ある事件を担当する	be in charge of a case
法的な措置	court process
弁護士対検察官	a lawyer versus a prosecutor
自分の発言を正当化する	justify his statement
反対の見方をする	take the opposite view
巧妙に異議を唱える	raise an objection cleverly
内部の者の証言	the insider's testimony
妥当な説明	a plausible explanation
決定的な証拠	conclusive evidence
その犯罪とは無関係だと証明される	be found innocent of the crime

会話

彼はそのとき別の場所で目撃されています。したがって無罪です。

He was witnessed at another place. Thus, he is innocent.

#	見出し	意味
2097	**lawyer** [lɔ́ɪər]	名 弁護士（≒attorney）
2098	**in charge of**	熟 ～を担当して
2099	**court** [kɔ́ːrt]	名 ①法廷　②(テニスなどの)コート
2100	**versus** [vɚ́ːrsəs]	前 ①(競技などで)～対…（≒against）　②～に対して、比較して
2101	**prosecutor** [prɑ́ːsəkjùːtər]	名 検察官、検事
2102	**justify** [dʒʌ́stəfàɪ]	動 ～を正当化する 名 justification(正当化、正当化の理由)
2103	**opposite** [ɑ́ːpəzɪt]	形 (～と)正反対の　前 ～の向かいに
2104	**cleverly** [klévərli]	副 巧妙に、利口に、賢く 形 clever(巧妙な、賢い)
2105	**insider** [ɪnsáɪdər]	名 内部の者、内部の事情に通じている人
2106	**testimony** [téstəmòʊni]	名 ①証言　②証拠
2107	**plausible** [plɔ́ːzəbl]	形 妥当な、納得のいく
2108	**conclusive** [kənklúːsɪv]	形 決定的な、確実な 副 conclusively(決定的に、確実に)
2109	**evidence** [évədəns]	名 証拠　動 ～を証明する 形 evident(明白な)
2110	**innocent** [ínəsənt]	形 無罪の、潔白な（⇔guilty）
2111	**crime** [kráɪm]	名 犯罪 形 criminal(犯罪の)
2112	**thus** [ðʌ́s]	副 したがって、だから

133 反応

> エンドロールが静かに流れ始めたとき、観客たちは興奮を抑え切れずに立ち上がりました。「ブラボー！」

プラチナフレーズ

MP3 ▶ 159

素晴らしいエンディング	a fantastic ending
大きな拍手	a big round of applause
すっかり興奮する	be totally thrilled
映画に大変満足する	feel fully satisfied with the movie
間違いなく傑作だ	be definitely a masterpiece
空前のヒット	an unprecedented hit
最大限の賞賛	utmost admiration
抜群の評価を得る	gain unrivaled reputation
高く評価された映画	acclaimed movie
辛口の評論家	an outspoken critic
続編を楽しみにする	look forward to the sequel

会話

「映画、どうだった？」
「素晴らしかったです」

"How was the movie?"
"It couldn't have been better."

2113	**fantastic** [fæntǽstɪk]	形 素晴らしい 名 fantasy(夢想、幻想)
2114	**applause** [əplɔ́:z]	名 拍手、称賛 動 applaud((～を)拍手して称賛する)
2115	**thrill** [θríl]	動 ～を興奮させる、わくわくさせる (≒excite)
2116	**fully** [fúli]	副 十分に、完全に 形 full(満ちた)
2117	**masterpiece** [mǽstərpì:s]	名 傑作、名作、代表作 ☞ masterworkとも言う
2118	**unprecedented** [ʌnprésədəntɪd]	形 前例のない、空前の
2119	**hit** [hít]	名 ヒット、大成功 動 ①～に到達する、行き当たる ②～にぶつかる
2120	**utmost** [ʌ́tmòʊst]	形 最大限の、最高の　名 最大限、最高
2121	**admiration** [ædmərɛ́ɪʃən]	名 賞賛、感嘆 動 admire(～に感嘆する)
2122	**gain** [géɪn]	動 ①～を得る(⇔lose) ②利益を得る　名 増加、利益
2123	**unrivaled** [ʌnráɪvld]	形 比類ない、この上ない、抜群の 関 rival(～に匹敵する)
2124	**acclaimed** [əkléɪmd]	形 賞賛された 動 acclaim(～を賞賛する)
2125	**outspoken** [àʊtspóʊkən]	形 率直な、遠慮なくものを言う、辛口の (≒candid)
2126	**critic** [krítɪk]	名 評論家、批評家、批判的な人
2127	**sequel** [sí:kwəl]	名 ①(小説・映画などの)続編 ②[単数形で]結果、帰結
2128	**It couldn't have been better.**	会 最高でした。 ☞ 「これ以上はあり得なかった」という意味

出題パターンチェック

広報に関連する場面です。

【Part 2】
- 「Michikoはどこで働いているのですか」
  →「彼女は映画館でチケットの販売をしています」
- 「記者会見は何時から行えばいいでしょうか」→「正午にしましょう」
- 「昨晩見に行った映画はいかがでしたか」→「非常に面白かったです」

【Part 4】
- 有名俳優のDaniel Lewisが来場する映画祭が開催されることが発表され、彼の今までのキャリアなどについて同時に伝えている芸能ニュース

  > 設問と正解の例
  > Who most likely is Daniel Lewis?（Daniel Lewisはおそらく何者ですか）
  > → An actor（俳優）
  >
  > What will Mr. Lewis do next month?（Lewis氏は来月何をしますか）
  > → Go on a speaking tour（講演ツアーを行う）
  >
  > Why will Mr. Lewis visit Gettysburg?
  > （なぜLewis氏はGettysburgを訪れるのですか）
  > → To attend a performance（公演に参加するため）

- 伝説のミュージシャンの自伝であるベストセラー書籍の映画化の決定と、そのミュージシャン自身が脚本や撮影に関するアドバイスをすることが決まったことを知らせる芸能ニュース

【Part 5】
- 業界関係者の推測とは違い、Silicon Media社は年内に新作映画製作の発表を行わないという声明を発表した

【Part 7】
- 有名な俳優の一週間のスケジュール（写真撮影・リハーサル・テレビやラジオのインタビュー・フィットネスセンターでのプライベートトレーニングなど）と、その俳優に関する最新情報を伝える雑誌の記事

Chapter 22

休日2

134 美術館

大きなプロジェクトを終えたケンは休暇をもらうことにしました。今日はリンダと一緒に美術館にやって来ました。

プラチナフレーズ

MP3 ▶ 160

美術館の学芸員	a curator of the museum
ガイドツアーに参加する	join a guided tour
現代芸術の所蔵品	the collection of modern art
現代芸術の作品を展示する	display contemporary artworks
一般に公開されている	open to the public
入場無料だ	be admitted free of charge
文化遺産	cultural heritage
回顧展	a retrospective exhibit
19世紀の	in the 19th century
グラフィックデザインの歴史をたどる	trace the history of graphic design

会話

当館は今度の土曜日はいつもより1時間早く閉館します。それに合わせてお越しください。

We will close one hour earlier than usual next Saturday. Please plan your visit accordingly.

#	単語	発音	意味
2129	curator	[kjʊəreɪtər]	名 学芸員
2130	guide	[gáɪd]	動 ①〜を案内する ②〜を指導する 名 ガイド / 名 guidance（指導）
2131	collection	[kəlékʃən]	名 収集物、所蔵物、コレクション
2132	modern	[mádərn]	形 ①現代的な、最新式の（⇔classical） ②現代の / ☞ アクセントに注意 名 modernity（現代性） 動 modernize（〜を近代化する）
2133	contemporary	[kəntémpərèri]	形 ①現代の ②同時代の
2134	artwork	[ɑ́:rtwə̀:rk]	名 芸術品、工芸品
2135	public	[pʌ́blɪk]	名 一般の人々、大衆 形 ①公共の（⇔private） ②公立の / 副 publicly（公的に）
2136	admit	[ədmít]	動 ①〜の入場[入学]を許可する ②〈事実・主張など〉を認める / 名 admission（入場(料)） 関 admittance（入場許可）
2137	free of charge		熟 無料で（≒for free、for nothing）
2138	heritage	[hérətɪdʒ]	名 遺産
2139	retrospective	[rètrəspéktɪv]	形 回想の、回顧的な
2140	exhibit	[ɪgzíbɪt]	名 ①展覧会、展示会（≒exhibition） ②展示品 動 〜を展示する / ☞ 発音に注意
2141	century	[séntʃəri]	名 ①世紀 ②100年間
2142	trace	[tréɪs]	動 〈足跡など〉をたどる、〈事柄など〉を調査する / 関 track（足跡） 関 trail（足跡）
2143	graphic	[grǽfɪk]	形 図形の、グラフィックの
2144	accordingly	[əkɔ́:rdɪŋli]	副 それに応じて、それに合わせて

Chapter 22　休日 2

135 芸術鑑賞

貴重な芸術作品に興味津々のリンダ。おや？ どうやらケンは退屈してしまったようです。

プラチナフレーズ

MP3 ▶ 161

絵画の文化的重要性	**cultural** importance of the paintings
水彩画	**watercolor** paintings
風景画を鑑賞する	**appreciate** the landscape paintings
抽象芸術	**abstract** art
工芸品と彫刻	**artifacts** and **sculptures**
国の宝	nation's **treasure**
古典的な要素と近代的な技巧	**classical elements** and modern techniques
手作りの陶器	**handmade pottery**
精巧な芸術作品	**exquisite** work of art
原作の正確なレプリカ	an **exact replica** of the original
常設コレクション	**permanent** collection

会話

もっと絵を見てきます。その間、休んでいていいですよ。

I'll go and look at more paintings. **In the meantime**, you can have a rest.

2145	**cultural** [kʌ́ltʃərəl]	形 文化の、文化的な 名 culture（文化）
2146	**watercolor** [wɔ́ːtərkʌ̀lər]	名 水彩画 ☞「油絵」はoil paintings
2147	**appreciate** [əpríːʃièit]	動 ①〜を鑑賞する、正しく理解する　②〜をありがたく思う　③〜の価値を認める 名 appreciation（感謝、評価）　形 appreciative（感謝した）
2148	**abstract** [æbstrǽkt]	形 抽象的な（⇔concrete）
2149	**artifact** [ɑ́ːrtəfæ̀kt]	名 (工芸品などの) 人工物
2150	**sculpture** [skʌ́lptʃər]	名 彫刻
2151	**treasure** [tréʒər]	名 財宝、宝物　　動 〜を大切に保存する
2152	**classical** [klǽsɪkl]	形 古典的な、伝統的な（⇔modern）
2153	**element** [éləmənt]	名 要素、成分 形 elementary（初歩の）
2154	**handmade** [hǽndméid]	形 手製の、手作りの
2155	**pottery** [pɑ́ːtəri]	名 陶器、陶磁器類
2156	**exquisite** [ɪkskwízət]	形 見事な、洗練された
2157	**exact** [ɪgzǽkt]	形 正確な、厳密な 副 exactly（正確に）
2158	**replica** [réplɪkə]	名 (絵画などの) 模写、複製品、レプリカ（≒imitation）
2159	**permanent** [pə́ːrmənənt]	形 ①常設の　②(雇用が) 終身の　③永続する（⇔temporary）
2160	**in the meantime**	熟 その間に（≒meanwhile）

136 ショッピング

> ケンはリンダの買い物に付き合うことに…。欲しいものをどんどん購入するリンダの勢いにケンはタジタジです。

プラチナフレーズ

MP3 ▶ 162

アメリカの化粧品ブランドを好む	prefer an American cosmetics brand
香水の新商品	a new line of perfume
高価なジュエリー	expensive jewelry
最高の品質	supreme quality
無際限の量の購入品	an unlimited amount of purchases
費用を気にせず	regardless of cost
電話番号の下4けた	last four digits of your phone number
サインが必要だ	need a signature
クレジットカードの上限を超える	exceed the limit on his credit card
追加料金なしで配達する	deliver at no extra charge
割引を受ける資格がある	be eligible for receiving a discount

会話

特にこのブランドがお勧めです。
This brand is recommended in particular.

2161	**prefer** [prɪfɚ́ːr]	動 〜(のほう)を好む 名 preference(好み)　形 preferable(より好ましい)　副 preferably(できれば)
2162	**cosmetic** [kɑːzmétɪk]	名 化粧品　形 美容の ☞ 名詞の意味では複数形で用いる
2163	**perfume** [pɚ́ːrfjuːm]	名 香水
2164	**expensive** [ɪkspénsɪv]	形 高価な (⇔inexpensive、cheap)
2165	**jewelry** [dʒúːəlri]	名 宝石類、装飾品 ☞ 不可算名詞　jewel(宝石)は可算名詞
2166	**supreme** [su(ː)príːm]	形 最高の、至上の
2167	**unlimited** [ʌnlímətɪd]	形 制限のない (⇔limited)
2168	**amount** [əmáʊnt]	名 ①量 (≒quantity)　②[the amountで] 総計、総額 動 総計〜に達する
2169	**regardless of**	熟 〜に関わらず、〜と無関係に
2170	**digit** [dídʒɪt]	名 けた 形 digital(デジタル式の)
2171	**signature** [sígnətʃər]	名 サイン、署名 動 sign(〜に署名する)
2172	**exceed** [eksíːd]	動 〜を超える、上回る ☞ 例 exceed expectations(予想を上回る)　名 excess(超過)
2173	**limit** [límət]	名 ①制限、限度　②境界、範囲　動 〜を制限する ☞ 〜 Limitedで「〜有限会社」の意味　名 limitation(制限)
2174	**charge** [tʃɑ́ːrdʒ]	名 ①料金　②責任 動 〜をつけで買う、クレジットカードで支払う
2175	**eligible** [élədʒəbl]	形 資格のある、適格の (⇔ineligible) 名 eligibility(資格、適格性)
2176	**in particular**	熟 特に 形 particular(特定の、特有の)　副 particularly(特に)

137 ブティック

ふたりはブティックにやって来ました。「あら、このレースいいわね。でも色がちょっと…」

Lace!

プラチナフレーズ

MP3 ▶ 163

ショッピングセンター	a shopping complex
ファッションブティック	a clothing boutique
婦人衣料	ladies' apparel
服の違いについて説明する	explain the differences between the clothes
特別にデザインされたドレス	a dress especially designed
洗練されたファッショナブルなデザイン	stylish and fashionable design
織物のデザイン	textile design
布地の新しい流行	new trend in fabric
サイズと形に関しては	as to size and shape
服のサイズを測る	take clothing measurements
ドレスを試着する	try on a dress

会話

「この服の黒はありますか」
「ただ今調べます」

"Do you have this in black?"
"I'll see if it's available."

2177	**complex** [kɑ́:mpleks] [kɑ̀:mpléks]	名 複合施設　形 ①複雑な (⇔simple)　②複合の
2178	**clothing** [klóuðɪŋ]	名 衣類、衣料品 ☞ clothesは個人用、clothingは商売用のものを指す
2179	**boutique** [bu:tí:k]	名 ブティック
2180	**apparel** [əpérəl]	名 衣料、アパレル ☞ 不可算名詞
2181	**difference** [dífərəns]	名 違い、相違 ☞ 例make a difference(変化をもたらす、効果がある)　形 different(異なる)
2182	**especially** [ɪspéʃəli]	副 特別に、とりわけ (≒particularly)
2183	**stylish** [stáɪlɪʃ]	形 洗練された、上品な 名 style(様式、スタイル)
2184	**fashionable** [fǽʃənəbl]	形 流行の 名 fashion(流行)
2185	**textile** [tékstàɪl]	名 織物、布地、テキスタイル
2186	**fabric** [fǽbrɪk]	名 布地、織物
2187	**as to**	熟 ～については
2188	**size** [sáɪz]	名 ①(服などの)サイズ　②(人や物の)大きさ 形 sizable(かなり大きな)
2189	**shape** [ʃéɪp]	名 ①形、形状(≒form)　②(健康)状態、体調(≒condition)　動 ～を形作る 形 shaped(～の形をした)
2190	**measurement** [méʒərmənt]	名 体のサイズ、寸法、大きさ 動 measure(～を測る)
2191	**try on**	熟 ～を試着する
2192	**I'll see if ～.**	会 ～かどうか調べます。

服・ファッション

garment	[gáːrmənt]	衣類	
footwear	[fútwèər]	履物	
outfit	[áʊtfɪt]	一揃いの衣服	
coat	[kóʊt]	コート	
jacket	[dʒǽkɪt]	ジャケット	
gown	[gáʊn]	ガウン	
sweater	[swétər]	セーター	
cardigan	[káːrdigən]	カーディガン	
shirt	[ʃə́ːrt]	ワイシャツ	
vest	[vést]	ベスト	
belt	[bélt]	ベルト	
trousers	[tráʊzərz]	ズボン	類 pants
skirt	[skə́ːrt]	スカート	
tuxedo	[tʌksíːdoʊ]	タキシード	
blouse	[bláʊs]	ブラウス	
dress	[drés]	ワンピース	
socks	[sáːks]	靴下	
shoes	[ʃúːz]	くつ	
sneakers	[sníːkərz]	スニーカー	
boots	[búːts]	ブーツ	
tie	[táɪ]	ネクタイ	
scarf	[skáːrf]	マフラー	
swimsuit	[swímsùːt]	水着	

| backpack | [bǽkpæk] | リュックサック | |

服飾

fur	[fə́:r]	毛皮	
leather	[léðər]	革	
wool	[wúl]	羊毛	
cotton	[ká:tn]	綿	
silk	[sílk]	シルク	
nylon	[náilɑ:n]	ナイロン	
synthetic fiber		合成繊維	
sewing machine		ミシン	関 sew (〜を縫う)

宝石

garnet	[gá:rnət]	ガーネット	
diamond	[dáɪmənd]	ダイアモンド	
crystal	[krístl]	水晶	
emerald	[émərəld]	エメラルド	
jade	[dʒéɪd]	翡翠	
pearl	[pə́:rl]	真珠	
ruby	[rú:bi]	ルビー	

138 ファンサービス

「あら、あの人もしかして…」お店を出たところで誰かが言いました。「皆さん、いつも応援ありがとう♪」プライベートでもリンダはプロ意識を忘れません。

プラチナフレーズ

MP3▶165

リンダに似ている	look like Linda
彼女のことをじっと見る	gaze at her
誰の目にも明らかだ	be obvious to everyone
驚きだ	come as a surprise
シャッターを押す	press the shutter
本物のリンダに会うことに興奮する	be excited about seeing the real Linda
熱烈なファンたち	faithful fans
ファンたちに手を振る	wave to admirers of her
サインをする	sign autographs
彼女の私生活	her private life
並んで歩く	walk side by side
うわさに関するコメントを控える	decline to comment on rumors

会話

もしかして彼女は有名な映画女優ではないですか？

She isn't a famous movie actress by any chance, is she?

2193 look like
熟 ～に似ている、～のように見える

2194 gaze
[géɪz]
動 じっと見る、凝視する

2195 obvious
[ábviəs]
形 明らかな、明白な (≒clear ⇔obscure)
副 obviously (明らかに)

2196 come as a surprise
熟 驚きである、驚かされる

2197 shutter
[ʃʌ́tər]
名 ①(カメラの)シャッター ②シャッター、雨戸

2198 excited
[ɪksáɪtɪd]
形 興奮した
動 excite (～を興奮させる) 名 excitement (興奮)

2199 real
[ríːəl]
形 ①本物の、人工でない ②現実の、実在する
副 really (本当に、とても) 名 reality (現実) 動 realize (～を理解する)

2200 faithful
[féɪθfl]
形 忠実な、誠実な
副 faithfully (忠実に、誠実に) 名 faith (信頼、信仰)

2201 wave
[wéɪv]
動 手を振ってあいさつする、合図する
名 ①波 ②(感情などの)波、高まり

2202 admirer
[ədmáɪərər]
名 ファン、称賛者 (≒fan)
動 admire (～に敬服する)

2203 autograph
[ɔ́ːtəɡræf]
名 (有名人の)サイン
☞ 書類などへのサインはsignature

2204 private
[práɪvət]
形 ①個人的な、私用の (⇔public) ②非公開の、秘密の
名 privacy (プライバシー)

2205 side by side
熟 並んで、一緒に

2206 comment
[ká:ment]
動 コメントする、論評する 名 コメント、論評
関 commentator (コメンテーター) 関 commentary (論評、実況解説)

2207 rumor
[rúːmər]
名 うわさ、風評

2208 by any chance
熟 もしかして、ひょっとすると

139 観光

> リンダはアメリカ滞在期間を利用して観光旅行に出かけることにしました。
> 「もっと広い世界を知りたいわ…」

プラチナフレーズ

MP3 ▶ 166

ちょっとした旅行をする	take a short journey
観光する	do some sightseeing
観光名所	a tourist attraction
地方のリゾート地	a resort area in the countryside
古代の廃墟を保護する	preserve the ancient ruin
歴史的建造物	a historic landmark
地元の食べ物を食べる	eat local food
途中下車する	make a stopover
記憶に残る経験	memorable experience
お土産屋の多くの観光客	a lot of visitors in the souvenir shop

会話

この思い出を大切にします。　　I'll cherish these good memories.

2209 **journey** [dʒə́ːrni]	名 旅行 (≒trip)	
2210 **sightseeing** [sáitsìːiŋ]	名 観光	
2211 **tourist** [túərist]	名 観光客、旅行者 関 tour(旅行)	
2212 **attraction** [ətrǽkʃən]	名 魅力、引きつけるもの 動 attract(〜を引きつける)	
2213 **resort** [rizɔ́ːrt]	名 ①行楽地、リゾート　②手段	
2214 **countryside** [kʌ́ntrisàid]	名 地方、田舎	
2215 **preserve** [prizə́ːrv]	動 〜を保護する、保つ 名 preservation(保存)	
2216 **ancient** [éinʃənt]	形 古代の (⇔modern)	
2217 **ruin** [rúːin]	名 廃墟、遺跡　動 〜を駄目にする、台無しにする	
2218 **landmark** [lǽndmàːrk]	名 ①歴史的な建造物[場所]、旧跡　②目印、目標(物)	
2219 **local** [lóukl]	形 ①地元の(⇔global)　②各駅停車の(⇔express) 副 locally(地元で)	
2220 **stopover** [stá:pòuvər]	名 (特に空の旅での)途中滞在、(鉄道の)途中下車 関 stop over(途中下車する)	
2221 **memorable** [mémərəbl]	形 記憶に残る、忘れられない (≒unforgettable) 関 memorabilia(記憶すべき記念品、個人の思い出となる品物や出来事)	
2222 **visitor** [vízətər]	名 ①観光客　②訪問者、来訪者	
2223 **souvenir** [sùːvəníər]	名 (旅などの)記念、みやげ ☞ アクセントに注意	
2224 **cherish** [tʃériʃ]	動 〈人・物〉を大切にする	

ジャンル別ボキャブラリー

遊び・スポーツ

recreation	[rèkriéɪʃən]	レクリエーション、娯楽	形 recreational（娯楽の） 関 pastime（気晴らし、娯楽）
vacation	[veɪkéɪʃən]	休暇	類 holiday 動 vacate（立ち退く）
excursion	[ɪkskɚ́ːrʒən]	小旅行	
hike	[háɪk]	ハイキング	関 hiker（ハイカー）
tourist bureau		旅行案内所	
vantage point		見晴らしのよい場所	
suitcase	[súːtkèɪs]	スーツケース	
tag	[tǽg]	荷札	
digital camera		デジカメ	
waiting list		順番待ちリスト	
spa	[spáː]	温泉、スパ	
camping	[kǽmpɪŋ]	キャンプ	関 camper（キャンプする人）
campground	[kǽmpgràʊnd]	キャンプ場	類 campsite
mountaineering	[màʊntəníərɪŋ]	登山	関 mountaineer（登山家）
lodge	[láːdʒ]	ロッジ、山小屋	
firework	[fáɪərwɚːrk]	花火	
festival	[féstəvl]	祭り、祝祭	関 festivity（祝祭行事） 関 gala（祝祭）
carnival	[káːrnəvl]	カーニバル、謝肉祭	
band	[bǽnd]	バンド	
symphony	[símfəni]	オーケストラ	類 orchestra 関 orchestra seat（1階席）
screening	[skríːnɪŋ]	映画の上映	関 filming（映画制作）
ballet	[bæléɪ]	バレエ	
marathon	[mérəθɑ̀ːn]	マラソン	

ジャンル別ボキャブラリー

MP3 ▶ 167

yoga	[jóʊgə]	ヨガ	例 yoga instructor（ヨガの先生）
championship	[tʃǽmpiənʃɪp]	選手権	
tournament	[túərnəmənt]	トーナメント	

140 農場

農場へやって来たリンダ。自分たちの食生活を支えてくれている人たちに思いを馳せます。

プラチナフレーズ

MP3 ▶ 168

絵のように美しい農村地域	a picturesque rural area
素晴らしい景色に囲まれる	be surrounded by magnificent scenery
しばらく景色を楽しむ	enjoy the view for a while
伝統的な農業	traditional agriculture
小麦栽培者	wheat grower
最高の小麦の年間収穫高	their largest annual wheat crop
酪農生産	dairy production
野草の草地	wildflower meadow
リンゴの果樹園	apple orchard
養鶏場を所有する	own a chicken ranch

会話

| 私は農薬を使わずに小麦を育てています。 | I bring up wheat without using a pesticide. |

2225	**picturesque** [pìktʃərésk]	形 絵のように美しい ☞ アクセントに注意
2226	**rural** [rúərəl]	形 田舎の、地方の (⇔urban)
2227	**surround** [səráʊnd]	動 〜を囲む (≒encircle、encompass) 名 surrounding(環境)
2228	**magnificent** [mægnífəsənt]	形 素晴らしい、壮大な
2229	**scenery** [síːnəri]	名 景色、風景 名 scene(場面、光景) 関 scenic area(景勝地)
2230	**for a while**	熟 しばらくの間
2231	**traditional** [trədíʃənl]	形 伝統的な 名 tradition(伝統) 副 traditionally(伝統的に)
2232	**agriculture** [ǽgrɪkʌ̀ltʃər]	名 農業 形 agricultural(農業の)
2233	**wheat** [wíːt]	名 小麦
2234	**grower** [gróʊər]	名 栽培者、農場主
2235	**crop** [kráp]	名 ①収穫高、出来 (≒yield) ②作物、収穫物 ③穀物 (≒grain) 関 harvest(収穫期)
2236	**dairy** [déəri]	形 乳製品の、酪農の ☞ 発音に注意 例 dairy products(乳製品)
2237	**meadow** [médoʊ]	名 牧草地、草地
2238	**orchard** [ɔ́ːrtʃərd]	名 果樹園
2239	**ranch** [rǽntʃ]	名 ①牧場 ②農場、農園 名 ranching(牧場経営)
2240	**pesticide** [péstəsàɪd]	名 農薬

ジャンル別ボキャブラリー

自然・地形

terrain	[təréɪn]	地形	
canyon	[kǽnjən]	峡谷	
forest	[fɑ́:rəst]	森	
lake	[léɪk]	湖	
stream	[strí:m]	小川	
pond	[pɑ́:nd]	池	
waterfall	[wɑ́:tərfɔ̀:l]	滝	
valley	[vǽli]	渓谷	
hillside	[hílsàɪd]	丘の中腹	
ground	[ɡráʊnd]	地面	
dam	[dǽm]	ダム	
canal	[kənǽl]	運河	
continent	[kɑ́:ntənənt]	大陸	類 mainland 形 continental（大陸の）
watershed	[wɑ́:tərʃèd]	川の分水地点	
blaze	[bléɪz]	炎	

海・港

dock	[dɑ́:k]	波止場	動詞で「(船が)ドック入りする」という意味もある
boathouse	[bóʊthàʊs]	ボートハウス	
pier	[píər]	埠頭	
waterfront	[wɑ́:tərfrʌ̀nt]	海岸の土地、海岸	

ジャンル別ボキャブラリー

MP3 ▶ 169

shore	[ʃɔ́:r]	岸	
shoreline	[ʃɔ́:rlàɪn]	海岸線	類 coastline
lighthouse	[láɪthàʊs]	灯台	関 lookout (高台、展望台)
ocean	[óʊʃən]	海	
horizon	[həráɪzn]	水平線	
beach	[bíːtʃ]	ビーチ	
bay	[béɪ]	湾	
port	[pɔ́:rt]	港	類 harbor
coast	[kóʊst]	海岸	類 seashore 形 coastal (沿岸の)
cove	[kóʊv]	入江	
deck	[dék]	デッキ	
sand	[sǽnd]	砂	形 sandy (砂のような)
coral reef		サンゴ礁	

ワンポイントアドバイス

Part 1の写真描写問題には、ほぼ毎回「水」に関する写真が登場します。それらは海であったり、川や池、時には小さめのwaterfall(滝)であったりするのですが、ひとくくりにしてwaterと表現する場合が多いです。
(例) The high-rise buildings overlooks the water.
(高層ビルが水辺を見下ろしている)

141 なくしもの

「あら？ 私のハンドバックはどこにいったのかしら？」どうやらリンダはなくしものをしてしまったようです。「ニャ〜…」

プラチナフレーズ

MP3 ▶ 170

ハンドバッグを置き忘れる	misplace her handbag
それから目を離す	take her eyes off it
持ち物をなくす	lose her possessions
ビザを盗まれる	have her visa stolen
遺失物取扱所	lost and found
大使館を訪れる	visit the embassy
遺失物届	lost-item report
在カナダ大使	an ambassador in Canada
どこかでクレジットカードを落とす	drop her credit card somewhere
新しいクレジットカードを有効にする	activate new credit card
1年後に失効する	lapse in a year
複雑な手続き	confusing procedure

会話

幸い、ハンドバッグは見つかりました。　Fortunately, my handbag was found.

2241	**misplace** [mìspléɪs]	動 ~を間違った場所に置く、置き忘れる
2242	**take one's eyes off**	熟 ~から目を離す (⇔keep one's eyes on)
2243	**lose** [lúːz]	動 ①~を失う、なくす (⇔find)　②〈試合など〉に負ける (⇔win)　③〈体重〉を減らす
2244	**possession** [pəzéʃən]	名 持ち物、所有物 動 possess (~を所有する)
2245	**visa** [víːzə]	名 ビザ、出入国査証
2246	**steal** [stíːl]	動 ~を(こっそり)盗む (≒rob) ☞ steal – stole – stolenと変化
2247	**lost and found**	名 遺失物取扱所
2248	**embassy** [émbəsi]	名 大使館 関 consulate (領事館)
2249	**lost-item** [lɔ́ːstáɪtəm]	名 遺失物、なくしもの
2250	**ambassador** [æmbǽsədər]	名 大使、使節 関 minister (公使、大臣)
2251	**drop** [dráp]	動 ①~を落とす (⇔pick up)　②〈数量・価値などが〉下がる (⇔rise) 名 下落
2252	**somewhere** [sʌ́mwèər]	副 どこかで[へ、に] (≒someplace)
2253	**activate** [ǽktəvèɪt]	動 ①〈システムなど〉を起動させる　②~を活性化する 名 activation (活性化)　関 reactivate (~を再活性化する)
2254	**lapse** [lǽps]	動 〈権利などが〉失効する、無効になる
2255	**confusing** [kənfjúːzɪŋ]	形 困惑させる、混乱させる 動 confuse (~を混乱させる)　名 confusion (混乱、混同)
2256	**fortunately** [fɔ́ːrtʃənətli]	副 幸運にも (≒luckily ⇔unfortunately) 形 fortunate (幸運な)

出題パターンチェック

休日に関連する場面(その2)です。

【Part 2】
- 「どちらのシャツの方がお好みですか」→「黒いほうをお願いします」
- 「旅行の計画は自分で立てますか、それとも旅行代理店に頼みますか」
  →「自分で計画を立てることが多いですね」

【Part 3】
- 昨晩演劇鑑賞をした客がコートを置き忘れ、劇場にそれを取りにきた際に交わされた会話

> 設問と正解の例
>
> Where most likely are the speakers? (話し手たちはどこにいると考えられますか)
> → At a playhouse (劇場)
>
> What has the woman left? (女性は何を忘れましたか)
> → A coat (コート)
>
> What will the man most likely do next? (男性は次にどうすると考えられますか)
> → Talk to his colleague (同僚と話をする)

【Part 4】
- 市立の芸術センターの建設が決まったことに関するニュース報道。市長によると、センターには数十年もの間市の教育に尽力してきた人物の名を冠し、コンサートや演劇など多目的に使用できるものになる予定。地域の人々を招待する無料のイベント、ガイドツアーなども開催される

【Part 7】
- 有名な画家が自身のギャラリーをオープンすることになった。その祝賀イベントの内容や参加申し込み方法のお知らせと、イベントのチケット購入希望者に対する(希望日のチケットはすべて売り切れているので)ほかの日の来場を勧める内容のメール
- 旅行代理店が客に休暇旅行の詳細を説明するための旅程表
- 旅行代理店が客にツアーの登録完了を伝え、同時に旅行する際に役立つアドバイスを伝えるための手紙

ワンポイントアドバイス

TOEICでは、駅や空港などで時間が余ったときや、博物館・美術館などのガイドツアーの最後に、土産物店(ギフトショップ)がよく登場します。また、街、博物館内、美術館内、テーマパーク内などを巡るガイド付きツアーに関する問題も出題されます。街を巡るツアーでは、由緒ある地元の名士の家を訪問したりします。

Chapter 23

成功・パーティー

142 販売成績

新商品の売上は好調の様子です。映画の公開から日が経つにつれて右肩上がりに伸びています。満足そうなロバートたち。

プラチナフレーズ

MP3 ▶ 171

利益を上げる	earn a profit
史上最高値を超える	surpass a new record high
前年より売り上げを倍増させる	double sales from the previous year
年間売上の数字を公表する	reveal the yearly sales figures
プラスの結果をもたらす	yield positive results
売り上げ低迷から回復する	recover from a downturn in sales
倒産の危機を乗り切る	survive bankruptcy
総売上高の記録	record for total sales
劇的な好転	dramatic turnaround
逆境を乗り越える	overcome the adverse challenges

会話

新しいイメージが多くの若い消費者を引きつけたに違いない。

The new image must have brought in a lot of young consumers.

2257 earn
[ə́ːrn]
- 動 ①〈金〉を稼ぐ ②〈信用・地位など〉を得る
- 関 earnings（所得）

2258 surpass
[sərpǽs]
- 動 ～を超える、～にまさる
- ☞ アクセントに注意

2259 record
[名 rékərd 動 rikɔ́ːrd]
- 名 ①記録 ②経歴、成績 動 ～を記録する
- 名 recording（録音、録画）

2260 double
[dʌ́bl]
- 動 ①～を倍増させる、2倍にする ②倍増する、2倍になる 形 2倍の、2重の
- ☞ それぞれ「3倍」ならtriple、「4倍」ならquadrupleと言う

2261 reveal
[rivíːl]
- 動 ～を公開する、明らかにする（≒disclose、unveil ⇔conceal）

2262 yearly
[jíərli]
- 形 ①年間の、その年の ②例年の、年1回の 副 毎年、年1度
- 関 monthly（毎月の） 関 weekly（毎週の） 関 daily（毎日の）

2263 yield
[jíːld]
- 動 〈結果など〉をもたらす、〈利益など〉を生む（≒produce）
- 名 産出物（≒product）

2264 recover
[rikʌ́vər]
- 動 ①回復する ②〈データなど〉を復元する
- 名 recovery（回復）

2265 downturn
[dáuntə̀ːrn]
- 名 （景気・物価などの）下落

2266 survive
[sərváiv]
- 動 ～を生き残る、存続する
- 名 survival（生存、生き残り）

2267 bankruptcy
[bǽŋkrʌptsi]
- 名 倒産
- 形 bankrupt（倒産した）

2268 total
[tóutl]
- 形 総計の、全部の 名 合計、総計
- 副 totally（まったく、すっかり） 関 subtotal（小計）

2269 turnaround
[tə́ːrnəràund]
- 名 ①（ビジネスなどの）突然の好転 ②（意見などの）転換
- ☞ 例 turnaround time（（飛行機などの）到着してから出発するまでの時間）

2270 overcome
[òuvərkʌ́m]
- 動 ～を乗り越える、克服する

2271 adverse
[ædvə́ːrs]
- 形 不都合な、逆方向の
- 名 adversary（敵、競争相手）

2272 bring in
- 熟 ①〈顧客〉を引きつける ②〈収入・利益など〉をもたらす、稼ぐ ③～を取り付ける、動員する

143 株価上昇

> 会社の株価も急上昇しています。社運をかけたイメージアップ戦略が功を奏したようです。

プラチナフレーズ

MP3 ▶ 172

その会社に投資する	invest in that company
上昇中である	be on the rise
株式市場の変化を予測する	predict changes in the stock market
株の投資家	stock investors
20%の株を持つ株主	a shareholder who has a 20% stake
株式取引を始める	commence stock trading
株価が急激に上昇する	cause the share price to rise strikingly
配当金の増加	increased dividend payment
楽観的な予想をする	make an optimistic prediction
3か月間連続で	for three consecutive months
第4四半期に	in the last quarter

会話

「株価はどうですか?」
「今までのところは順調です」

"How is the stock price?"
"Very good to date."

2273 invest
[ɪnvést]

動 ①（〜を）投資する　②〈時間・努力など〉を注ぎ込む
名 investment（投資）　関 investor（投資家）

2274 on the rise

熟 上昇中で、増加して

2275 predict
[prɪdíkt]

動 〜を予測する、予想する（≒forecast）
名 prediction（予測）　形 predictable（予測できる）　副 predictably（予想されるように）

2276 stock market

名 株式市場、株式取引

2277 investor
[ɪnvéstər]

名 投資家、出資者
動 invest（投資する）

2278 shareholder
[ʃéərhòʊldər]

名 株主（≒stockholder）
関 share（株）

2279 stake
[stéɪk]

名 株、出資（額）

2280 commence
[kəméns]

動 ①〜を始める　②始まる
☞ begin、startに比べて堅い語

2281 trading
[tréɪdɪŋ]

名 取引、貿易、通商
動 trade（取引する）　関 trader（株の売買をする人、貿易業者）

2282 rise
[ráɪz]

動 ①（金額・数・量などが）上昇する、増す　②立ちのぼる　名（金額・数・量などの）増加
関 skyrocket（急上昇する）

2283 strikingly
[stráɪkɪŋli]

副 著しく（≒markedly）
形 striking（著しい、際立った）

2284 dividend
[dívədènd]

名 （株式の）配当

2285 optimistic
[ɑ̀:ptəmístɪk]

形 楽観的な、楽天主義の
副 optimistically（楽天的に）

2286 consecutive
[kənsékjətɪv]

形 連続した
副 consecutively（連続して）

2287 quarter
[kwɔ́:rtər]

名 ①四半期　②15分　③4分の1
形 quarterly（年に4回の）

2288 to date

熟 今までのところ、今までのうちで

144 事業拡大

大成功を収めたロバート社長。何やらつぶやいています。「この成功に満足していていいものか…」どうやらまだまだ先を見ているようです。

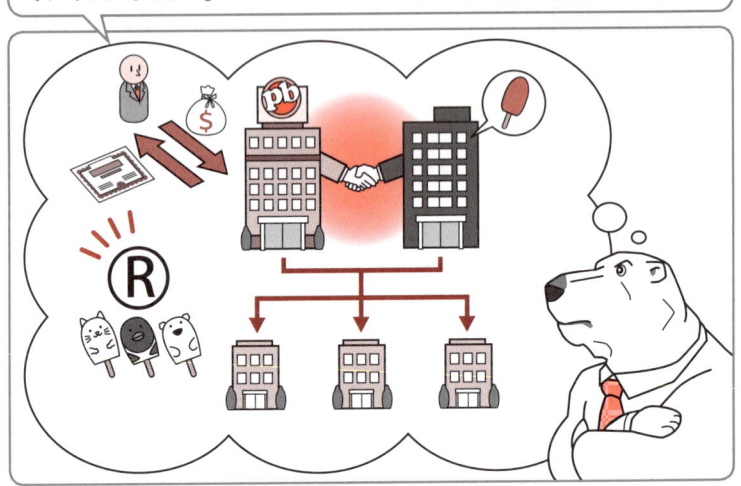

プラチナフレーズ

勢いに乗る	catch the momentum
急成長しつつある勢いのある企業	rapidly growing and vigorous company
アイスクリーム市場を支配する	dominate the ice cream market
野心的で積極的な計画	ambitious and aggressive plan
業務を統合する	integrate operations
事業を合理化する	streamline company operations
IT企業と提携する	be affiliated with an IT firm
ライバル会社と合併する	merge with the competitor
債券を発行する	issue some bonds
最新の技術革新	the latest technical innovation
独占販売権を持つ	get an exclusive right to sell

会話

我々は、チャンスはリスクよりもずっと大きいと考えます。

We believe the opportunities far outweigh the risks.

2289	**momentum** [moʊméntəm]	名 勢い、はずみ
2290	**rapidly** [ræpɪdli]	副 急速に / 形 rapid (急速な)
2291	**vigorous** [vígərəs]	形 力強い、激しい / 副 vigorously (元気に)
2292	**dominate** [dámənèit]	動 ①〜を支配する ②〜で優位を占める / 形 dominant (支配的な)
2293	**ambitious** [æmbíʃəs]	形 野心的な、意欲的な / 名 ambition (野心)
2294	**aggressive** [əgrésɪv]	形 精力的な、積極的な
2295	**integrate** [íntəgrèit]	動 〜を統合する / 名 integration (統合) 関 integrity (完全性)
2296	**streamline** [stríːmlàin]	動〈仕事・組織など〉を合理化[効率化]する (≒simplify)
2297	**affiliate** [əfílièit]	動 〜と提携する、〜を傘下に置く / 名 affiliation (提携) 関 affiliate(d) company (関連会社)
2298	**merge** [mə́ːrdʒ]	動 合併する / 関 merger (合併)
2299	**bond** [bɑ́ːnd]	名 ①債券 ②契約 (≒contract)
2300	**technical** [téknɪkl]	形 ①技術の ②専門の、専門的な / 名 technique (技術)
2301	**innovation** [ìnəvéɪʃən]	名 革新、(新しい事物の)導入、イノベーション / 動 innovate (〜を刷新する) 形 innovative (革新的な)
2302	**exclusive** [ɪksklúːsɪv]	形 ①独占的な、専用の ②排他的な ③高級な / 副 exclusively (独占的に) 動 exclude (〜を除外する) 名 exclusion (排除)
2303	**right** [ráit]	名 権利 副 ちょうど 形 正しい / 副 rightly (正しく)
2304	**outweigh** [àʊtwéɪ]	動 〜にまさる

Chapter 23　成功・パーティー

145 海外進出

世界市場に乗り出す決心をしたロバート社長。世界中の人々がポーラーベア社のアイスを愛してくれるその日まで、ロバート社長の挑戦は続きます！

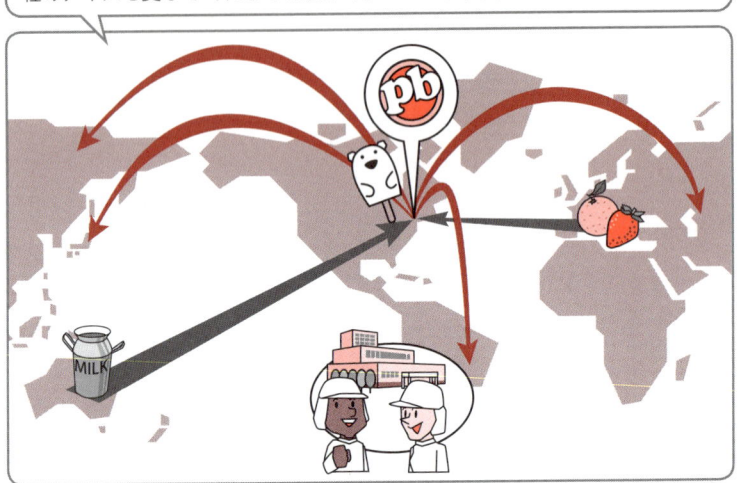

プラチナフレーズ

成長戦略における次のステップ	the next step in growth plans
新しい市場を開拓する	exploit a new market
世界市場に進出する	penetrate the global marketplace
販売区域を世界規模に拡大する	expand his territory worldwide
新興成長市場	emerging market
国際ビジネス	international business
安い原料	cheap raw materials
海外に工場を開設する	open an overseas plant
現地でスタッフを雇う	hire staff locally
商品の輸出を始めようと試みる	attempt to start exporting their items
海外での存在感を高める	increase their presence overseas

会話

「彼らはビジネスに成功したね」
「さらに、海外進出するらしいわ」

"They have achieved business success."
"Moreover, they're going to expand overseas."

2305
step [stép]
名 段階、ステップ 動〈歩〉を進める

2306
exploit [ɪksplɔ́it]
動 ～を開拓する、開発する

2307
penetrate [pénətrèit]
動〈市場など〉に進出する、浸透する
関 go through（通過する）

2308
global [glóubl]
形 ①全世界の、世界的な（≒worldwide ⇔local） ②全体的な、包括的な
副 globally（世界的に） 名 globe（世界）

2309
marketplace [máːrkətplèis]
名 市場、商品の売買

2310
territory [térətɔ̀ːri]
名 ①市場の占有分野 ②領域、範囲

2311
worldwide [wə́ːrldwáid]
副 世界的に、世界中に 形 世界的な、世界中の

2312
emerging [ɪmə́ːrdʒɪŋ]
形 新興の、存在感を増している

2313
international [ìntərnǽʃənl]
形 国際的な（⇔domestic）
副 internationally（国際的に） 動 internationalize（～を国際化する）

2314
raw [rɔ́ː]
形 ①加工していない、原料のままの
②〈食品が〉生の（⇔cooked）

2315
overseas [óuvərsíːz]
形 海外の 副 海外で、海外に（≒abroad）

2316
locally [lóukəli]
副 地方で、現地で
形 local（地元の）

2317
attempt [ətémpt]
動 ～を試みる、企てる（≒try） 名 試み

2318
export [動 ɪkspɔ́ːrt 名 ékspɔːrt]
動 ～を輸出する（⇔import） 名 輸出（品）

2319
presence [prézns]
名 ①存在感 ②出席
形 present（存在する、出席している）

2320
moreover [mɔːróuvər]
副 さらに、その上、加えて
（≒furthermore、in addition、additionally、besides）

146 成功

> フェニックス広告代理店にとっても今回のプロジェクトは大成功でした。アイデアを出したケンは大手柄。みんなにほめられています。

プラチナフレーズ

プロジェクトを成し遂げる	**accomplish** the project
彼らのプロジェクトの最終的な成果	the **ultimate outcome** of their project
目覚ましい成功を収める	have **remarkable success**
顧客から高く評価される	get highly **praised** by the customer
顧客推薦状	customer **testimonial**
成功の主な理由	the main **reason** for the success
彼のアイデアに加えて	**in addition to** his idea
チームの高い士気	high **morale** of the **whole** team
チームワークを促進する	**facilitate** the teamwork
成功は全員の努力のおかげと考える	**attribute** the success to everyone's **combined** effort
会社を活性化する	**revitalize** the company

会話

あなたたちは皆、自分の役割を果たしました。
Each of you **did** your **part**.

#	英単語	意味
2321	**accomplish** [əkάmplɪʃ]	動 ～を成し遂げる 形 accomplished（熟達した）　名 accomplishment（成果、業績、技能）
2322	**ultimate** [ʌ́ltəmət]	形 最終の、究極の 副 ultimately（最終的に）
2323	**outcome** [άʊtkʌ̀m]	名 成果、結果（≒result）
2324	**remarkable** [rɪmάːrkəbl]	形 目覚ましい、注目に値する（≒high-profile） ☞ remarkably effectively（極めて有効に）　名 remark（所見）
2325	**success** [səksés]	名 成功（⇔failure） 動 succeed（成功する）　形 successful（成功した）
2326	**praise** [préɪz]	動 ～を褒める、称賛する（⇔blame）　名 称賛（⇔blame）
2327	**testimonial** [tèstəmóʊniəl]	名 （商品の）推薦文
2328	**reason** [ríːzn]	名 理由、根拠 形 reasonable（（値段が）手ごろな）
2329	**in addition to**	熟 ～に加えて 関 in addition　関 additionally（さらに、加えて）
2330	**morale** [məræl]	名 士気
2331	**whole** [hóʊl]	形 全体の、すべての　名 全部
2332	**facilitate** [fəsíləteɪt]	動 ～を容易にする、促進する 関 facilitator（進行係、司会者）
2333	**attribute** [ətríbjuːt]	動 ～を（…の）おかげと考える、～を（…に）帰する
2334	**combined** [kəmbáɪnd]	形 組み合わせた、協力した 動 combine（～を組み合わせる）　名 combination（組み合わせ、協力）
2335	**revitalize** [rèváɪtəlaɪz]	動 ～を活性化する、～に新しい活力を与える
2336	**do one's part**	熟 自分の役割を果たす

Chapter 23　成功・パーティー

147 ボーナス

プロジェクトを成功に導いた社員たちに、報奨金として特別ボーナスが与えられることになりました。喜ぶケンたち。

プラチナフレーズ

プロジェクトへの重要な貢献	substantial contributions to the project
賞賛を受けるに値する	deserve a compliment
結局特別ボーナスが出る	end up with a special bonus
彼らの働きをボーナスに反映させる	reflect their performance in bonuses
1,000ドルの報奨金	a cash reward of 1,000 dollars
インセンティブとして	as an incentive
社長の判断により	at the discretion of the president
すべてのメンバーに均一に適用される	be uniformly applied to all the members
昇給	salary increase
平均給与以上	beyond average salary

会話

高い収益が出たことを考慮して、ボーナスを支給することにしました。

In light of our high profit, we decided to give you a bonus.

2337 substantial
[səbstǽnʃəl]

形 ①重要な、実質的な、本質的な　②相当な、たくさんの (≒considerable)
副 substantially (相当に)　名 substance (実質、物質)

2338 contribution
[kà:ntrəbjú:ʃən]

名 ①貢献　②寄付
動 contribute (貢献する、寄付する)　関 contributor (貢献する人)

2339 deserve
[dɪzə́:rv]

動 ～に値する

2340 compliment
[名 ká:mpləmənt 動 ká:mpləmènt]

名 賛辞、ほめ言葉　動 ～をほめる

2341 end up with

熟 結局～で終わる

2342 bonus
[bóʊnəs]

名 ボーナス、特別手当

2343 reflect
[rɪflékt]

動 ①～を反映する　②～を(鏡などに)映す　③(～を)考慮する
名 reflection (反映、反射)　形 reflective (反映している)

2344 reward
[rɪwɔ́:rd]

名 報い、報酬　動 ～に報いる、報酬を与える

2345 incentive
[ɪnséntɪv]

名 動機、インセンティブ

2346 discretion
[dɪskréʃən]

名 判断[行動]の自由、自由裁量
形 discretionary (任意の、自由裁量の)

2347 uniformly
[jú:nəfɔ̀:rmli]

副 均一に、むらなく
名 uniform (制服)

2348 salary
[sǽləri]

名 給料 (≒wage、pay)
☞ 「昇給」はpay raiseとも言う

2349 increase
[名 ínkri:s 動 ɪnkrí:s]

名 増加 (⇔decrease)　動 ①増える、増加する (⇔decrease)　②～を増やす (⇔decrease)
副 increasingly (ますます)

2350 beyond
[bɪjàːnd]

前 ～を超えて

2351 average
[ǽvərɪdʒ]

形 平均の、普通の　名 平均、標準
関 on average (平均すると)

2352 in light of

熟 ～を考慮して、踏まえて

148 パーティー準備

関係者たちを集めたパーティーが開かれることになりました。会場のセッティングをして、招待状を送ります。

プラチナフレーズ

MP3 ▶ 177

パーティーを主催する	host a party
招待状を送る	send out invitations
心をこめて彼らを招待する	cordially invite them
正装する	wear formal clothing
美しく花で飾られている	be decorated with flowers artfully
ほのかなバラの香り	subtle fragrance of roses
壁にかかった絵	a painting hung on the wall
エレガントな雰囲気	elegant atmosphere
マイクの位置を決める	position the microphone
ディナーを提供してもらう	have dinner catered
菜食主義者のために	for vegetarians

会話

「パーティーの準備はできた?」
「だいたいね」

"Is everything set up for the party?"
"Sort of."

2353	**host** [hóʊst]	動 〜を主催する 名 ①(ラジオ・テレビ番組の)司会者　②主人
2354	**party** [pɑ́ːrti]	名 ①パーティー　②(行動を共にする)一行、一団 ③当事者、関係者
2355	**invitation** [ìnvətéɪʃən]	名 ①招待状　②招待 動 invite(〜を招待する)
2356	**cordially** [kɔ́ːrdʒəli]	副 心から、真心こめて 形 cordial(心からの)
2357	**invite** [ɪnváɪt]	動 〜を招待する 名 invitation(招待状、招待)
2358	**formal** [fɔ́ːrməl]	形 正式の、公式の(⇔informal) 名 formality(正規の手続き)　副 formally(正式に)
2359	**decorate** [dékərèɪt]	動 〜を飾る 名 decoration(装飾)　形 decorative(装飾的な)　関 decor(装飾)
2360	**artfully** [ɑ́ːtfli]	副 巧みに
2361	**subtle** [sʌ́tl]	形 ①かすかな、ほのかな(≒faint)　②微妙な 副 subtly(微妙に)　名 subtlety(微妙さ)
2362	**fragrance** [fréɪɡrəns]	名 ①香り　②香水
2363	**painting** [péɪntɪŋ]	名 ①絵(≒picture)　②絵を描くこと 動 paint(〜を絵具で描く)　関 painter(画家)
2364	**elegant** [éləɡənt]	形 上品な、優雅な 名 elegance(上品、優雅)　副 elegantly(上品に、優雅に)
2365	**microphone** [máɪkrəfòʊn]	名 マイク
2366	**cater** [kéɪtər]	動 ①〈パーティーなど〉に料理を提供する　②要望に応じる 名 catering(仕出し業、ケータリング)　関 caterer(仕出し屋)
2367	**vegetarian** [vèdʒətéəriən]	名 菜食主義者(≒vegan)　形 菜食者のための、菜食主義の
2368	**Sort of.**	会 だいたいね。まあね。そんなとこだね。

Chapter 23　成功・パーティー

149 パーティー

> ケン、ピーター、ロバート、ケビン、リンダ。みんな勢ぞろいです。「成功を祝して、乾杯！」

プラチナフレーズ

MP3 ▶ 178

開会のあいさつ	an opening remark
温かくゲストを歓迎する	warmly welcome guests
ポーラーベア社の前社長	the former president of Polar Bear Corporation
乾杯の音頭をとる	propose a toast
ディナービュッフェを提供する	provide a dinner buffet
おいしい食事	delicious meal
スピーチをする	make a speech
成果を祝う	celebrate their achievement
ライブパフォーマンスが始まる	begin the live performance
観客を楽しませる	entertain the spectators
食事をする人でいっぱいだ	be full of diners

会話

「パーティーはどうでしたか」
「素晴らしかったです」

"What did you think of the party?"
"It was excellent."

2369	**remark** [rɪmáːrk]	名 意見、発言　動 意見を述べる 形 remarkable（注目すべき）
2370	**warmly** [wɔ́ːrmli]	副 温かく、心をこめて、親切に 形 warm（温かい）
2371	**welcome** [wélkəm]	動〈訪問客など〉を出迎える、歓迎する
2372	**former** [fɔ́ːrmər]	形 ①前の、以前の　②[the formerで] 前者（⇔latter） 副 formerly（以前は）
2373	**toast** [tóʊst]	名 ①乾杯、祝杯　②トースト
2374	**buffet** [bəféɪ]	名 セルフサービス式の食事、ビュッフェ
2375	**delicious** [dɪlíʃəs]	形 とてもおいしい
2376	**meal** [míːl]	名 ①食事　②1食分、(1回の)食事の量
2377	**speech** [spíːtʃ]	名 演説、あいさつ、スピーチ 動 speak（話す）
2378	**celebrate** [séləbrèɪt]	動 ～を祝う（≒mark、commemorate） 名 celebration（祝福）
2379	**achievement** [ətʃíːvmənt]	名 ①成果、業績　②達成 動 achieve（～を達成する）
2380	**live** [láɪv]	形〈放送・演技などが〉生の、ライブの 関 lively（元気いっぱいの、陽気な、明るい）
2381	**entertain** [èntərtéɪn]	動 ～を楽しませる 名 entertainment（娯楽）
2382	**spectator** [spékteɪtər]	名 観客、見物人
2383	**diner** [dáɪnər]	名 食事をする人、ディナー客 動 dine（食事をする）
2384	**What do you think of ～?**	会 ～はどうですか。

150 授賞式

> ピーターが表彰されることになりました。タイトなスケジュールの中で部長としてみんなを見事にまとめ上げた手腕が評価されたのです。

プラチナフレーズ　MP3▶179

授賞式に出席する	attend an awards ceremony
今年の受賞者	this year's recipient of the award
ピーターを表彰する	recognize Peter
名誉ある賞を獲得する	win a prestigious award
ピーターを称賛する	admire Peter
彼を特別にたたえる	pay special tribute to him
名誉を与える	bestow an honor
同僚たちに推薦される	be nominated by coworkers
非常に尊敬される	be highly respected
管理者としての十分な経験	sufficient managerial experience
記念の盾を受け取る	receive a commemorative plaque

会話

このような賞をいただくことができて光栄です。

I am delighted to receive such an award.

2385	**award** [əwɔ́ːrd]	名 賞、賞品　動 〈賞など〉を授与する 関 award-winning (受賞経験のある)
2386	**ceremony** [sérəmòuni]	名 式典、祭典
2387	**recipient** [rɪsípiənt]	名 受取人、受領者、レシピエント
2388	**recognize** [rékəgnàɪz]	動 ①〜を表彰する　②〜を認める、評価する　③〜に見覚え[聞き覚え]がある 名 recognition (承認、認識)
2389	**win** [wín]	動 ①〈賞賛など〉を得る　②〈勝利など〉を勝ち取る 関 winner (勝者)
2390	**prestigious** [prestíːdʒəs]	形 名声のある、一流の、有名な
2391	**admire** [ədmáɪər]	動 〜を称賛する、〜に感心する 名 admiration (称賛)
2392	**pay tribute to**	熟 〜に敬意を表する、〜をたたえる
2393	**bestow** [bɪstóu]	動 〈名誉・賞など〉を授ける
2394	**honor** [ɑ́ːnər]	名 名誉、栄誉　動 ①〜に栄誉を与える　②〈商品券などを有効と認め〉引き受ける 形 honorable (尊敬に値する)　副 honorably (見事に)
2395	**nominate** [nɑ́mənèɪt]	動 ①〜を候補に挙げる、推薦する　②〜を指名する、任命する 名 nomination (推薦、指名)　関 nominee (推薦された人)
2396	**respect** [rɪspékt]	動 〜を尊重する、尊敬する　名 ①尊重、尊敬　②点 形 respectful (礼儀正しい)　関 respectable (まあまあの)　関 respective (それぞれの)
2397	**sufficient** [səfíʃənt]	形 十分な (≒enough ⇔insufficient) 副 sufficiently (十分に)
2398	**commemorative** [kəmémərətɪv]	形 記念の 動 commemorate (〜を祝う、記念する)
2399	**plaque** [plǽk]	名 飾り額、表彰盾
2400	**be delighted to do**	熟 〜してうれしい

出題パターンチェック

成功・パーティーに関連する場面です。TOEICにはさまざまな授賞式の場面が登場します。受賞時のスピーチでは、自分がその仕事、もしくは何かを始めたきっかけから話を始め、何年間どこで何をしたのかについての話をすることが多いです。また、節目にお世話になった人の名前を挙げ「あの人と出会わなければ、今日この場に私はいなかったでしょう」と、感謝の気持ちを伝えたりします。最後は「皆さまのおかげで今の私がいます」のように締めくくるパターンが一般的です。

【Part 2】
- 「Mickは授賞式に来る予定ではないのですか」
  →「彼は来られなくなるかもしれないと言っていました」

【Part 3】
- 少人数のパーティー用に料理のケータリングを依頼する女性と、人数や場所を質問し、価格一覧を送るという約束をしているケータリング会社の男性との会話

【Part 4】
- ベーカリーのスタッフがパーティーを開催する予定である会社に電話している。ケーキの配達を行うのだが、日時の指定が書かれているメモを紛失してしまったため、再度希望の配達日時を教えてほしいことを伝えるという内容の留守電メッセージ

  > 設問と正解の例
  > What time will the bakery close today?(パン屋は今日、何時に閉まりますか)
  > → At 7:00 P.M. (午後7時)
  > What information does the woman request?
  > (女性はどんな情報を求めていますか)
  > → Further instruction on the delivery (配達に関するさらなる指示)
  > What will the caller deliver to the company?
  > (電話のかけ手はその会社に何を配達しますか)
  > → The cake for celebratory occasions (お祝い用のケーキ)

- 新規にプラハで支店を立ち上げることを全従業員に伝える、金融サービス会社社内でのお知らせ。新規出店に伴って、異動を希望する者を募ります、という内容

【Part 5】
- Kameta Caféは先月開店したばかりだが、またたく間にこの地域で最も人気のあるカフェのうちの一つになった

> **ワンポイントアドバイス**
> TOEICには企業買収の話題が登場することもあります。買収によって資産やマンパワーが統合されることで会社が躍進するだけでなく、地域の住民が恩恵を受ける（仕事が増える、街が活性化するなど）という内容のものが多いです。会社の移転や人事異動などの話題も、企業買収のトピックに絡んできます。

Chapter 24

昇進・退職

151 評価

> フェニックス広告代理店で年度末の勤務評価が行われています。入社して1年目にもかかわらず大きな成果を上げたケン。評価も上々のようです。

プラチナフレーズ

年次の勤務評価	annual performance evaluation
評価のシステム	a system of appraisal
勤勉な社員	a diligent worker
新しい環境に慣れる	become familiar with the new surroundings
この1年で成長する	thrive over the past year
仕事の多くの面において	in many aspects of his job
主体的に行動する	act independently
よりよい解決策を考え出そうとする	look to come up with a better solution
コンピュータプログラムの能力	proficiency with computer programs
頼れるチームプレーヤー	a dependable team player
重大な役割を果たす	play a critical part
彼の業績をほめる	commend his performance

会話

言うまでもなく、あなたの業績は高く評価しています。

Needless to say, we highly regard your performance.

2401	**evaluation** [ɪvæ̀ljuéɪʃən]	名 評価 動 evaluate（〜を評価する）
2402	**appraisal** [əpréɪzl]	名 評価 動 appraise（〜を評価する）
2403	**diligent** [dɪ́lɪdʒənt]	形 勤勉な（⇔lazy） 名 diligence（勤勉） 副 diligently（こつこつと）
2404	**familiar** [fəmɪ́ljər]	形 ①よく知っている、精通している ②よく知られた（⇔unfamiliar） 名 familiarity（よく知っていること） 動 familiarize（〜を慣れさせる）
2405	**surrounding** [səráʊndɪŋ]	名 [surroundingsで]環境 動 surround（〜を囲む）
2406	**thrive** [θráɪv]	動 ①成長する、育つ ②うまくやる、成功する
2407	**past** [pǽst]	形 過去の（≒former） 名 過去 関 preceding year（前年）⇔following year（翌年）
2408	**aspect** [ǽspekt]	名 側面、形勢、状況
2409	**act** [ǽkt]	動 ①行動する ②演技する 名 行動、行い 名 action（行動） 形 acting（代行する） 関 overact（大げさに演じる）
2410	**independently** [ɪ̀ndɪpéndəntli]	副 自主的に、独立して ☞ 例 work independently of（〜と関わりを持たずに仕事をする）
2411	**look to do**	熟 〜しようとする（≒try to do）
2412	**proficiency** [prəfɪ́ʃənsi]	名 熟達、技能 形 proficient（熟達した）
2413	**dependable** [dɪpéndəbl]	形 頼れる 動 depend（頼る）
2414	**critical** [krɪ́tɪkl]	形 ①重大な、決定的な（≒crucial） ②批判的な 名 critic（批評家） 副 critically（批判的に）
2415	**commend** [kəménd]	動 〜をほめる、推奨する（≒praise）
2416	**Needless to say,**	会 言うまでもなく

152 昇進・異動

年度末は変化の時期。ケンは念願の昇進を果たしました。そしてこの時期は別れの時期でもあります。別の支店に異動する社員、そして…。

プラチナフレーズ

MP3 ▶ 181

うまくやる能力がある	be capable of doing well
さまざまな状況に適応する	adapt to various situations
昇進の必要条件	prerequisite for career advancement
彼の昇進を承認する	ratify his promotion
出世する	move up the ranks
上の地位に昇進する	be promoted to a higher position
速いペースで	in a fast pace
新しい支店に異動になる	be transferred to a new branch
能力を発揮する好機を得る	have a chance to prove oneself
次のプロジェクトに取りかかる	work on the next project
キャリアアップに意欲的だ	be eager to advance his career
部署の再編成	reorganization of the department

会話

一歩一歩成長していきたいと思います。　I'd like to improve myself step by step.

2417 capable
[kéɪpəbl]

形 ①[be capable of で]〜する能力がある ②有能な、敏腕な
☞ 例 a capable man(有能な男性) 名 capability(能力、才能)

2418 adapt
[ədǽpt]

動 ①適応する ②〜を適応させる(≒adjust, accommodate, conform)
形 adaptable(順応性のある) 名 adaptation(順応、適応)

2419 prerequisite
[prɪrékwəzɪt]

名 必須条件、前提条件

2420 advancement
[ədvǽnsmənt]

名 ①昇進(≒promotion) ②促進、進歩、前進(≒progress)
動 advance(上がる、向上する)

2421 ratify
[rǽtəfaɪ]

動 〜を承認する、認可する

2422 rank
[rǽŋk]

名 階級、地位、身分 動 〜を位置づける

2423 promote
[prəmóʊt]

動 ①〜を昇進させる ②〜を売り込む、〜の販売を促進する ③〜を促進する、推進する
名 promotion(昇進、販売促進)

2424 pace
[péɪs]

名 (活動などの)ペース、速度

2425 transfer
[動 trænsfɚːr 名 trænsfɚːr]

動 ①〜を移す、転任させる ②移る、転任する
名 移動、転任

2426 branch
[brǽntʃ]

名 ①支店、支社、支局 ②枝
関 subsidiary(子会社) 関 affiliate(d) company(関連会社)

2427 have a chance to do

熟 〜する好機を得る

2428 prove
[prúːv]

動 ①〜を証明する、はっきり示す ②[prove to be で]〜だとわかる(≒turn out to be)
名 proof(証明、証拠)

2429 work on

熟 〈問題など〉に取り組む

2430 be eager to do

熟 〜することを切望する
関 eagerly(しきりに、熱心に)

2431 reorganization
[riːɔːrɡənəzéɪʃən]

名 再編成、再組織、再建
動 reorganize(〜を再編成する、再建する)

2432 step by step

熟 一歩一歩、着実に
関 step-by-step(段階を追った、漸進的な)

153 辞表

> 何やら騒然としている社内。ピーターの突然の辞職が発表されたのです。昇進が期待されていただけに、みんなショックを隠せません。

プラチナフレーズ

彼の突然の辞職を発表する	announce his abrupt resignation
昇進を断る	refuse a promotion
部長としての地位を放棄する	relinquish his position as a manager
仕事を辞める	quit the job
退職する上司	an outgoing boss
大きな衝撃を受ける	be extremely shocked
すっかり途方に暮れる	completely at a loss
考えを変えるよう説得する	persuade him to change his thought
会社を去ることを切望する	be anxious to leave the company
契約を終了させる	terminate the contract
退職金を受け取る	receive severance pay
定年前に	prior to the retirement age

会話

残念なお知らせですが、来月ピーターが退職します。

I regret to inform you that Peter will leave this company next month.

2433 abrupt [əbrʌ́pt]
形 不意の、突然の (≒sudden)
副 abruptly (突然)

2434 resignation [rèzɪɡnéɪʃən]
名 ①辞職、辞任　②辞表
動 resign (辞職する)

2435 refuse [rɪfjúːz]
動 〜を断る
名 refusal (拒否)

2436 relinquish [rɪlíŋkwɪʃ]
動 〈地位・職など〉を辞す (≒give up、abandon)

2437 quit [kwɪ́t]
動 (〜を)やめる

2438 outgoing [áʊtɡòʊɪŋ]
形 ①退職する、去っていく (≒leaving)
②社交的な (≒sociable)

2439 extremely [ɪkstríːmli]
副 極端に、非常に
形 extreme (極端な)

2440 shock [ʃɑ́k]
動 〜に衝撃[ショック]を与える　名 衝撃、ショック

2441 at a loss
熟 途方に暮れて

2442 persuade [pərswéɪd]
動 〜を説得する、納得させる (≒convince)
☞ 〈persuade+人+to do〉(人を〜するように説得する)　名 persuasion (説得)

2443 anxious [ǽŋkʃəs]
形 ①[be anxious to do で] 〜することを切望する　②心配して、不安で
名 anxiety (心配、不安)　副 anxiously (心配して、切望して)

2444 terminate [tə́ːrmənèɪt]
動 ①〜を終わらせる　②〜を解雇する
名 termination (終了)

2445 severance [sévərəns]
名 (雇用の)契約解除、(関係の)断絶

2446 prior to
熟 〜の前に、〜に先立って

2447 retirement [rɪtáɪərmənt]
名 ①(定年)退職　②退職後の人生
動 retire (退職する)　関 retiree (退職者)

2448 I regret to inform you that 〜.
会 残念なお知らせですが〜。

154 後任

「後のことは彼に任せるよ」ピーターの後任者としてチーフが抜擢されました。「チーフならきっとうまくやってくれるさ」

プラチナフレーズ

MP3 ▶ 183

彼の後任者を指名する	appoint his successor
彼の職務を引き継ぐ	take over his duties
前任者から学ぶ	learn from his predecessor
ピーターの代わりとして	as a substitute for Peter
途切れのない移行	seamless transition
有能なリーダー	a competent and resourceful leader
その役職に就くのにふさわしい	be adequate to hold the post
対人スキルがある	have interpersonal skills
ユーモアのセンスがある	have a sense of humor
彼の成熟した物の見方	his mature outlook
ほかの人たちから信頼されている	be trusted by other people
彼のキャリアを発展させるのに不可欠だ	be crucial to his career growth

会話

部長への昇進、おめでとうございます。

Congratulations on your promotion to manager!

2449 **successor** [səksésər]	名 後任、後継者（⇔predecessor） 動 succeed（〜のあとを継ぐ、成功する）
2450 **take over**	熟 〈職務など〉を引き継ぐ
2451 **predecessor** [prédəsèsər]	名 前任者（⇔successor）
2452 **substitute** [sʌ́bstətjùːt]	名 代わりの人[物]　動 〜を代わりに用いる、〜で代用する　形 代用の 名 substitution（代用）
2453 **seamless** [síːmləs]	形 途切れない、継ぎ目のない 副 seamlessly（途切れなく）
2454 **transition** [trænzíʃən]	名 移行
2455 **competent** [kɑ́ːmpətnt]	形 有能な 名 competency（能力、資格）
2456 **resourceful** [rɪsɔ́ːrsfl]	形 機転のきく
2457 **adequate** [ǽdɪkwət]	形 十分な（⇔inadequate） 副 adequately（十分に、適切に）
2458 **interpersonal** [ìntərpə́ːrsənl]	形 人間関係の、個人間の
2459 **sense** [séns]	名 ①感覚、センス　②感じ、印象 形 sensible（分別のある、賢明な）　形 sensitive（慎重を要する）
2460 **mature** [mətjúər]	形 成熟した、十分に成長した
2461 **outlook** [áʊtlùk]	名 （物事に対する）見解、態度
2462 **trust** [trʌ́st]	動 ①〜を信頼する、信用する　②〜と確信する　名 信頼、信用 名 trustee（理事）
2463 **crucial** [krúːʃəl]	形 不可欠な、重大な、決定的な （≒critical、essential、absolutely-required）
2464 **congratulation** [kəngrædʒəléɪʃən]	間 [Congratulationsで] おめでとう 関 congratulate（〜を祝う）

昇進・退職

Chapter 24

155 送別会

> ピーターの送別会が開かれることになりました。「ピーター、今までどうもありがとう」「どうかお元気で」「お疲れさまでしたっ！」

プラチナフレーズ

送別会を開く	give a farewell party
仲間のために集まる	gather for a peer
創設以来	since inception
10年仕事を続ける	be in business for a decade
10年の在職期間に	during his ten-year tenure
長期にわたり貢献する	make a lengthy contribution
チームを誇りに思う	be proud of his team
ケンをとても悲しませる	sadden Ken deeply
彼に大きな借りがある	owe him a lot
ケンにいろいろな出来事を思い出させる	remind Ken of various events
感謝の意を表す	express appreciation
ピーターへの感謝	gratitude to Peter

会話

あなたがいなくなるととても寂しくなります。

We'll all miss you quite a bit.

2465	**farewell** [fèərwél]	名 別れ
2466	**gather** [gǽðər]	動 ①集まる　②〜を集める（≒collect）
2467	**peer** [píər]	名 仲間、同僚（≒colleague、co-worker）
2468	**inception** [ɪnsépʃən]	名 開始、発端
2469	**decade** [dékeɪd]	名 10年間
2470	**tenure** [ténjər]	名 在職期間
2471	**lengthy** [léŋkθi]	形 長時間[長期]にわたる 名 length（長さ）　動 lengthen（〜を伸ばす、長くする）
2472	**proud** [práʊd]	形 誇りとする、自慢にする 副 proudly（誇らしげに）　名 pride（誇り）
2473	**sadden** [sǽdn]	動 〜を悲しませる 形 sad（悲しい）
2474	**deeply** [dí:pli]	副 深く、非常に 形 deep（深い）　名 depth（深さ）
2475	**owe** [óʊ]	動 ①〈恩義など〉を負っている　②〜を支払う義務がある ☞〈owe A to B〉（AをBに負っている）
2476	**remind** [rɪmáɪnd]	動 〜に気づかせる、〜を思い出させる ☞〈remind A of B〉（AにBを思い出させる）
2477	**express** [ɪksprés]	動 〜を表現する、述べる　形 急行の、速達の　名 急行、速達 名 expression（表現）
2478	**appreciation** [əprì:ʃiéɪʃən]	名 ①感謝　②鑑賞 動 appreciate（〜をありがたく思う、〜を鑑賞する）
2479	**gratitude** [grǽtətjù:d]	名 感謝の気持ち、謝意 形 grateful（ありがたく思う）　動 gratify（〜を喜ばせる）
2480	**quite a bit**	熟 とても 関 quite a bit of（相当の〜、かなりたくさんの〜）

156 独立・新事業

突然退職したピーター。独立して新事業を立ち上げるのが彼の長年の夢だったのです。その夢を実現させる時が来たのでした。

プラチナフレーズ

新しい事業を始める	undertake a new enterprise
会社の創設者になる	become a founder of a company
事業主になる	become a business proprietor
自分の力で会社を経営する	run a company by himself
起業家精神のある	with a spirit of entrepreneurship
もうかるビジネスを始める	launch a lucrative business
彼自身のビジネスに専念する	be devoted to his own business
長年の夢を追いかける	pursue his longtime dream
新規事業	start-up venture
新事業の立ち上げに備えて	in preparation for the launch of a new business
繁栄する未来	a prosperous future

会話

ご成功をお祈りします。　I wish you good luck.

2481	**undertake** [ʌ̀ndərtéɪk]		動 ～を引き受ける、～に着手する 名 undertaking（事業）
2482	**founder** [fáʊndər]		名 創立者、設立者 動 found（～を設立する）　find（～を見つける）の過去・過去分詞形と同形
2483	**proprietor** [prəpráɪətər]		名 経営者
2484	**run** [rʌ́n]		動 ①～を経営する、運営する　②〈広告〉を掲載する ③～を実行する
2485	**by oneself**		熟 ひとりで、自力で、独力で
2486	**spirit** [spírət]		名 ①気分、心　②蒸留酒
2487	**entrepreneurship** [ɑ̀ntrəprənə́:rʃɪp]		名 起業家精神 関 entrepreneur（起業家）
2488	**lucrative** [lú:krətɪv]		形 利益のあがる、もうかる（≒profitable）
2489	**devote** [dɪvóʊt]		動 ～をささげる、充てる（≒dedicate） 名 devotion（献身、専念）
2490	**pursue** [pərsjú:]		動 ～を追求する、達成する 名 pursuit（追及、追跡）
2491	**longtime** [lɔ́:ŋtàɪm]		形 長年の、積年の 関 lifelong（生涯の）
2492	**start-up** [stá:rtʌ̀p]		形 創業したばかりの
2493	**venture** [véntʃər]		名 (投機的)事業、ベンチャー事業
2494	**in preparation for**		熟 ～に備えて
2495	**prosperous** [prá:spərəs]		形 繁栄した、栄えた 名 prosperity（繁栄）　動 prosper（繁栄する）
2496	**I wish you good luck.**		会 ご成功[ご好運]をお祈りします。 ☞ 単にGood luck.とも言う

ジャンル別ボキャブラリー

職業

engineer	[èndʒəníər]	エンジニア	
programmer	[próʊɡræmər]	プログラマー	图 programming（プログラミング）
mechanic	[məkǽnɪk]	機械工、修理工	
technician	[teknífʃən]	技術者	
projectionist	[prədʒékʃənɪst]	映写技師	
printer	[príntər]	印刷業者	
farmer	[fáːrmər]	農家	
ranger	[réɪndʒər]	森林警備隊員、レンジャー部隊	
lifeguard	[láɪfɡɑːrd]	救助員	
hairdresser	[héərdrèsər]	美容師	類 beautician
aesthetician	[èsθətíʃən]	エステティシャン	
therapist	[θérəpɪst]	セラピスト	
nurse	[nə́ːrs]	看護師	
pharmacist	[fáːrməsɪst]	薬剤師	
medical practitioner		開業医	practitionerだけだと「開業弁護士」の意味にもなる
veterinarian	[vètərənéəriən]	獣医	vetとも言う
dietician	[dàɪətíʃən]	栄養士	
cook	[kók]	調理師	
fire fighter		消防士	
conductor	[kəndʌ́ktər]	車掌、指揮者	
chauffeur	[ʃóʊfər]	お抱え運転手	
golfer	[ɡáːlfər]	ゴルファー	

ジャンル別ボキャブラリー

◉ MP3 ▶ 186

coach	[kóʊtʃ]	(スポーツの)監督、コーチ	
real estate agency		不動産業者	関 realtor（不動産仲介業者） 関 realty（不動産）
businessperson	[bíznəspə:rsn]	実業家	複数形はbusinesspeople
attorney	[ətə́:rni]	弁護士	類 lawyer
detective	[dɪtéktɪv]	探偵、刑事	
gardener	[gá:rdnər]	植木屋、園芸家	
artist	[á:rtəst]	芸術家	名 art（芸術）　形 artistic（芸術の）
sculptor	[skʌ́lptər]	彫刻家	
photographer	[fətá:grəfər]	写真家	名 photography（写真撮影） 形 photographic（写真の）
artisan	[á:rtəzən]	職人、工匠	類 craftsperson
illustrator	[íləstrèɪtər]	イラストレーター	
writer	[ráɪtər]	作家	
poet	[póʊət]	詩人	
announcer	[ənáʊnsər]	アナウンサー	

ワンポイントアドバイス

僕が興味深い内容だと思ったPart 7の問題の一つに、いくつかの職業を渡り歩いた人の話があります。プロの音楽家になるべく海外に出て音楽学校に通っていたものの、アルバイトをしていたスーパーでチーズの魅力に魅せられて食の道に進み、帰国してカフェをオープン、店では最高のチーズを提供し、自ら楽器を演奏してお客さんを楽しませる、という話でした。

ジャンル別ボキャブラリー

職業

英語	発音	意味	備考
anchor	[ǽŋkər]	ニュースキャスター	
weather forecaster		気象予報士	
actor	[ǽktər]	俳優	
actress	[ǽktrəs]	女優	
musician	[mju(:)zíʃən]	ミュージシャン	
performer	[pərfɔ́:rmər]	演奏者、歌手、役者	
choreographer	[kɔ̀:riá:grəfər]	振付師	
salesperson	[séɪlzpə:rsn]	販売員	類 salespeople
salesclerk	[séɪlzklə̀:rk]	店員	
florist	[flɔ́:rɪst]	花屋	
electrician	[ɪlèktríʃən]	電気屋	
waiter	[wéɪtər]	ウェイター	
waitress	[wéɪtrəs]	ウェイトレス	
messenger	[mésəndʒər]	電報配達人	
diplomat	[dípləmæt]	外交官	
interpreter	[ɪntə́:rprətər]	通訳	動 interpret（～を通訳する）
bank teller		銀行の窓口係	
broker	[bróʊkər]	仲介業者	関 brokerage（仲介業者、証券会社）
officer	[á:fəsər]	役人、警官	
civil servant		公務員	
freelancer	[frí:lænsər]	フリーランサー	
merchant	[mə́:rtʃənt]	商人	
analyst	[ǽnəlɪst]	分析者、アナリスト	

業種

manufacturing	[mæ̀njəfǽktʃəriŋ]	製造業	
construction industry		建設業	
publishing	[pʌ́blɪʃɪŋ]	出版業	関 publishing company (出版社)
advertising industry		広告業	
transportation	[træ̀nspərtéɪʃən]	運輸業	
retail industry		小売業	
tourism industry		旅行業	
service industry		サービス業	
forestry	[fɔ́ːrəstri]	林業	
fishery	[fɪ́ʃəri]	漁業	
mining	[máɪnɪŋ]	鉱業	
shipping industry		海運業	
banking industry		銀行業	

157 手紙

> おや、ケンが何か手紙を書いているようです。内容は、どうやらTOEICでよく出題される設問文に関するもののようですよ。

プラチナフレーズ

MP3 ▶ 188

読者の皆さま	Dear readers,
よく問われる質問	frequently asked questions
以下のように出題される	given as follows
話者は何について言及していますか	What does the speaker mention?
ケンは何を心配していますか	What is Ken's concern?
広告は誰に向けられたものだと思われますか	For whom is the advertisement most likely intended?
リンダは次に何をすると考えられますか	What will Linda probably do next?
ピーターに何が起こりましたか	What happened to Peter?
そのプロジェクトについて何が示唆されていますか	What is suggested about the project?
この本を読み終えたら、繰り返し読んでください	Once you have finished this book, please reread it.
敬具	faithfully yours

2497 **dear** [díər]	形 [Dearで]（手紙の書き出しで）敬愛する 名 いとしい人、かわいい人
2498 **frequently** [fríːkwəntli]	副 頻繁に、しばしば（≒often ⇔infrequently） 形 frequent（たびたびの）
2499 **as follows**	熟 次の通りで
2500 **mention** [ménʃən]	動 ①〜に言及する、〜を話に出す ②〜であると述べる
2501 **concern** [kənsə́ːrn]	動 〜を気にかける、心配する 名 心配、懸念（≒anxiety）
2502 **likely** [láɪkli]	副 たぶん、おそらく 形 ありそうな、起こりそうな（⇔unlikely） 名 likelihood（可能性、見込み）
2503 **intend** [ɪnténd]	動 〜を意図する、〜するつもりである 名 intent（意思、決意） 名 intention（意図、意向）
2504 **probably** [prάːbəbli]	副 たぶん、おそらく（≒perhaps）
2505 **happen** [hǽpən]	動 （事が）起こる、生じる（≒occur）
2506 **suggest** [səgdʒést, sədʒést]	動 ①〜を示唆する（≒imply、infer、hint） ②〜を提案する、勧める 形 suggestive（示唆的な） 名 suggestion（提案）
2507 **once** [wʌ́ns]	接 一度〜すると 副 ①一度 ②かつて
2508 **faithfully** [féɪθfəli]	副 ①[faithfully yoursで] 敬具 ②忠実に、誠実に 形 faithful（忠実な）

ジャンル別ボキャブラリー

数・量・形

dimension	[dɪménʃən]	寸法、大きさ	
million	[míljən]	100万	
billion	[bíljən]	10億	
trillion	[tríljən]	1兆	
thousands of		何千もの〜、多数の〜	
plus	[plʌ́s]	プラス	
minus	[máɪnəs]	マイナス	
sum total		合計	
percentage	[pərséntɪdʒ]	パーセンテージ	
ounce	[áʊns]	オンス	
dozen	[dʌ́zn]	ダース	関 a dozen of(たくさんの〜)
pound	[páʊnd]	ポンド	
carat	[kérət]	カラット	
yard	[jɑ́:rd]	ヤード	
mile	[máɪl]	マイル	
square meter		平方メートル	
cubic meter		立法メートル	
liter	[lí:tər]	リットル	
gallon	[gǽlən]	ガロン	
bushel	[bʊ́ʃəl]	ブッシェル	
barrel	[bérəl]	バレル	
cube	[kjú:b]	立方体	形 cubic(立方体の)
rectangle	[réktæŋgl]	長方形	形 rectangular(長方形の)

triangle	[tráıæ̀ŋgl]	三角形	
square	[skwéər]	正方形	
sphere	[sfíər]	球	
stripe	[stráıp]	しま模様	形 striped（ストライプの）
straight	[stréıt]	真っすぐな、真っすぐに	
round	[ráʊnd]	円形	
sleek shape		流線型	
thick	[θík]	厚い	
thin	[θín]	薄い	
tall	[tɔ́:l]	高い	
short	[ʃɔ́:rt]	低い	
midsize	[mídsàız]	中型の	
full-sized	[fúlsàızd]	原寸大の	
medium	[mí:diəm]	中くらいの	
stiff	[stíf]	堅い	

方角・位置

north	[nɔ́ːrθ]	北	
east	[íːst]	東	
south	[sáυθ]	南	
west	[wést]	西	
northeast	[nɔ̀ːrθíːst]	北東	
northwest	[nɔ̀ːrθwést]	北西	
southeast	[sàυθíːst]	南東	
southwest	[sàυθwést]	南西	
beneath	[biníːθ]	〜の下に	
above	[əbʌ́v]	〜の上に	
over	[óυvər]	上に	
alongside	[əlɔ́ːŋsàid]	横に	
crossly	[krɔ́(ː)sli]	横に	
beside	[bisáid]	近くに	
far	[fáːr]	遠くに	
distantly	[dístəntli]	遠くに	
inside	[ìnsáid]	〜の内側に	
outside	[àυtsáid]	〜の外側に	
edge	[édʒ]	端	
center	[séntər]	中心	
core	[kɔ́ːr]	中心、核	
hub	[hʌ́b]	中心、中枢	
towards	[tɔ́ːrdz]	〜の方へ	

ジャンル別ボキャブラリー

| upward | [ʌ́pwərd] | 上方に | |
| downward | [dáʊnwərd] | 下方に | |

出題パターンチェック

昇進・退職に関連する場面です。

【Part 2】
- 「Ronnieさんが新しい役員に選ばれましたね」
  →「はい、先月行われた会議で選出されたのです」

【Part 3】
- 同僚が海外の支店に異動になることが決まり、いつまで彼女が同じオフィスにいるのか、いつお祝いの晩餐会を開けばいいのかについて男女が会話をしている

【Part 4】
- 部長が退職することになり、その後任がやってくることを伝えるトーク。後任はシカゴから赴任し、新製品開発の責任者として前部長の責務を引き継ぐことになる予定

【Part 5】
- Steven博士が経済学部の教授のポストを授かるかどうかは、明日行われる委員会での投票によって決まる

【Part 7】
- 他社からやってくる優秀なエンジニアに対する、社長からのメール。そのエンジニアが、どこの照会先からも優秀であると認められていることを伝え、働くことになる部署の紹介や、歓迎会の開催について知らせている

> 設問と正解の例
> What is Mr. Richard asked to provide?
> (Richard氏は何を提供するように言われていますか)
> → The suitable date to meet (会うのに都合のいい日取り)
>
> Who is Josh Bartnett? (Josh Bartnettとは誰ですか)
> → A company president (会社の社長)
>
> What is suggested about Mr. Richard?
> (Richard氏についてはどんなことが示唆されていますか)
> → He has studied in a number of countries. (数カ国で研究を行った)

INDEX

この索引には、本書で取り上げた語句がアルファベット順に掲載されています。薄い字の語は派生関係の語であることを表しています。数字はページ番号を示します。

A

a couple of	49
a dozen of	432
a few	49
a large number of	105
a lot of	257
a pile of	135
a pinch of	161
a series of	193
a variety of	167
abandon	419
abide by	87
ability	335
abnormal	111
aboard	293
about	123
above	434
above all	31
abroad	401
abrupt	419
abruptly	419
absence	165
absent	165
absolute	277
absolutely	261, 277
absolutely-required	421
abstract	373
abundance	173
abundant	173
abundantly	173
abuse	111
AC adapter	76
academic	19
academy	19
accelerate	196
accelerator	196
accept	25, 221, 283
acceptable	283
acceptably	283
acceptance	25, 283
access	49
accessible	49
accessibly	49
accessory	195
accident	301
accidental	301
accidentally	137, 301
acclaim	367
acclaimed	367
accommodate	287, 313, 353, 417
accommodating	287, 353
accommodation	287, 313, 353
accompaniment	129
accompany	129
accomplish	23, 403
accomplished	23, 403
accomplishment	23, 403
according to	153
accordingly	371
account	45
account executive	53
account for	249
accountant	26, 45
accounting	45
accounting department	26
accumulate	221
accumulation	221
accuracy	281
accurate	281
accurately	281
ache	139
achieve	409
achievement	409
acknowledge	353
acknowledgement	353
acquaint	207
acquaintance	23, 207
acquire	23
acquisition	23
act	415
acting	415
action	415
activate	391
activation	391
active	119, 255
actively	255
activity	119
actor	428
actress	428
actual	39
actually	39
ad	245
adapt	417
adaptable	417
adaptation	417
add	51, 161
addition	51, 161
additional	79, 223, 345
additionally	401, 403
additive	215
address	229
adequate	421
adequately	421
adhere	205
adjacent	49
adjoining	179
adjourn	83, 129
adjust	105, 417
adjustable	105
adjuster	105
adjustment	105
administer	51, 247
administration	51, 53
administrative	51, 53
administrative assistant	53
administrator	51, 53
admiration	367, 411
admire	367, 381, 411
admirer	381
admission	171, 371
admit	171, 371
admittance	371
adopt	277
adult	363
advance	215, 335, 417
advanced	335
advancement	335, 417
advantage	253
advantageous	253
adventure book	209
adversary	119, 395
adverse	119, 395
advertise	245
advertisement	245
advertising	245
advertising industry	429
advice	73
advisable	173
advisably	173
advise	73
adviser	53
advisory	73
advocate	241
aesthetician	426
affect	221
affiliate	399
affiliate(d) company	399, 417
affiliation	399
affirm	179
affirmation	179
affluent	251
afford	31
affordability	31
affordable	31
afterwards	175
against	365
age	361
agency	287
agenda	83
agent	287
aggressive	399
aging	93
agree	83, 119, 283
agreeable	83
agreement	283
agricultural	387
agriculture	387
ahead of schedule	13
aid	237
aim	251
air	167
air conditioner	36
air traffic controller	290
air transportation	347
air-conditioning	319
aircraft	290
airfare	61, 287
airline	290
airport	290
airtime	325
aisle	39
alarm	59
alarming	59
alcohol	315
alcoholic	315

437

alert	301	anonymous	193	armchair	316
alertness	301	anonymously	193	aroma	165
alienate	251	another	93	around the clock	39
alike	179	answering machine	125	arrange	83
all the way	295	anthology	208	arrangement	83
allegation	193	anticipate	269	arrival	289
allege	193	anticipation	269	arrival lobby	290
allegedly	193	antique	237	arrive	91
allergic	139	anxiety	419, 431	art	427
allergy	139	anxious	419	art museum	42
alleviate	303	anxiously	419	artfully	407
alley	308	anywhere	179	article	193
alliance	207	apart from	129	articulate	325
allocate	281	apartment	43	artifact	373
allocation	281	apologize	73, 109	artificial	361
allow for	345	apology	73, 109	artisan	427
allow A to do	17, 87	apparel	377	artist	427
allowable	87	apparent	301	artistic	427
allowance	17	apparently	301	artwork	371
alloy	346	appeal	273	as a matter of fact	161
almost	59	appealing	273	as a whole	189
along with	253	appear	65, 359	as far as	205
alongside	359, 434	appearance	359	as follows	431
alphabetical	81	appetizer	315	as if	325
alphabetically	81	applaud	205, 367	as long as	205
alter	257	applause	205, 367	as of	175
alteration	257	appliance	181	as soon as	65
alternate	239, 303	applicable	87	as soon as possible	45
alternative	239, 303	applicant	15	as though	325
alternatively	239	application	87	as to	377
altitude	293	application form	17	as usual	91
altogether	247	apply	15, 87	A as well as B	211
aluminum	346	apply for	15	ascend	59
always	339	apply to	15	aside from	277
amateur	35	appoint	127, 227	ask for	107, 229
amaze	265	appointment	127, 227	ask A for B	73
amazing	265	appraisal	415	ask A to do	287
ambassador	391	appraise	415	asleep	85
ambition	399	appreciate	373, 423	asparagus	177
ambitious	399	appreciation	373, 423	aspect	415
ambulance	63	appreciative	373	aspiration	207
amend	257	apprentice	55	aspire	207
amendment	257	approach	255	aspiring	207
amenity	313	appropriate	277	assemble	195, 337
amid	221	appropriately	277	assembly	195
amount	375	approval	73, 223	assembly line	337
amount to	175	approve	73, 223	assess	263
ample	97	approximate	219	assessment	263
amusement park	42	approximately	219	asset	219
an array of	179	approximation	219	assign	91, 217
analysis	229, 249	aptitude	25	assignment	91, 217
analyst	229, 428	aquarium	42	assist	73
analytical	229	aquatic	241	assistance	73
analyze	229, 249	archaeological	20	assistant	73
ancestor	190	archaeologist	20	assistant manager	53
anchor	428	archaeology	20	associate	261, 339
ancient	383	architect	309	association	339
ankle	142	architectural	307	assorted	81
annex	316	architecture	307	assortment	81
anniversary	187	archive	41	assume	269
announce	231, 359	area	31, 181, 205, 297	assumption	269
announcement	231, 359	arena	42	assurance	111
announcer	427	argue	255	assure	111
annual	175	argument	255	astonishing	249, 265
annually	175	arm	142	astronomer	20

astronomy	20	
at a loss	419	
at all times	339	
at least	289	
at most	289	
at once	171	
at random	339	
at the earliest	229	
at the latest	229	
at this point	345	
at your earliest convenience	123	
athlete	173	
athletic	173	
atmosphere	129	
atrium	33	
attach	123, 195	
attachment	123	
attain	221	
attempt	401	
attend	115, 265	
attend to	201	
attendance	115	
attendee	115	
attention	265	
attentive	117, 265	
attentively	117	
attire	187	
attitude	23, 275	
attorney	26, 365, 427	
attract	137, 329, 383	
attraction	329, 383	
attractive	329	
attribute	403	
auction	237	
audience	363	
audio-visual	41	
audit	221	
audition	265	
auditor	52	
auditorium	363	
authentic	315	
author	41	
authority	131	
authorization	131	
authorize	131	
auto	179	
autobiography	41	
autograph	381	
automate	337	
automated	337	
automatic	45	
automatically	45	
automobile	179	
automotive	195	
availability	127	
available	127, 361	
avenue	299	
average	405	
aviation	20	
avid	211	
avoid	303	
awake	85	
awaken	85	
award	411	
award-winning	411	
awareness	253	

B

bachelor	26	
bachelor's degree	26	
back	142	
back up	303	
background	23	
backpack	379	
backup	75	
backyard	33	
bacon	317	
bad loan	224	
badge	62	
baggage	35	
baggage claim	295	
bake	161	
bakery	43	
balance	45	
balance sheet	219	
balcony	33	
ballet	384	
ballot	208	
ballpoint pen	98	
ballroom	316	
ban	87	
band	384	
bank	42	
bank teller	428	
banking	42	
banking industry	429	
bankrupt	224, 395	
bankruptcy	224, 395	
banquet hall	316	
bar	316	
barely	275	
bargain	355	
barn	33	
barrel	432	
barrier	305	
base	55	
basement	33	
basic	55	
basically	55	
basis	55	
bathroom	37	
bathtub	37	
battery	76	
bay	389	
be	255	
be about to do	171	
be aware of	253	
be based on	273	
be committed to	179	
be concerned about	271	
be delighted to do	411	
be eager to do	417	
be entitled to do	115	
be expected to	153	
be forced to do	303	
be held	175	
be involved in	301	
be known as	329	

be late for	65	
be liable for	111	
be likely to do	153	
be made up of	327	
be on the basis of	273	
be opposed to	119	
be prepared for	269	
be ready for	327	
be requested to do	289	
be supposed to do	55	
be sure to do	145	
be swamped with	13	
be tied up with	13	
be unlikely to do	153	
be welcome to do	115	
be willing to do	237	
beach	389	
beam	308	
bean	176	
bear A in mind	51	
beautician	426	
because of	293, 301	
bedroom	36	
beef	177	
beforehand	115	
behave	201, 269	
behavior	201, 269, 275	
behind schedule	13	
behind time	65	
bell	196	
belly	142	
belong	289	
belong to	51	
belonging	289	
belt	378	
bend	195	
beneath	434	
beneficial	17	
beneficiary	189	
benefit	17	
benefit from	17	
beside	434	
besides	277, 401	
bestow	411	
bestseller	41, 209	
bestselling	209	
best-selling	41	
Better than I expected.	273	
beverage	85	
beyond	405	
biannual	175	
bibliography	209	
bicycle	196	
bicycle shed	299	
bicyclist	299	
bid	237	
bidder	237	
bidding	237	
bike	196	
bilingual	203	
bill	131	
billboard	201	
billing department	26	
billion	432	
bin	341	

439

Term	Page
bind	179
binder	98
binding	179
biography	41
biological	20
biologist	20
biology	20
bite	59
bitter	163
blade	37
blame	403
bland	163
blanket	36
blaze	388
bleach	151
blend	323
blender	162
blind	67
block	303
bloom	158
blossom	158
blotch	151
blouse	378
blow	67
blueprint	307
board	289
board of directors	227
boarding gate	290
boarding pass	289
boardroom	227
boast	313
boat	63
boathouse	388
body	189
boil	161
bold	229
bolster	207
bond	399
bonus	405
book	287
book review	208
booking	287
bookkeeping	281
booklet	203
bookshelf	69
boost	227
booth	203
boots	378
border	295
bored	71
boredom	71
boring	71
borrow	41
boss	65
botanical garden	42
bother	195
bottom	97
boulevard	308
bound for	289
bouquet	187
boutique	377
bowl	162
box office	363
brace	309
bracelet	62
brain	143
brainstorm	255
brake	196
branch	17, 158, 417
brand	231
branding	231
brand-new	351
brass	319
bread	316
break	85, 87
break down	105
break ground	307
breakable	85
breakage	85
breakthrough	257
breath	143
breeze	153, 155
brick	308
brief	201, 245
briefcase	59
briefing	245
briefly	201
bright	67
brightly	67
brilliant	255
bring in	395
broad	201
broadcast	167
broaden	201
brochure	329
broker	428
brokerage	428
bronze	346
broom	33
browse	211
brunch	165
brush	59
budget	281
buffet	409
bug	75
build up	173
builder	309
building	307
building department	26
bulb	97
bulk	97
bulky	97
bulletin board	79
burden	135
burn	141
burst	319
bus	62
bush	157
bushel	432
business administration	20
business card	129
business hours	351
business trip	287
businessperson	427
bustling	201
busy	13, 49, 359
butter	317
buyout	224
by accident	137
by any chance	381
by far	355
by hand	151
by no means	223
by oneself	425
by way of	287
bypass	303

C

Term	Page
cab	63
cabin	290
cabin attendant	290
cabinet	97
cable	76
cafeteria	21
calculate	137, 281
calculation	137, 281
calculator	98
calf	142
call A back	125
call center	107
call for	107
call in sick	26
call off	101
calm	191
calm down	269
camellia	158
campaign	245
camper	384
campground	384
camping	384
campsite	384
campus	21
canal	388
cancel	101
cancellation	101
cancer	141
candid	367
candidate	25
candy	317
canteen	21
canyon	388
capability	181, 417
capable	181, 417
capacity	181, 335
capital	225
capture	75
car	179
carat	432
carbon	239
carbonation	239
cardboard box	35
cardigan	378
care	259
career	19
career counselor	21
carefully	35, 117
cargo	345
carnival	384
carousel	290, 295
carpenter	309
carpentry	309
carpet	36
carpeting	36

440

carrot	176	chart	271	cleverly	365
carry out	247	chat	65	click	75
carry-on luggage	293	chauffeur	426	client	41, 127
cart	39	cheap	375	clientele	247
carton	341	check	127	climate	153
case	187	check in	313	clinic	145
cash	353	check out	41, 313	clinical	145
cash flow	219	checkbook	225	clip	98
cash flow statement	225	check-in counter	290	clipboard	98
cash on delivery	347	checkout	39	clog	319
cash register	39	checkup	139	close	49, 303, 351
cashier	39	cheese	317	closely	49
cast	323	chef	315	closet	36
casual	87	chemical	215	closing	351
casually	87	chemist	215	closure	303
catalog	101	chemistry	215	clothes	151
categorize	251	cherish	383	clothing	151, 377
category	251	cherry	317	cloudy	151
cater	407	chest	142	coach	427
caterer	407	chicken	177	coast	389
catering	407	chief	53	coastal	389
cathedral	42	chief executive officer	17	coastline	389
cause	73, 229	chiefly	193	coat	378
caution	335	child	363	co-chair	83
cautious	335	childcare	223	cod	177
cautiously	335	childcare leave	26	code	353
ceiling	35, 67	chilly	154	coil	195
celebrate	409	chin	142	coin	131
celebrated	261, 323	choice	179, 315	coincide	231
celebration	409	choose	101, 315	coincidentally	231
celebrity	261	chop	161	cold	141
celery	177	choreographer	428	cold front	154
cell phone	331	chronic	139	collaborate	261
cellar	33	chronicle	208	collaboration	261
cellular phone	331	circle	195	collaborative	261
center	434	circuit	346	collapse	221
centerpiece	263	circular	69	colleague	51, 65, 423
century	371	circulate	41	collect	71, 201, 423
CEO	17	circulation	41	collection	201, 371
cereal	316	circumstance	229	collective	201
ceremony	411	cite	273	collector	201
certain	179	citizen	235	college	21
certainly	179, 261	citizenship	235	collide against / with	301
Certainly.	247	city council	208	collision	239, 301
certificate	117	city hall	42	column	193
certification	117, 339	civil	189	columnist	193
certified	339	civil engineering	20	combination	403
certify	117, 339	civil servant	428	combine	403
chain	196, 351	claim	107	combined	403
chair	83, 205	clam	177	combustible	149
chairman	83	clarification	273	come as a surprise	381
chairperson	83	clarify	273	come down with	139
challenge	269	clarity	273	come up with	261
challenging	269	classical	371, 373	come with	111
Chamber of Commerce	42	classification	15	comedy	209
championship	385	classified ad	15	comfort	165
chance	19	classify	15	comfortable	165
change	81, 249, 257	cleanliness	149	comfortably	165
channel	167	clear	91, 149, 381	command	19
character	23	clear up	153	commemorate	409, 411
characteristic	327, 359	clearance	295	commemorative	411
characterize	359	clearly	91	commence	397
charge	375	clerical	353	commend	415
charitable	237	clerk	353	commensurate	17
charity	237	clever	365	comment	381

441

commentary	381	concern	431	constitute	208
commentator	381	concerning	123	constitution	208
commerce	325	concession	363	constraint	281
commercial	325	concierge	316	construct	303
commercial area	308	concise	273	construction	303
commercially	325	concisely	273	construction industry	429
commission	343	conclude	277	constructive	303
commit	343	conclusion	277	constructor	309
commitment	179	conclusive	365	consulate	391
committee	343	conclusively	365	consult	73, 229
common	283	concourse	290	consultancy	229
commonly	283	concrete	373	consultant	229
communicate	331	condensed	161	consultation	73
communication	331	condition	171, 377	consulting	73
community	189	conditional	171	consume	39, 247
community center	42	conditionally	171	consumer	39, 247
commute	61	condominium	43	consumption	39, 247
commuter	61	conduct	23	contact	123
compact	181	conductor	426	contain	39, 361
company	115	cone	305	container	361
comparable	355	conference	203	container train	347
comparably	355	conference room	69	contemporary	257, 371
compare	101, 355	confidence	119, 275	content	331
comparison	101	confident	119, 275	contest	175
compartment	293	confidential	81	contestant	175
compatibility	75	confidentiality	81	continent	388
compatible	75	confidentially	81	continental	388
compensate	109	confidently	119, 275	contingency	287
compensation	109	confirm	287	contingent	287
compete	245	confirmation	287	continue	337
competency	421	conflict	127	continuous	337
competent	421	conflicting	127	continuously	337
competition	245	conform	89, 417	contract	93, 283, 399
competitive	245	conformity	89	contractor	93
competitively	245	confuse	391	contradict	275
competitiveness	245	confusing	391	contradiction	275
competitor	119	confusion	391	contrast	167
compilation	71	congenial	259	contribute	237, 405
compile	71	conglomerate	52	contribution	237, 405
complain	107, 109	congratulate	421	contributor	237, 405
complaint	109	congratulation	421	control	169
complement	215	connect	125, 207	controller	169
complete	93, 117, 263	connection	207	controversial	193
completely	263	conscious	169	convene	227
completion	117, 263	consecutive	397	convenience	31, 109
complex	377	consecutively	397	convenience store	43
compliance	87	consent	277	convenient	31
complicate	275	consequence	73	conveniently	31
complicated	275	conservation	241	convention	203
complication	141	conservative	241	conventional	203
compliment	405	conservatory	21	conversation	85
complimentary	315	conserve	241	conversion	81
comply	87	consider	23, 119, 183, 257	convert	81
component	319	considerable	183, 405	converter	76
comprehensive	273	considerably	183	convertible	63
comprehensively	273	considerate	190	convey	253
compress	140	consideration	23	conveyor belt	337
compromise	283	consist	327	convince	273, 419
comptroller	53	consistency	249	cook	426
compulsory	117	consistent	249, 327	cooked	401
computer accessories	76	consistently	249	cooker	162
conceal	395	consolidation	224	cookie	317
concentrate	255	consortium	52	cookware	161
concentration	255	constant	85	cool	154
concept	263	constantly	85	cooling-off period	109

cooperate	207	create	325	cycling	197
cooperation	207	creation	325		
cooperative	207, 224	creative	201, 325	**D**	
coordinate	205	creatively	201		
coordination	205	creativity	201	dahlia	158
coordinator	205	credible	355	daily	71, 395
cope with	259	credit	353	dairy	387
copier	105	creditor	225	dam	388
copper	346	crew	305	damage	345
copy	105	crime	365	danger	89, 281
copy paper	98	criminal	365	dangerous	153
copying machine	105	crisis	227	dark	67
copyright	327	crisp	163	data	71, 81
coral reef	389	crispy	163	database	71, 81
cord	76	criterion	25	date	129
cordial	407	critic	217, 367, 415	day nursery	42
cordially	407	critical	415, 421	day off	165
core	434	critically	415	deadline	135
corn	176	criticism	217	deal	283
corner	299	criticize	217	deal with	109
corporate	17	crop	387	dealer	283
corporation	17, 115	cross	297	dealership	52
correct	275	crossing	299	dean	21
correction	275	crossly	434	dear	431
correctly	275	crosswalk	299	debate	119
corridor	69	crouch	185	debit	225
cosmetic	375	crowd	61	debit card	225
cosmetics	62	crowded	61	debris	307
cost	281	crucial	89, 415, 421	debt	219
cost-effective	281	cruise	293	debut	265
costly	281	crystal	379	decade	423
cotton	379	cube	432	decide	277
couch	85	cubic	432	decision	277
cough	139	cubic meter	432	decisively	277
council	189	cubicle	67	deck	389
count on	73	cuisine	315	declaration	295
counter	69	culinary	161	declare	295
counterpart	283	cultural	373	decline	221
countless	257	culture	373	decor	407
countryside	383	cumulative	221	decorate	407
county	208	cupboard	162	decoration	407
couple	187	curator	371	decorative	407
coupon	109, 353	curb	297	decrease	221, 405
courier	103	cure	140	dedicate	135, 425
court	316, 365	currency	62	dedicated	135
courteous	313, 353	current	201	dedication	135
courtesy	313, 353	currently	201	deduct	45
courtyard	33	curriculum	21	deductible	45
cousin	190	curve	299	deduction	45
cove	389	custom	203, 237, 295	deep	423
cover	111	customarily	295	deeply	423
cover letter	19	customary	295	default	75
coverage	111	customer	109	defect	107, 111
coworker	51, 65	customer service	107	defective	107, 111
co-worker	423	customer service department	27	defectively	107
cozy	165, 259	customize	75	deficit	221, 355
crack	107	customs clearance	347	define	231, 263
crackle	107	cut	141	definite	89, 231, 263
craft	290	cut down on	169	definitely	89, 231, 263
craftsperson	427	cutback	225	definition	263
cramp	141	cutter	98	definitive	211
cramped	67	cutting board	162	degree	19
crane	308	cutting-edge	181	delay	127, 293
crash	239	cycle	327	delegate	269
crate	35			delegation	269

delete	123	deteriorate	221	discussion	83, 119
deletion	123	determination	215	disease	139
deliberate	119	determine	215	disembark	295
deliberately	119	detour	303	dish	163
delicate	193	develop	215	dishwasher	162
delicious	409	developer	215	disk	76
delight	51	development	71, 215	dismantle	203
delightful	51	development department	27	dismiss	227
deliver	103	device	335	dismissal	227
delivery	103	devise	335	dispatch	345
deluxe	313	devote	425	display	351
demand	97, 107, 253	devotion	425	disposable	81
demanding	173, 253	diabetes	141	disposal	81, 341
demeanor	275	diagnose	145	dispose	327
demographic	251	diagnosis	145	dispose of	81
demolish	307	diagnostic	145	dispute	223
demolition	307	dial	125	disregard	131
demonstrate	183	diamond	379	disrupt	193
demonstration	183	diet	169	disruption	193
dental	140	dietary	169	disruptive	193
dentist	140	dietician	426	dissatisfy	313
dentistry	140	differ	255	distant	335
deny	25	difference	253, 255, 351, 377	distantly	434
depart	289	different	253, 255, 377	distinct	251
department	13	differentiate	253	distinction	265
department store	43	dig	157	distinctive	265
departmental	13	digest	263	distinguish	205
departure	289	digit	375	distinguished	45, 205, 323
departure lounge	290	digital	181, 375	distract	137, 329
depend	415	digital camera	384	distracting	137
depend on	73, 165	diligence	415	distraction	137
dependable	415	diligent	415	distribute	83, 271, 343
dependence	165	diligently	415	distribution	83
dependent	165, 329	dimension	432	distributor	343
deploy	335	diminish	239	district	31, 49
deposit	45	dine	409	disturb	41
depot	347	diner	409	disturbance	41
depth	423	dining room	36	diverse	351
dermatologist	140	dining table	36	diversify	351
descend	59	diploma	265	diversity	351
describe	107	diplomat	428	divide	51
description	107	direct	287	dividend	397
desert	49	direction	287	division	51
deserted	49	directly	287	do one's part	403
deserve	405	director	52	dock	388
design	329	directory	125	document	71, 167
designate	297	dirt	149	documentary	71, 167
designation	297	disadvantage	253	documentation	71
designer	329	disagree	83, 119	domain	76
desirable	15	disappoint	217	domestic	401
desire	15	disappointed	217	dominant	399
desktop	76	disappointing	217	dominate	399
despite	217, 277	disappointingly	217	donate	235, 237
dessert	317	disassemble	195	donation	235, 237
destination	289	disaster	193	donor	235
destine	289	discard	327	doorstep	33
destroy	239, 307	disclose	395	doorway	33
destruction	239, 241, 303	disconnect	125	dormitory	21
destructive	239	discontinue	227	dosage	145
detach	195	discount	355	dose	145
detail	79	discover	229	dot	76
detailed	79	discovery	229	double	395
detect	337	discretion	405	down payment	31
detective	427	discretionary	405	download	331
detergent	151	discuss	83, 119	downloadable	331

444

downsize	224	ecosystem	239	enclosure	103
downsizing	224	edge	434	encompass	387
downstairs	33	edit	211, 327	encounter	293
downtown	49	edition	211, 327	encourage	203
downturn	395	editor	327	encouragement	203
downward	435	editorial	327	end up doing	129
dozen	432	educate	55	end up with	405
dozens of	35	education	55	endangered	241
draft	71	educational	55	endorse	339
drain	319	educator	55	endorsement	339
drainage	319	effect	229, 261	energetic	135
drama	208	effective	261	energy	135
dramatic	323	effectively	261	enforce	189
dramatically	323	effectiveness	261	enforcement	189
drape	36	efficient	135	engage	235
drastic	231	efficiently	135	engagement	235
drastically	231	effort	217	engine	196
draw	97	egg	176	engineer	426
draw up	307	eggplant	176	engineering	20
drawer	97	Either is fine.	323	engineering department	27
drawing	97	elaborate	263	enhance	231
dress	378	elbow	142	enhancement	231
dress code	87	elderly	235	enlarge	329
drill	89	elect	189	enlargement	329
driveway	308	election	189	enormous	203
drop	391	electric	91	enough	411
drop by	211	electrician	428	enroll	171
drought	193	electricity	91	enrollment	171
drowsiness	85	electron microscope	346	ensure	361
drug	145	electronic	319	entail	135
due	131	electronically	319	enter	75, 171
due to	293, 301	electronics	20	entertain	167, 409
dull	67	elegance	407	entertainment	167, 409
dump	345	elegant	407	enthusiasm	25
duplicate	71	elegantly	407	enthusiast	25
duplication	71	element	373	enthusiastic	25
durability	183	elementary	335, 373	enthusiastically	25
durable	183	elevator	69	entire	93
durably	183	eligibility	375	entirely	93
duration	293	eligible	375	entitle	211
dust	149	eliminate	227	entrance	75, 91
duty	55	elimination	227	entree	315
duty-free shop	290	e-mail	123	entrepreneur	207, 425
dynamic	23	embark	295	entrepreneurship	207, 425
dynamics	20	embassy	391	entry	75, 171
		embrace	361	envelope	98
		emerald	379	environment	239

E

		emergency	89	environmental	239
eager	211	emergency exit	69	equal	281
eagerly	417	emerging	401	equally	281
earn	395	eminent	265, 307, 325	equip	173
earnings	395	emission	239	equipment	173
earthquake	193	emit	239	equity	225
ease	183, 303	emphasis	273	erase	123, 137
easily	259	emphasize	273	eraser	98
east	434	employ	15, 25	error	137
easy	183, 259	employee	55	escalator	69
eat out	85	employer	55	especially	377
ecological	20	employment	15	essay	208
ecology	20	empty	149	essence	89
economic	193	en route	129	essential	89, 421
economical	193	enable A to do	259	essentially	89
economics	20	encircle	387	establish	207
economist	20	enclose	103	established	207
economy	193	enclosed	103	establishment	207

estimate	281	expert	205	fantastic	367
evacuate	89	expertise	23, 205	fantasy	367
evacuation	89	expiration	171	far	434
evaluate	277, 415	expire	171	far from	49
evaluation	277, 415	explain	273	fare	61
even though ~	269	explanation	273	farewell	423
event	79	explanatory	273	farmer	426
eventually	79, 117	exploit	401	fascinate	325
evergreen	158	exploration	247	fascinating	325
evidence	365	explore	247	fashion	201, 377
evident	365	expo	203	fashionable	377
exact	373	export	401	fasten	293
exactly	373	expose	183	fat	173
examination	255	exposure	183	father-in-law	190
examine	215, 247, 255, 339	express	383, 423	fatty	163
exceed	169, 375	expression	423	faucet	162
exceedingly	169	expressway	301	fault	65
excellence	23	exquisite	373	faulty	107
excellent	23	extend	125, 207, 351	favor	361
except for	277	extension	125, 351	favorable	361
exception	183	extensive	207, 351	favorably	361
exceptional	183	extensively	207	fax	101
exceptionally	183	exterior	36, 93	feasibility	277
excerpt	211	external	221	feasible	277
excess	169, 375	external auditor	53	feature	19, 327
excessive	169, 205	extinct	241	federal	208
exchange	123	extinction	241	federation	208
excite	367, 381	extra	345	fee	39, 115
excited	381	extract	215	feed	185
excitement	381	extraction	215	feedback	247
exclude	39, 227, 399	extractive	215	feel free to do	51
exclusion	399	extraordinary	103	fellow	51
exclusive	399	extreme	419	female	251
exclusively	399	extremely	419	fence	33
excursion	384			ferry	63
execute	231	**F**		fertilizer	157
executive	53			festival	384
exempt	171	fabric	377	festivity	384
exemption	171	fabulous	23	fever	139
exercise	169	face	129	fiber optic	76
exhaust	196, 255	facilitate	403	fiction	208
exhaustive	255	facilitator	403	field	205
exhibit	371	facility	335	fierce	221, 223
exhibition	371	facsimile	101	figure	273
exist	331	factor	249	figure out	183
existing	331	factory	335	file	71, 81
exit	91	faculty	21	file cabinet	69
expand	125, 245	faculty's office	21	fill	149
expansion	245	Fahrenheit	346	fill in	115
expect	51, 235	fail to do	137	fill out	115
expectant	235	failure	403	fill up	363
expectantly	235	faint	407	film	127
expectation	51, 235	fair	203	filming	384
expected	319	fairly	183	filter	149
expedite	241	fairness	203	final	289
expedition	241	faith	381	finalize	289
expend	219	faithful	381, 431	finally	129, 289
expenditure	219	faithfully	381, 431	finance	221
expense	131	fall	221	finance department	26
expense report	131	familiar	415	financial	221
expensive	375	familiarity	415	financial statements	219
experience	15	familiarize	415	financially	221
experienced	15	family allowance	26	find	229, 391
experiment	215	famous	41, 265, 307, 323, 325	finding	249
experimental	215	fan	381	fine	87

finger	142	foreman	309	**G**	
fire alarm	69	foremost	205		
fire department	42	forest	388	gain	367
fire extinguisher	69	forestry	429	gala	384
fire fighter	426	form	229, 377	gallery	42
fire station	42	formal	407	gallon	432
firework	384	formality	407	game	247
firm	115	formally	407	garage	33
first	93, 355	format	75	garbage can	149
first-aid kit	140	formation	229	garden	33
fiscal	219	former	409, 415	gardener	427
fishery	429	formerly	409	garlic	177
fit	169	forthcoming	79	garment	187, 378
fix	105	fortunate	391	garnet	379
fixed	355	fortunately	391	gas station	43
fixture	67	forum	205	gas vent	69
flash	337	forward	123	gather	195, 201, 423
flavor	215	fossil	239	gauge	69, 196
flavorful	215	found	17, 425	gaze	381
flaw	275	foundation	237	gear	89, 196
flawless	275	founder	17, 425	general	363
flea market	185	fountain	185	general affairs department	27
fleet	179	fragile	35, 193	general manager	53
flexibility	127	fragility	35	generalize	363
flexible	127	fragrance	407	generally	363
flexibly	127	frame	307	generate	253
flight	287	franchise	52	generation	190, 253
flight attendant	290	free	49, 127, 359	generator	69
flip chart	69	free of charge	371	generosity	259
flood	193	freelance	329	generous	259
floor	35, 67	freelancer	428	generously	259
floor lamp	316	freeway	301	genetic	20
floral	165	freeze	39	genetics	20
florist	428	freight	345	genuine	315
flour	176	frequency	351	get back to	125
flu	139	frequent	351, 431	get A done	91
fluctuate	249	frequently	351, 431	get in contact [touch] with	123
fluctuation	249	fridge	162	get into work	65
fluency	325	friendliness	129	get rid of	151
fluent	325	friendly	129	get to	65
fluently	325	from scratch	257	giant (company)	52
fluorescent	67, 97	front desk	316	gift certificate	353
flyer	203	front seat	196	give A a hand	73
focus group	247	frozen	39	give up	419
focus on	263	frustrate	119	giveaway	359
fog	154	frustration	119	given that ~	25
fold	151	fry	161	glance	261
folder	98	fuel	287	glasses	62
follow	87, 241, 271	full	149, 367	glassware	163
following	271, 415	full-sized	433	global	383, 401
food poisoning	141	full-time	15	globalization	224
foot	142	fully	367	globally	401
footage	323	function	337	globe	401
footbridge	299	functional	337	glove	62
footwear	378	fund	237	go ahead with	231
for ~ years to come	187	funding	237	go down	59
for a change	85	fundraiser	237	go off	59
for a while	387	fund-raising	237	go over	71
for example	255	fur	379	go through	61, 139, 401
for free	371	furnish	35	goal	231
for instance	255	furnishing	35	gold	346
For more information,	331	furniture	35	golfer	426
for nothing	371	further	79	Good luck.	425
forecast	153, 397	furthermore	79, 401	goods	101, 351
foreign	189	future	231	gorgeous	313

447

gourmet	315	hands-on	55	hire	15, 25
govern	189	handy	181	historian	20
government	189	hang	151	historic	20
governmental	189	hang up	125	historical	20
governor	189	happen	431	history	20
gown	378	happen to do	261	hit	367
grab	59	harbor	389	hold	125
gradual	249	hard hat	89	holding	224
gradually	249	hardly	275	holiday	384
graduate	19, 21	hardware	76	honey	176
graduation	19	harmful	327	honeymoon	187
grain	387	harvest	157, 387	honor	171, 411
granddaughter	190	haul	347	honorable	411
grandparent	190	have a chance to do	417	honorably	411
grandson	190	have a seat	363	hood	195
grant	307	have nothing to do with	275	horizon	389
grape	317	have trouble doing	97	horizontal	293
graph	271	have yet to do	251	hospital	43
graphic	371	hazard	281, 327	hospitality	313
grateful	423	hazardous	341	hospitalization	43
grater	162	head	301	host	407
gratify	423	head office	17	hot	163
gratitude	423	headache	139	hour-long	301
grave	308	headlight	196	hourly	301
gravel	305	headphones	62	house	49, 81
greet	353	headquarters	17	household	149
grill	161	health	169	housekeeping	316
grocery	39	health center	43	houseware	162
grooming salon	43	health-care benefit	26	housing allowance	26
ground	388	healthful	169	housing complex	43
grow	231	healthy	169	How about doing ~?	259
grower	387	heat	154	How come ~?	139
growth	231	heat wave	154	How long does it take to do ~?	297
guarantee	111	heater	69	How long is ~?	111
guard	65	heavy	153	How often ~?	211
guardrail	299	heavy-duty	307	How soon ~?	75
guest	205	hectic	13, 49	How was your flight?	295
guidance	371	heel	142	HR department	27
guide	371	helmet	89	hub	434
guide tour	209	help	73, 117	huge	203
guidebook	209	helpful	117	human resource	13
guideline	89	herb	157	human resources department	27
guilty	365	herbal	157	humble	191
gym	171	heritage	371	humid	154
		hesitant	255	humidity	154
H		hesitate	255	hurricane	154
		hesitation	255	hurriedly	59
habit	237	hibiscus	158	husband	187
habitat	241	hide	185	hyacinth	158
had better do	103	high	329, 355	hydrant	69
hair dryer	37	high pressure	154	hygiene	339
hair salon	43	high-end	315	hypothesis	249
hairdresser	426	high-frequency	301		
hallway	69	highlight	359	**I**	
halt	227	highly	329		
ham	317	highly-respected	323	I'm afraid ~.	127
hammer	93	high-profile	403	I'm happy to do ~.	235
hand	181	high-rise building	43	I'm not sure.	135
hand in	71	high-tech	181	I'm wondering if you could do ~.	269
hand out	83, 203, 271	highway	301	I guess ~.	359
handbook	209	hike	384	I have no doubt ~.	261
handle	109	hiker	384	I regret to inform you that ~.	419
handling	109	hillside	388		
handmade	373	hinder	303		
handout	83	hint	431		

I wish you good luck.	425	in detail	79	indicator	337
I'll see if ~.	377	in fact	39	individual	55
I'd appreciate that.	313	in good shape	169, 173	individually	55
I'd love to.	207	in light of	405	indoors	185
icon	75	in line	61	industrial	261, 335
idea	261	in line for	61	industrious	335
ideal	151, 261, 323, 343	in operation	61	industry	261, 335
ideally	151, 261	in order to do	227	ineffective	261
identification	65, 251	in particular	375	inefficient	135
identify	65, 251	in person	217	ineligible	375
identity	65	in place of	269	inexpensive	375
if necessary	19	in preparation for	425	inexperienced	15
if possible	353	in progress	307	infant	187
if you ask me,	119	in regard to	123	infection	331
ignore	131	in return	235	infer	431
ill	141	in shape	173	inferior	119
illegal	297	in short	169	influence	207
illegally	297	in spite of	217, 277	influential	207
illness	141	in the end	117	inform	79
illustrate	263	in the event of	89	informal	407
illustration	263	in the long run	117	information	79
illustrator	427	in the meantime	373	information system	
imagination	157	in the middle of	275	department	27
imaginative	157	in time	65	informational	79
imagine	157	in time for	327	informative	79
imitation	373	in writing	287	infrastructure	45
immediate	107	inaccurate	281	infrequently	431
immediately	107	inactive	119	ingredient	315
immigrant	295	inadequate	421	inhabit	31
immigrate	295	inadvertently	137	in-house	329
immigration	295	inappropriate	277	initial	93, 237
impact	239	inaugural	211	initialize	75
impending	223	inaugurate	211	initially	93
imperative	239	inauguration	211	initiate	93, 237
implement	231	incentive	405	initiation	237
implementation	231	inception	423	initiative	237, 283
imply	431	incident	193	injection	140
import	401	incidental	193	injure	141
importance	259	incidentally	193	injury	141
important	259	inclement	293	ink cartridge	98
importantly	259	include	39	inn	43
impose	189	inclusion	39	innocent	365
imposition	189	inclusive	39	innovate	215, 307, 399
impossible	89, 257	income	219	innovation	399
impractical	19	income statement	225	innovative	307, 399
impress	117	incoming	123	input	23
impression	25	incomparable	355	inquire	109
impressive	25	incompatible	75	inquiry	109
impressively	25	incomplete	263	insert	75
improper	169	inconvenience	109	inside	434
improve	215	inconvenient	31, 109	insider	365
improvement	215	incorrect	275	insight	201
in a hurry	59	incorrectly	137	insightful	201
in a line	153	increase	221, 405	insist	107
in a line/row	61	increasingly	405	insomnia	141
in a row	153	incredible	355	inspect	339
in accordance with	87	incredibly	355	inspection	339
in addition	401, 403	incur	87	inspector	339
in addition to	403	independence	329	inspiration	231, 261
in advance	115	independent	329	inspire	231, 261
in bulk	97	independently	329, 415	install	35
in case of	89	index	209	installation	35
in charge of	365	indicate	337, 345	installment	35
in compliance with	341	indication	345	instant	107
in contrast to	167	indicative	345	instantly	171

instead of	331	invest	397	kitchen	162
institute	21	investigate	215, 255	kitchen utensil	161
institution	21	investigation	215	kitchenware	161
institutional investor	225	investigator	215	knee	142, 195
instruct	173	investment	397	kneel	195
instruction	173	investor	397	knob	36
instructor	173	invigorate	51	know	55
instrument	265	invisible	107	knowledge	55
instrumental	265	invitation	407	knowledgeable	55
insufficient	411	invite	407		
insurance	17	invoice	103	**L**	
insure	17	involve	301		
intact	35	involvement	301	lab	181
intake	169	iron	151, 346	label	345
integrate	399	irregular	127	labor	13
integrated circuit	346	island	187	labor dispute	224
integration	399	issue	131	labor force	227
integrity	399	It couldn't have been		laboratory	181
intend	431	better.	367	lack	13
intense	221, 223	It's my pleasure to do ~.	337	ladder	93
intensify	207	It turns out that ~.	249	ladle	162
intensive	55, 207	item	39, 117	lake	388
intent	431	itemize	39, 117	lamb	177
intention	431	itemized	39	lamp	36
intentionally	119	itinerary	287	lamppost	299
interact	217			land	295
interaction	217	**J**		landlord	31
interactive	217			landmark	383
interest	45	jack	77	landscape	323
interested	45	jacket	378	landscaper	323
interesting	45	jade	379	lane	297
interestingly	45	jam	105	lap	142
interface	346	janitor	31	lapse	391
interior	36, 93	jet lag	295	laptop	76, 142
intermission	363	jet plane	290	largely	193
intern	55	jewel	375	large-scale	277
internal	221	jewelry	375	laser pointer	271
internally	221	job hunting	15	last	93, 355
international	401	job opening	15	last-minute	127
internationalize	401	jog	173	latch	309
internationally	401	joint venture	224	late	101
Internet	165	journal	327	lately	101
internship	55	journalism	327	latest	101
interpersonal	421	journalist	327, 359	latter	101, 409
interpret	428	journey	383	launch	245
interpreter	428	judge	263, 277	laundry	151
interrupt	89	judgment	277	lavender	158
interruption	89	junior	235	law	341
intersection	297	just around the corner	49	lawn	157
interval	331	justification	365	lawyer	26, 327
interview	23	justify	365	lawyer	365, 427
interviewee	23			lay off	227
interviewer	23	**K**		layout	31, 329
intriguing	241			layover	295
introduce	129	keep	131	lazy	415
introduction	129	keep A in mind	51	lead	205
introductory	129	keep one's eyes on	391	lead to	185
invalid	353	keep track of	103	leadership	231
invaluable	51	keep up with	201	leading	205
invent	175	ketchup	176	leaf	158
invention	175	key	313	leaflet	329
inventive	175	keyboard	76	leak	305
inventor	175	keynote	205	leaky	305
inventories	225	kind	81	lean	91
inventory	343	kit	157	lease	105

leash	185	live up to	51	magnificent	387
leather	379	lively	409	magnolia	158
leave	91	liver	143	mail	65
leaving	419	load	35, 345	mailbox	33
lecture	117	loan	45	main	115, 193
lecturer	117	lobby	79	mainframe	77
leek	177	local	179, 383, 401	mainland	388
leg	142	local time	295	mainly	115, 193
legal	297	locally	383, 401	maintain	195
legal department	27	locate	49	maintenance	195
legend	265	location	49	major	245
legendary	265	lock	81	majority	245
legislation	208	locker	69	make a complaint	107
legislator	208	locksmith	81	make it	65
lend	41	lodge	384	make sure	91
length	423	lodging	43	make up for	109
lengthen	423	log	308	maker	52
lengthy	423	log in to	331	male	251
less	239	log on to	331	malfunction	319
lessen	239	logical	273	mall	43
lesser	239	logistic(al)	345	manage	229, 259, 281
letterhead	98	logistics	345	manage to do	269
level	305	logo	329	manageable	281
liability	109, 111	long-term	251	management	229, 281
liable	109	longtime	425	manager	53
librarian	41	look for	229	managerial	227
library	41	look forward to	283	mandatory	117
license	17	look like	381	mango	317
license plate	195	look over	71	mania	141
licensed	17	look through	65	manner	101, 259
lid	163	look to do	415	manual	55
lifeguard	426	look up	125	manually	55
lifelong	425	lookout	389	manufacture	215
lifetime	111	loose	127	manufacturer	52, 215
light	67	loosen	59	manufacturing	429
lighthouse	389	lose	367, 391	manuscript	327
lighting	67	loss	219	marathon	384
lightning	154	lost and found	391	margin	219
lightweight	181	lost-item	391	marginal	219
likelihood	431	lot	297	mark	409
likely	431	lotion	62	markedly	397
lily	158	lots of	257	market	227
limb	173	loud	205, 271	marketing	227
limit	375	loudly	205, 271	marketing department	27
limitation	375	lounge	85	marketplace	401
limited	13, 375	low	355	marriage	189
limited express	62	low pressure	154	married	189
limousine bus	63	low-cost	355	marry	189
line	201	lower	355	marvelous	153, 255
linen	37	low-fat	175	mask	337
liner	63	loyal	251	mass media	359
linguistics	20	loyalty	251	massage	141
link	331	luckily	391	master	26, 189
lipstick	62	lucrative	425	master's degree	26
liquidation	224	luggage	35	masterpiece	367
list	115	luncheon	259	mat	36
listed company	225	lure	251	match	247
listing	115	luxurious	313	material	271
liter	432	luxury	313	maternity	187
literacy	75			maternity leave	26
literal	20	**M**		mathematics	20
literary	20			matter	13
literature	20	machine	335	mattress	36
litter	341	machinery	335	mature	421
live	409	magazine	211	maximize	327, 363

maximum	15, 363	mineral	346	mountaineering	384
maybe	67	minimal	327	mouse	76
mayonnaise	176	minimally	327	mouse pad	76
mayor	189	minimize	341	move	35
mayoral	189	minimum	15, 363	move on to	83
meadow	387	mining	429	movement	35
meal	409	minister	391	mover	35
means	331	ministry	208	movie	127
meanwhile	373	minivan	63	mow	157
measure	377	minor	245	mower	33
measurement	377	minus	432	mug	36
measuring cup	162	minute	83	muggy	154
meat	177	mirror	196	multilingual	203
mechanic	426	mislead	275	multinational company	52
mechanical	107	misleading	275	multiple	289
mechanism	107	misplace	391	multiply	289
media	359	misread	137	municipal	189
mediate	107	miss	97	municipality	189
medical	145	missing	97	muscle	143
medical examination	139	mission	237	mushroom	176
medical practitioner	426	misspell	137	musician	428
medication	145	mistake	137	mustard	176
medicinal	145	mistakenly	137	mutual	207
medicine	145	misuse	111	mutually	207
medium	433	mix	323, 337		
meet	25	mix up	137	**N**	
membership	171	mixed	323		
memo	79	mixture	323, 337	name tag	203
memoir	209	mix-up	137	nap	85
memorabilia	209, 383	mobile phone	331	narrate	325
memorable	383	model	179	narrative	325
memorandum	79	modem	77	narrator	325
memorize	51	moderate	83, 205	narrow	201
memory stick	76	moderately	205	nation	179
mend	105	modern	371, 373, 383	national	179
mentee	73	modernity	371	nationally	179
mention	431	modernize	371	nationwide	325
mentor	73	modest	223	native	325
mentoring	73	modification	331	natural	255, 265, 361
menu	315	modify	331	nature	255, 265
merchandise	101, 351	moisture	154, 183	navigate	196
merchant	428	moisturize	183	navigation system	196
merge	399	moment	83	nearby	185
merger	399	momentum	399	nearly	59
message	125	monetary	237	nearness	49
messenger	428	money	237	neat	59, 91
metal	346	money exchange	290	necessary	123
method	101	money order	103	neck	142
methodology	101	monitor	339	Needless to say,	415
meticulous	273	monthly	71, 395	need	263
meticulously	273	monument	299	negative	23
metro	185	morale	403	neglect	111
metropolitan	185	moreover	401	negligence	111
microchip	346	mortgage	45	negligent	111
microphone	407	mother-in-law	190	negligible	111
microwave	162	motion	35	negotiable	283
midnight	135	motivate	73	negotiate	283
midsize	433	motivated	73	negotiation	283
mild	153	motivation	73	neighbor	31
mile	432	motor	196	neighborhood	31
mileage	289	motorbike	196	neighboring	31
milk	176	motorcycle	196	nephew	190
mill	335	motorist	299	nervous	269
million	432	mount	79	net	219
mind	189	mountaineer	384	network	207

neurosurgery	140	obligate	87	one of the most ~	167
newborn	190	obligation	87	one on top of another	305
newcomer	51	oblige	87	one-stop	39
newly	211	obscure	381	ongoing	305
newlywed	187	observance	241	onion	177
newsletter	231	observation	241	online	331
newspaper	71	observatory	155	on-site	223
newsstand	61	observe	241	on-the-job	55
next to each other	363	observer	241	opener	163
niche	253	obsolete	105	operate	125, 281, 335
niece	190	obstacle	263	operating system	77
nightclub	43	obstinate	190	operation	335
no later than	13	obstruct	303	operational	335
no longer	319	obstruction	303	operator	125
No problem.	247	obtain	165	opinion	23
noise	93	obvious	381	opponent	119
noisy	93	obviously	381	opportunity	19
nominate	411	occasion	19, 187	opposite	119, 365
nomination	411	occasional	187	optimal	343
nominee	411	occasionally	187	optimistic	397
noodle	317	occupation	363	optimistically	397
norm	111	occupied	15	option	179
normal	111, 339	occupy	363	optional	179
normally	111	occur	431	options	101
north	434	ocean	389	orchard	387
northeast	434	of course	247	orchestra	384
northwest	434	of use	183	orchestra seat	384
Not at all.	363	off duty	73	orchid	158
not until	83	offer	83, 283	order	101
Not yet.	217	office	69	ordinance	341
notable	41, 265	office supplies	98	ordinarily	103
note	117, 265	officer	428	ordinary	103
notebook	98	official	339	organic	157
noted	117, 265	officially	339	organically	157
notepad	98	offset	239	organization	205, 237
notice	79	off-site	223	organizational	205, 237
noticeable	79, 307	often	241, 431	organize	205, 237
noticeably	79	oil	176	organizer	205
notification	189	oil paintings	373	orientation	55
notify	79, 189	oily	176	original	257, 261
novel	41, 208, 261	ointment	140	originality	257
novelist	41	omission	137	originally	257
novice	55	omit	137	originate	289
now that ~	13	on a first-come,		otherwise	219
nuclear power	346	first-served basis	351	ounce	432
numerical	323	on a monthly basis	127	out of order	105
numerous	323	on account of	293, 301	out of shape	169, 173
numerously	323	on average	405	out of stock	343
nurse	426	on backorder	343	out of the question	257
nursery	42	on behalf of	269	outcome	403
nursery home	43	on board	293	outdated	105
nutrient	140	on business	287	outdoors	185
nutrition	175	on duty	73	outfit	173, 378
nutritional	175	on my way to	305	outgoing	123, 419
nutritionist	175	on one's way home	171	outing	187
nutritious	175	on one's way to	171	outlet	77, 345
nylon	379	on purpose	245	outline	23
		on sale	211	outlook	421
		on schedule	13	outlying	335
O		on the rise	397	outperform	277
		on the spot	171	output	335
oak	158	on the verge of	221	outrageous	319
obey	87	on time	65	outreach	235
object	83, 231	on top of one another	305	outside	434
objection	83	once	431	outskirt	93, 308
objective	83, 231				

outsource	224, 329	parking lot	297	pencil	98
outsourcing	224	parliament	189	penetrate	401
outspoken	367	parsley	177	pension	17
outstanding	45	part	195, 249	pepper	176
outstretch	173	partial	93, 195	pepper shaker	163
outweigh	399	partially	195	per	343
oven	162	participant	117	percentage	432
over	434	participate	117	perception	253
overact	415	participate in	175, 255	perfect	323
overall	281	participation	255	perfectly	323
overbook	319	participative	255	perform	217
overbooking	319	particular	375	performance	217
overcome	395	particularly	375, 377	performer	428
overdue	131	partner	207	perfume	375
overhaul	195	partnership	207	perhaps	431
overhead	293	part-time	15	period	55
overhead projector	69	party	407	periodic	41
overlook	313	pass	62	periodic(al)	55
overnight	103	pass out	203	periodical	41
overpass	299	passage	193	periodically	41, 175
overseas	401	passageway	69	peripheral	76
overseas branch	52	passenger	295	perishable	339
oversee	137	passion	190	permanent	15, 257, 373
oversight	137	passionate	190	permanently	373
overtime	135	passport	295	permission	165, 307
overtime pay	26	password	75	permit	165, 307
overview	245	past	231, 415	persist	139
overweight	289	paste	75	persistence	139
overwhelm	361	pastime	384	persistent	139
overwhelming	361	pastry	317	persistently	139
overwhelmingly	361	patent	181	personal	23, 81
overwork	135	path	185	personal history	19
owe	423	pathway	185	personality	23
owing to	293, 301	patience	145	personalize	75
own	329	patient	145	personalized	81
owner	329	patio	33	personally	81
oyster	177	patron	41	personnel	25
		patronage	41	personnel department	27
P		patronize	41	perspective	261
		pave	305	perspiration	217
pace	417	pavement	305	persuade	419
pack	17, 35, 103	pay	39, 101, 131, 405	persuasion	229, 419
package	17, 103	pay attention to	201	persuasive	229
packaging	17	pay off	45	persuasiveness	229
packet	203	pay phone	299	pertaining	117
packing	347	pay raise	405	pertaining to	123
paid holiday	165	pay tribute to	411	pest	141
paid vacation	26, 165	paycheck	131	pesticide	387
pain	139	payment	39, 101	pharmaceutical	43, 140
paint	407	pay-per-view	167	pharmacist	426
painter	407	payroll	281	pharmacy	43
painting	407	payroll department	26	phase	93
palm	142	pea	176	philanthropic	235
pamphlet	203	peach	317	philanthropist	235
pan	162	peak	61	philosophy	17
panel	205	pearl	379	photo frame	36
panic	105	pedal	196	photo identification	62
pants	378	pedestrian	297	photo studio	42
paper	71	pediatrician	140	photocopier	105
paperwork	135	peel	161	photocopy	105
parcel	103	peer	423	photographer	427
Pardon me	303	peg	308	photographic	427
parent company	52	pen	98	photography	427
park	297	penalize	87	physical	169
parking	297	penalty	87	physically	169

physician	140	popularity	265, 361	preparatory	269
physics	20	popularize	265	prepare	269
pick	157	population	247	prepare for	269
pick up	297, 327, 391	pork	177	prerequisite	117, 417
pickup	345	port	389	prescribe	145
picture	407	portable	185	prescription	145
picture book	208	portal site	76	presence	401
picturesque	387	portfolio	25	present	83, 201, 271, 401
pier	388	portion	249	presentation	83, 271
pile	343	portrait	185	preservation	383
pill	145	portray	185	preserve	383
pillar	308	position	15, 103	president	52
pilot	290	positive	23	press	135
pine	158	positively	23	press conference	359
pineapple	317	possess	391	press release	359
pioneer	207	possession	391	pressure	135
pivotal	323	possibility	89, 255	prestigious	411
place	351	possible	89, 255	presume	269
place an order	101	possible customer	251	pretty	183
plan	31, 167	possibly	89	prevent	239
planner	31	post	79, 103	preventable	239
plant	335	post office	42	prevention	239
plaque	411	postage	103	preventive	239
plate	163	postal	103	preview	363
platform	61	poster	329	previous	19
platinum	346	postpone	127	previously	19
plausible	365	postponement	127	price	101, 301
playhouse	42	posture	169	price tag	351
plaza	43	pot	67	pricing	101
pleasant	185	potato	176	pride	423
pleased	185	potential	251	primarily	245
pleasure	185	potentially	251	primary	245
plentiful	97	pottery	373	prime time	167
plenty	173	pound	432	principal	225
plenty of	97	pour	161	print	327
plot	323	powder	140	printer	426
plug	91	power outage	89	printing	327
plumber	319	practical	19, 237	prior to	419
plumbing	319	practically	19, 237	priority	183
plummet	221	practice	237	privacy	81, 381
plunge	221	praise	403, 415	private	81, 371, 381
plus	432	prawn	177	private investor	225
poet	427	precaution	89	privately	81
poetry	208	preceding	415	privilege	171, 235
point	25	precipitation	154	prize	175
point at	271	precise	273	probably	431
point out	119	precisely	273	procedure	115
pole	299	precision	273	proceed	115, 289
police officer	42	predecessor	421	process	337
police station	42	predict	397	processing	337
policy	87	predictable	397	processor	337
polish	149	predictably	397	produce	101, 127, 253, 337, 395
polished	149	prediction	397	producer	247
polite	353	prefer	249, 375	product	101, 127, 337, 395
politely	353	preferable	375	production	39, 127, 335, 337
politeness	313, 353	preferably	375	productive	255, 335
political	207	preference	249, 375	productively	255
politician	207	preferred	15	productivity	255, 335
politics	207	pregnancy	187	profession	31, 35
pollute	239	pregnant	187	professional	35
pollution	239	preliminary	175	professionalism	35
pond	388	premier	327	professor	21
poor	190	premise	337	proficiency	415
poorly	190	premium	131	proficient	415
popular	265, 361	preparation	269	profile	19, 327

profit	219, 281	publish	211, 327	rake	157
profitability	281	publisher	327	rally	208
profitable	219, 281, 425	publishing	327, 429	ramp	301
profitably	219, 281	publishing company	429	ranch	387
profound	323	pull	39	ranching	387
program	167	pull down	307	randomly	339
programmer	426	pull over	297	range	351
programming	426	punch	65	ranger	426
progress	71, 417	punctual	129	rank	417
progressive	71	punctuality	129	rapid	399
prohibit	87	punctually	65, 129	rapidly	399
project	231, 271	purchase	355	rare	241
projection	231, 263	purchasing	355	rarely	241
projectionist	426	purchasing department	27	rash	141
projector	271	purpose	231, 245	raspberry	317
prominent	41, 307	purposely	119	rate	45, 167
prominently	307	purse	59	ratify	417
promise	25	pursue	425	rating	45, 167
promising	25	pursuit	425	raw	401
promote	245, 253, 417	purveyor	52, 101	razor	37
promotion	245, 253, 417	push	39	reach	65, 125
promotional	245, 253	put away	149	react	247, 253
prompt	107	put down	125	reaction	247
promptly	107	put forward	83	reactivate	391
promptness	107	put off	127	readily	175
proof	111, 417	put on	59	readjust	127
proofread	327	put A through to B	125	ready	175
proofreader	327			real	381
prop	93	**Q**		real estate	31
proper	169, 325			real estate agency	427
properly	169, 325	quadruple	395	realistic	281
property	31, 169	qualification	15	realistically	281
proportion	249	qualified	15	reality	381
proposal	83, 229	qualify	15	realize	381
propose	83, 229	quality	339	really	39, 381
proprietor	425	quality control	339	realtor	427
prosecutor	365	quantity	375	realty	427
prospective	251	quarantine	290	rear entrance	33
prosper	425	quarter	397	rear seat	196
prosperity	425	quarterly	397	rearrange	127
prosperous	425	query	109	reason	355, 403
protect	81, 89	question	51	reasonable	355, 403
protection	81, 89	questionable	51	reasonably	355
protective	81, 89	questionnaire	247	recall	109
prototype	215	quickly	91	receipt	131
proud	423	quiet	49	receive	123, 125
proudly	423	quit	419	receiver	123, 125
prove	111, 417	quite a bit	423	recent	179
provide	17, 97, 167	quite a bit of	423	recently	179
provider	17, 167	quite a few	123	reception	123
provision	17	quota	217	reception desk	129
provisional	257, 263	quotation	101, 281	receptionist	316
proximity	49	quote	101	receptive	123
prudent	191			recession	221
psychiatrist	140	**R**		recipe	175
psychologist	20			recipient	411
psychology	20	rack	351	recline	293
public	81, 371, 381	radiator	196	recognition	411
public relations	245	radical	257	recognize	411
public relations department	27	radically	257	recommend	19, 179
publication	211	railing	33	recommendation	19, 179
publicity	359	railroad	62	reconstruction	224
publicize	359	rainfall	154	reconvene	227
publicly	371	rainy	151	record	325, 395
		raise	253	recording	325, 395

recover	395	reject	25	representation	107
recovery	395	rejection	25	representative	107
recreation	384	relate	259	reputable	361
recreational	384	related	117, 131	reputation	361
recruit	15	relation	131, 259	reputed	41
recruitment	15	relationship	259	request	253
rectangle	432	relative	153, 190	require	17
rectangular	432	relatively	153	required	17
recycle	341	relax	165	requirement	15, 17
redeem	353	relaxed	165	requisite	117
redeemable	353	release	211	reschedule	127
redevelop	307	relevance	117	research	247
redevelopment	307	relevant	117	research department	27
redo	257	reliability	329	reservation	287
reduce	253, 283, 341	reliable	329	reserve	287
reduction	283, 327	reliably	329	reserve	287
redundant	227	relief	361	reserved	191
redundantly	227	relieve	361	residence	31
refer	19	relinquish	419	resident	31
refer to	271	relocate	93	residential	31
reference	19, 271	relocation	93	resign	227, 419
refill	351	reluctant	223	resignation	419
refinery	347	reluctantly	223	resolution	229
reflect	405	rely	329	resolve	229
reflection	405	rely on	73	resort	383
reflective	405	remain	355	resource	239
reflector	197	remainder	85	resourceful	421
reform	223	remark	241, 403, 409	respect	411
refrain from doing	41	remarkable	403, 409	respectable	411
refresh	165	remarkably	403	respectful	411
refreshment	165	remedy	229	respective	181, 411
refreshments	85	remind	79, 423	respectively	181
refrigerate	162	reminder	79	respond	107, 123, 247, 253
refrigerator	162	remodel	93	respondent	247
refuel	287	remote	335	response	107, 253
refund	107	remote control	36	responsibility	17, 109
refundable	107	remotely	335	responsible	17
refurbish	93	removal	105	rest	85
refusal	419	remove	105	restock	351
refuse	283, 419	renew	171	restoration	89
regard	123	renewal	171	restore	89
regarding	123	renovate	93	restrict	87
regardless of	375	renovation	93	restriction	87, 281
region	31, 49, 181	renown	323	restroom	69
regional	181	renowned	323	restructuring	231
register	115	rent	31, 105, 179	result	73, 403
registered mail	347	rental	31, 179	result from	73
registration	115	reorganization	417	result in	73
regret	109	reorganize	417	resume	19
regrettable	109	repair	105	retail	343, 345
regrettably	109	repairman	105, 319	retail industry	429
regular	127, 339	repeat	215	retailer	52
regularity	127	repeatedly	215	retain	251
regularize	339	repetition	215	retention	251
regularly	127, 339	repetitive	215	retire	419
regulate	87	replace	105, 109	retiree	419
regulation	87	replacement	105, 109	retirement	419
regulator	87	replenish	351	retrain	55
regulatory	87	replica	373	retrieve	137
rehabilitation	140	reply	123, 253	retrospective	371
rehearsal	269	report	73	return	41
rehearse	269	reportedly	193	reuse	341
reimburse	131	Reportedly,	361	reveal	395
reimbursement	131	reporter	73	revenue	219
reinsert	75	represent	107	reverse	171

revert	257	safeguard	89	seasonally	355
review	25	safety	89	seasoned	161, 355
reviewer	25	salad	316	seasoning	161
revise	71	salary	39, 405	seat	65
revision	71	sales	225	seclude	227
revitalize	403	sales department	27	secondhand	235
revolution	181	salesclerk	428	secretary	53
revolutionary	181	salespeople	428	section	351
revolutionize	181	salesperson	428	section chief	53
reward	405	salmon	177	secure	289
rewrite	257	salon	43	security	289
rice	176	salt	176	security pass	129
rich	251	salt shaker	163	sedan	63
ride	61	salty	163	sediment	319
rider	61	sample	247	seed	158
ridge	308	sanctuary	235, 241	seek	229
right	399	sand	389	segment	251
right away	101	sandy	389	seize	283
rightly	399	sanitary	339	seldom	241
rigorous	339	sanitation	339	select	39, 101
ring	62	satellite	167	selection	39, 101
rinse	151	satisfaction	313, 361	selective	39, 101
rise	391, 397	satisfactory	361	sell off	355
risk	281	satisfied	313	semester	21
rival	119, 367	satisfy	361	semiconductor	346
road sign	297	sauce	176	seminar	115
roadside	308	sausage	317	senate	208
roadwork	305	save	45	senator	208
roast	161	savings	45	send	123
rob	391	savory	163	send in	71
role	119	scaffold	308	sender	123
roll	217	scale	169	senior	235
romance	323	scanner	76	seniority	235
romantic	323	scarf	378	sense	421
roof	33	scatter	149	sensible	421
room	343	scenario	323	sensitive	421
rose	158	scene	387	separate	31
round	433	scenery	313, 387	separately	31
round-the-clock	39	scenic	313	separation	31
round-trip	287	scenic area	387	sequel	367
route	129	schedule	61, 127	sequence	117
routine	71	scholar	21	serial	193
routinely	71	scholarly	21	series	117
row	363	scholarship	21	serious	137
ruby	379	science	20	seriously	137
rude	191	scientist	20	servant	189
rug	36	scissors	98	serve	189, 315
ruin	383	scooter	196	server	76
rule	87	scope	351	service	189, 315
ruler	87	score	25	service industry	429
rumor	381	scratch	107	sesame	176
run	425	screen	167	session	55
run out of	97	screening	384	set up	207
run short of	97	script	327	setback	257
runway	290	scrub	149	setting	105
rural	387	sculptor	427	settle	131
rush	101	sculpture	373	settlement	131
rush hour	61	seal	103	several	19
		sealed	103	severance	419
S		seamless	421	severe	153
		seamlessly	421	severely	153
sacrifice	215	search	97	sew	379
sad	423	seashore	389	sewer	305
sadden	423	season	355	sewing machine	379
safe	89	seasonal	355	shade	151

458

shake hands	129	silver	346	solicit	245, 331
shape	377	similar	355	solicitation	245
shaped	377	similarity	355	solid	273
share	255, 397	simmer	161	solidify	273
shareholder	397	simple	377	solution	229
shed	33	simplify	399	solve	229
shelf	195	simultaneously	231	someplace	391
shelf life	339	sincere	109	somewhat	323
shelter	235	sincerely	109	somewhere	391
shield	337	single occupancy	316	song lyrics	208
shift	353	sink	162	soon	289
shin	142	sip	59	sophisticated	181
ship	103	sirloin	177	sort	81
shipment	103, 345	sit back	165	Sort of.	407
shipping	103	site	303	sound like	237
shipping industry	429	sitting room	36	soup	316
shirt	378	situate	49	sour	163
shock	419	situation	229	source	193
shoes	378	sizable	377	south	434
shoot	323	size	377	southeast	434
shop	39	skeptical	223	southwest	434
shopper	39	skill	23	souvenir	383
shopping	39	skilled	23	soybean	176
shopping cart	39	skillful	23	spa	384
shore	389	skin	143	space	67, 97
shoreline	389	skirt	378	spacious	67, 97
short	13, 433	skyrocket	397	spaciously	67
shortage	13, 221	skyscraper	43	spare	73
shortcoming	65	slash	227	sparingly	175
shortcut	303	sleek shape	433	speak	409
shorten	169	slice	161	speaker	76
shortly	289	slide	271	special	245, 315
short-staffed	13	slight	67	specialize	315
short-term	251	slightly	67	specialty	245, 315
shot	145	slim	181	species	241
Should you have any questions,	117	slip	153	specific	273
		slip one's mind	137	specifically	273
shoulder	142	slippery	153	specification	183
shovel	305	slope	299	specify	273
show up	65	slow	221	spectacular	313
showcase	203	slowly	91	spectator	409
shower	37, 153	small and medium-sized company	52	speculate	225
shred	81			speculation	225
shredder	81	small-scale	277	speech	409
shrink	227	smart phone	331	spend	217
shrub	157	smooth	301	sphere	433
shut down	91	smoothly	301	spice	176
shutter	381	snack	85	spicy	163
shuttle	63	snack bar	43	spinach	177
sibling	190	sneakers	378	spine	143
sick leave	26	snowstorm	154	spirit	425
sickness	141	snowy	154	spoil	339
side by side	381	So am I.	85	spokesperson	359
side effect	145	so as to do	227	sponsor	115
sidewalk	299	soap	37	sponsorship	115
sightseeing	383	sociable	419	spontaneously	415
sign	71, 375	social	165	sports arena	42
sign up for	115	socialize	165	spot	325
signal	299	society	165	spouse	187
signature	71, 375	sociology	20	sprain	141
significance	239	socks	378	spread	71
significant	239	sofa	85	spreadsheet	77
significantly	239	software	76	sprout	158
signpost	299	soil	157	square	299, 433
silk	379	solar	239	square meter	432

stability	187	straight	433	suburban	93
stable	187	strain	139	subway	61
stack	35	strategic	253	succeed	403, 421
stadium	42	strategically	253	success	403
staff	13, 25	strategy	253	successful	403
stage	359	strawberry	317	succession	117
stagnant	221	stream	388	successor	421
stain	151	streamline	399	sudden	301, 419
stainless	151, 161	street	308	suddenly	301
stair	61	strength	23	sufficient	411
staircase	59, 61	strengthen	23, 207	sufficiently	411
stairs	59	strenuous	173	sugar	176
stairway	59	stress	259	suggest	83, 431
stake	397	stressful	259	suggestion	83, 431
stalk	158	stretch	173	suggestive	431
stall	308	stretchable	173	suit	59
stamp	98	strict	81, 135, 339	suitability	59
standard	339	strictly	81, 339	suitable	59
standardize	339	strike	223, 224	suitcase	384
staple	81	striking	397	suite	313
stapler	81	strikingly	397	sum	237
star	265	stringent	135, 339	sum total	432
start-up	425	stripe	433	summarize	263
state	193	striped	433	summary	19, 263
statement	193	strive	341	sunblock	62
state-of-the-art	173	stroll	261	sunglasses	62
station	42	strong	23	sunny	151
stationery	97	strongly	23	sunscreen	62
statistic	249	structural	307	superb	23
status	103	structure	307	superintendent	31
steadily	219	struggle	257	superior	119
steady	219	stub	363	supermarket	43
steak	316	stubborn	190	supervise	337
steal	391	studio	325	supervision	137, 337
steam	161	studio (apartment)	43	supervisor	337
steel	346	study	73	supplement	223
steering wheel	196, 297	stuff	235	supplemental	223
stem	235	stuffed	235	supplementary	223
step	401	stunning	153	supplier	101
step by step	417	sturdy	307	supply	97, 253
step down	227	style	377	support	235
step-by-step	417	stylish	377	supporter	41
stereo (system)	36	subcontractor	52	supportive	235
stereotype	275	subject	123, 205	suppose	329
stick	303	subjective	231	supreme	375
stiff	433	submission	91	surcharge	287
stipulate	283	submit	71, 91	Sure.	247
stipulation	283	subordinate	65, 119	surf	165
stir	161	subscribe	211	surface	305
stock	343	subscriber	211	surface mail	345
stock exchange	225	subscription	211	surge	249
stock market	397	subsequent	271	surgeon	140
stock price	225	subsidiary	417	surgery	140
stockholder	397	substance	405	surgical	140
stomach	142	substantial	405	surpass	395
stomachache	139	substantially	405	surplus	221, 355
stool	36	substitute	421	surprise	249
stop over	383	substitution	421	surprising	249
stopover	383	subtenant	31	surprisingly	249
storage	81, 97	subtle	407	surround	387, 415
store	81, 97	subtlety	407	surrounding	387, 415
storefront	308	subtly	407	survey	245, 247
storeroom	81	subtotal	395	survival	395
storm	154	subtract	161	survive	395
story	35	suburb	93	suspect	275

suspend	67	technician	426	ticket gate	61
suspension	67	technique	399	tidy	59, 91
suspicious	275	technological	335	tie	378
sustain	239	technology	335	tie-up	261
sustainability	239	teleconference	69	tight	59, 127
sweat	217	tell A to do	287	tighten	59
sweater	378	temperature	154	tightly	59, 127
sweep	149	temporarily	257, 343	tile	308
sweet	163	temporary	257, 343, 373	time difference	295
swell	139	tenant	31	time sheet	91
swift	91	tend to do	275	time slot	21
swiftly	91	tendency	275	time-consuming	135
swimming pool	316	tender	259	timeline	61, 263
swimsuit	378	tentative	263	timely	259
switch	271	tentatively	263	timepiece	62
swollen	139	tenure	423	timer	162
symphony	384	term	171	timetable	61
symposium	205	terminal	290	timid	190
symptom	139	terminate	419	tiny	203
synthetic fiber	379	termination	419	tip	259
syrup	140	terrace	33	tire	196
		terrain	388	tire out	255
T		territory	401	tissue	67
		test	215	title	209
table	36	testimonial	403	to be honest	271
tablecloth	37	testimony	365	to date	129, 397
tablespoon	162	text	123	toast	409
tablet	145	text message	123	toaster	162
tack	98	textile	377	toe	142
tag	384	texture	361	token	109
tailor	75, 263	than usual	91	toll	125, 301
take a look at	271	thanks to	181	toll-free	125, 301
take a seat	363	That's enough.	315	tone	125
take advantage of	149	That's very kind of you.	81	tool	157
take apart	203	That's what I heard.	265	toothache	141
take care of	91	the latest	173	top	97
take A into account	25, 257	the most advanced	173	topic	115, 123
take into consideration	341	theater	42	toss	161
take A into consideration	257	theatrical	42	total	395
take off	289, 295	theme	123, 205	totally	183, 395
take on	269	therapeutic	140	tough	283
take one's eyes on	391	therapist	426	tour	337, 383
take over	421	therapy	140	tourism	337
take part in	175, 255	There is something		tourism industry	429
take place	175	wrong with ~.	105	tourist	337, 383
takeoff	289	therefore	253	tourist bureau	384
takeover	224	thermal paper	98	tournament	385
talent	265	thermostat	69	tow	297
talented	265	thesis	21	towards	434
tall	433	thick	433	towel	37
tanker	63	thin	433	toy	36
tap water	162	thorough	269	trace	371
target	253	thoroughly	269	track	103, 371
tariff	347	thousands of	432	track record	103
task	217	threat	331	trade	203, 397
taste	215	threaten	331	trade fair	203
tax	39	thrill	367	trader	203, 397
tax accountant	26	thrive	415	trading	397
tax break	208	throat	142	tradition	387
taxi	63, 290	throughout	135	traditional	387
taxi stand	299	throw away	341	traditionally	387
teamwork	259	thunder	154	traffic	301
teaspoon	162	thunderstorm	154	traffic congestion	303
technical	399	thus	365	traffic jam	303
technical support	105	ticket	62	traffic sign(al)	299

tragedy	209	turnaround	395	unprofitable	281
trail	308, 371	turnover	223	unreliable	329
trailer	63	tutor	21	unrivaled	367
train	55	tutorial	21	unsolicited	331
trainer	55	tuxedo	378	unstable	187
training	55	twin	190	unusual	275
transaction	283	twin beds	316	unusually	275
transcript	19	typhoon	154	unveil	395
transfer	417	typical	185	up to	313
transform	93	typically	185	upcoming	79
transformation	93	typo	137	update	79
transit	295	typographer	137	updated	105
transition	421	typographical	327	upgrade	75, 215
translate	323			upload	331
translation	323	**U**		upright	293
translator	323			upscale	315
transmit	101	ultimate	129, 403	upset	275
transparent tape	98	ultimately	129, 403	upstairs	33
transport	49	ultrasonic wave	346	up-to-date	173, 335
transportation	49, 429	unanimous	277	upward	435
transportation allowance	26	unanimously	277	urban	387
trash	149	unavailable	127, 361	urge	303
trash bin	67, 149	unburnable	149	urgency	13
trash can	67	uncomfortable	165	urgent	13
travel allowance	26	undamaged	35	urgently	13
traveler's check	290	under construction	305	usage	183
tray	163	underestimate	281	use	183
treacherous	153	undergo	139	use up	97, 255
treadmill	173	undergraduate	21	used	235
treasure	373	underground	61	used to do	325
treasurer	53	underprivileged	235	useful	183
treat	145	understaffed	13	usefulness	183
treatment	145	understandable	275	usual	103, 127, 339
tremendous	361	understandably	275	utensil	162
tremendously	361	undertake	425	utility	45
trend	201	undertaking	425	utmost	367
trial	55	underwater	241		
triangle	98, 433	underway	245, 307	**V**	
trilingual	203	undoubtedly	263		
trillion	432	unexpected	319	vacancy	15
trim	157	unexpectedly	319	vacant	15, 149
trip	337, 383	unfamiliar	415	vacate	384
triple	395	unfavorable	361	vacation	384
triplicate	71	unfit	169	vaccination	140
tropical	241	unforeseen	319	vacuum cleaner	149
trouble	217	unforgettable	383	valid	353
troubleshooting	105	unfortunately	391	validity	353
troublesome	217	uniform	335, 405	valley	388
trousers	378	uniformly	335, 405	valuable	51
truck	63	union	223	value	219
trunk	142, 158, 196	unique	175, 265	valve	319
trust	421	uniquely	175	van	63
trustee	421	unit	343	vantage point	384
try	55, 327, 401	university	21	variety	249
try on	377	unlike	361	various	249
try to do	415	unlikely	431	vary	249
tube	61	unlimited	13, 375	vase	36
tuition	21	unload	35, 345	vast	335
tuna	177	unnecessary	123	vastly	335
tune	301	unoccupied	363	vegan	407
turbulence	293	unpack	35, 103	vegetarian	407
turn in	71, 81	unpaid	131	vehicle	195
turn off	167	unplug	91	vending machine	85
turn on	167	unprecedented	367	vendor	52
turn out to be	417	unprepared	269	ventilation	67

462

venture	425
venue	203
verification	343
verify	343
versatile	265
version	329
versus	365
vessel	347
vest	378
vet	426
veterinarian	426
via	287
vice president	52
vicinity	31
victory	277
view	313
viewer	313
vigorous	399
vigorously	399
vine	158
vintage	315
violate	87
violation	87
virtual	331
virus	141
visa	391
visibility	107
visible	107
vision	201
visitor	383
visual	201
vital	89
vocal	143
voice	143
void	111
volume	343
voluntarily	235
voluntary	235
volunteer	235
vote	277
voter	277
voucher	109
voyage	295

W

wage	39, 405
wait on	353
waiter	428
waiting list	384
waiting room	140
waitress	428
waive	171
waiver	171
wake-up call	316
walk	185
walkway	261
wall	33
wallet	59
wallpaper	37
walnut	158
wander	201
want ad	15
want to do	15
want A to do	287

ward	140
wardrobe	36
warehouse	343
warm	409
warmly	409
warrant	111
warranty	111
wash	151
washable	151
washing machine	37
waste	341
wasteful	327
water	157
watercolor	373
waterfall	388
waterfront	388
watering can	33
waterproof	183
watershed	388
wave	381
way	101, 259
weak	190
weaken	190
weakness	23
wealth	190
wealthy	190, 251
wear	59
wear and tear	111
weather	154
weather forecaster	428
weather report	154
Web site	303
wedding	187
weed	158
weekly	71, 395
weigh	169
weight	169
welcome	409
Welcome aboard.	293
well-known	41, 265
west	434
wetland	241
What do you think of ~?	409
What's the price of ~?	355
wheat	387
wheel	297
wheelbarrow	305
wheelchair	307
when it comes to	215
Whichever you prefer.	71
whole	403
wholesale	343, 345
wholesaler	52
why	139
Why don't we ~?	259
wide	201
widely	359
widen	359
widening	359
width	359
wife	187
wildlife	241
willing	237
willingness	237
willow	158

win	391, 411
windshield	195
windy	151
wing	290
winner	411
wipe	149, 196
wiper	196
wisdom	190
wise	190
wit	190
with care	35
withdraw	45
withdrawal	45
within walking distance	49
withstand	183
witty	190
wool	379
work	337
work on	417
work out	173
workforce	227
workload	13
workout	173
workplace	223
workshop	115
workstation	67
worldwide	325, 401
worth	217
worthwhile	217
worthy	217
would like to do	15
Would you like me to do ~?	281
Would you like to do?	79
Would you mind doing ~?	97
wrap	353
wrap up	129
wrinkle	151
wrinkled	151
wrist	142
write down	125
writer	427
wrong	137
wrongly	137

Y

yard	157, 432
yawn	85
yearly	71, 395
yield	387, 395
yoga	385
yogurt	317
young	265
youngster	190
youth	265

Z

zip code	347
zone	31, 297
zoo	42
zucchini	176

■編者・監修者紹介

日本アイアール株式会社
辞書・語学書・学習教材等の編集制作、言語情報処理を手がける編集プロダクション。1973年の設立以来、英語を中心に数多くの辞典の編集に携わる。アイアールはInformation Retrieval（情報検索）の略。主な編著書・編集協力書、会社情報:http://www.jirco.co.jp/

濱﨑潤之輔
大学・企業研修講師、書籍編集者。早稲田大学政治経済学部経済学科卒業。明海大学や獨協大学、ファーストリテイリングや楽天銀行などの企業でTOEIC研修講師を務める。これまでにTOEIC 990点を20回以上獲得。TOEICテスト対策合宿・セミナーなども開催。著書に、『新TOEICテスト 990点攻略』（旺文社）、『このTOEICテスト本がすごい！』（中経出版）、共著書に『新TOEICテスト 全力特急 絶対ハイスコア』（朝日新聞出版）、『大学生のためのTOEICテスト入門』（コスモピア）がある。ブログ『独学でTOEIC990点を目指す！』
http://independentstudy.blog118.fc2.com/

イラスト & ストーリーで忘れない
TOEIC® テスト ボキャブラリー プラチナ 5000

2013年10月20日　　初版発行
2016年 1 月20日　　第7刷発行

編　　　者	ジャパンタイムズ&日本アイアール
監　　　修	濱﨑潤之輔
	©The Japan Times, Ltd. & Nihon IR Inc., 2013
	©Hamasaki Junnosuke, 2013
発　行　者	小笠原　敏晶
発　行　所	株式会社 ジャパンタイムズ
	〒108-0023　東京都港区芝浦4丁目5番4号
電　　　話	（03）3453-2013［出版営業部］
振 替 口 座	00190-6-64848
ウェブサイト	http://bookclub.japantimes.co.jp
印　刷　所	日経印刷株式会社

本書の内容に関するお問い合わせは、上記ウェブサイトまたは郵便でお受けいたします。
定価はカバーに表示してあります。
万一、乱丁落丁のある場合は、送料を当社負担でお取り替えいたします。
ジャパンタイムズ出版営業部あてにお送りください。
付属の CD-ROM は再生機器の種類により、不具合を生じることがあります。ご使用に際しての注意事項につきましては、以下のウェブサイトをご覧ください。
http://bookclub.japantimes.co.jp/act/cd.jsp

Printed in Japan ISBN 978-4-7890-1536-3